JN000894

Next 教科書シリーズ

政治学

[第3版]

渡邉 容一郎 編

弘文堂

はじめに

Next 教科書シリーズ『政治学』の初版が刊行されたのは 2011 年 3 月のことである。刊行から間もなくして東日本大震災が起こり、日本の災害対策のあり方や危機管理能力が大きく問われるようになった。そして 2018 年 2 月の第 2 版刊行からさらに 5 年が経過した今、新型コロナウイルス感染症（COVID-19）のパンデミックに伴い、日常生活のあらゆる面で「ニュー・ノーマル」や「ウィズ・コロナ」が求められるようになって久しい。

また、より一層複雑化した国際社会において、アメリカ（自由民主主義体制）と、近年その国力を背景に台頭してきた中国（権威主義体制）とのさまざまな対立は、米中「新冷戦」と呼ばれるようになった。他にも、イギリスの EU 離脱（いわゆる Brexit）や、香港に象徴される「民主主義の危機」と言うべき一連の出来事、そしてロシア軍によるウクライナ侵攻など、初版刊行から 12 年の間に生じた国内外の変化は、政治学にも大きな影響を及ぼしている。

こうした内外情勢の変化を踏まえた第 3 版では、旧版同様、まず「政治学の基本知識」をわかりやすく説明することに主眼を置いた。それに加え、第 3 版の編集・執筆においては、「ウィズ・コロナ」「米中対立」など〝正解のない問題〟を考える上でもふさわしいテキストになるよう心がけた。それゆえ、この第 3 版は本書の基本的な「伝統」を守りつつ、さまざまな情勢の変化を正しく理解できるよう、いくつかの「改正」を新たに加えた内容となっている。そのためには、やはり〝若い力〟を結集することが不可欠と考えて、第 3 版においても若手の精鋭を中心に執筆をお願いした次第である。

第 3 版となる本書も、初版ならびに第 2 版の趣旨およびスタイルを踏襲し、見開き 2 ページ完結型の手頃な「政治学ガイドブック」として利用できる構成となっている。今後とも、本書が「政治とは何か、政治学とは何か」を考えるための一助となれば、編者と執筆者にとって望外の喜びである。

2023 年 2 月　渡邉 容一郎

目　次 ▍ Next教科書シリーズ『政治学』［第3版］

第1章　政治とは何か——政治学を学ぶ人のために

本章のポイント

　政治とは何か——本書の導入部として入門的内容に言及し、政治学と本書全体への"いざない"とする。

1. 戦後日本の代表的"知性"が政治をどう描いているか紹介し、政治について考えるきっかけづくりとする。

2. 政治に関する、著名な政治学者の概念定義を検討し、政治にはさまざまな捉え方があることを理解する。

3. 政治を職業とする人々——「政治家」とはいかなる人間か、政治家はどうあるべきか考える。

4. 政治家の役割とはどのようなものなのか、政治家は何に価値を置き、どのように形成されるのか考える。

5. 政治と経済・財政との関連性について考察し、政治と経済が相互に影響を与えることを理解する。

6. 政治と法律・行政との関連性について考察し、政治が法律や制度をつくることを理解する。

7. 政治と歴史・文化との関連性について考察し、政治が歴史や文化と深く関わっていることを理解する。

1 政治をイメージしてみよう

　政治とは何か。この問いは、政治学を学ぶすべての人にとって「出発点」であると同時に、最終的な「到達点」となる。それゆえ政治学徒には、「政治とは何か」を常に考えながら、柔軟な思考力と幅広い視野で政治現象を捉えていく努力が求められるのである。

　そこで、政治学を学ぶすべての人のために、戦後日本を代表する"知の巨匠"（評論家や作家）がその作品の中で「政治」をどう描いているか紹介することにしよう。もちろんそれらが、政治に関する捉え方の一部であることはいうまでもない。そうした点を踏まえつつ、読者の"政治学事始め"となれば幸いである。その上で本書全体を通読し、自分なりの「政治の見方」を確立していってほしい。

(1) 小林秀雄

　「政治は普通思われているように、思想の関係で成立つものではない。力の関係で成立つ。力が平等に分配されているなら、数の多い大衆が強力である事は知れ切った事だが、大衆は指導者がなければ決して動かない。だが一度、自分の気に入った指導者が見つかれば、いやでも彼を英雄になるまで育て上げるだろう。権力慾は誰の胸にも眠っている。民主主義の政体ほど、タイラントの政治に堕落する危険を孕んでいるものはない。」

（「プラトンの「国家」」『考えるヒント』文春文庫，2010，pp. 31-32）

(2) 司馬遼太郎

　「政治は感情であるという。

　感情のなかでもっとも強烈なのは嫉妬であろう。薩摩藩は、この時期、長州の独走に対し、藩をあげて嫉妬し、憎悪した。」

（『花神』（中）新潮文庫，2010，p. 103）

(3) 立花隆

　「もう少し抽象的な話をすれば、政治の本質は利害の調整にあります。で

すから、政治力というのは、言葉を換えていえば、妥協しがたい立場に立つ対立者間に、妥協を作りだす能力（合意形成能力）ということです。それに必要なのは妥協点を見つけ出す能力（いわゆる落としどころを見抜く能力）であり、当事者双方に、それをのませる能力です。のませる能力として重要なのは、一方ではそれをのまないと、より大きな損失をこうむることになると思わせるおどしの能力であり、もう一方では、のめば別の筋から別の利益が期待できると思わせる（またその通り実現してやる）損失補塡能力です。」
（『政治と情念』文春文庫，2005，p.160）

(4) 山崎正和

「「政治」という言葉を聞いて、たいていの人は何を思い浮かべるだろうか。たぶんただちに人びとの念頭にのぼるのは、奇妙に矛盾したイメージであり、ほとんど正反対の性質をおびた二種類の営みではないだろうか。一つはもちろん法や制度の制定、治安や防衛の実施といった実務的な行為であり、取引と妥協、暴力と陰謀からなる散文的な世界だろう。これにたいしてもう一つはいわば演劇的なイメージであって、王の戴冠や葬送、外交儀礼や演説の競演、宮殿の大建築や首都の威容、おりおりの記念日や顕彰事業といった祭典的な営みであるにちがいない。

　子細に見れば両者は内面的にからまりあっているし、のちに述べる戦争や選挙の場合のように、ときに赤裸々に結びつく場合も少なくない。（中略）ローマの「五賢帝」の時代、民衆が皇帝に期待していたのは「パンとサーカス」の提供だったという。ここでパンというのが政治の実務的な機能であり、サーカスがその祭典的な営みを象徴していたのはいうまでもない。じっさい歴史の現実を振り返っても、また社会形成作用の原理から考えても、これはどうやら政治に不可欠の本質的な二面性であるらしいのである。」（『社交する人間』中公文庫，2021，pp.207-208）

　　　　　　　　　　　　　　　　　　　　　　　　　※傍点引用者

2 政治の概念

　前節で紹介した4人の政治観とそのキーワード（傍点部分）などから、政治をある程度イメージすることができたのではないだろうか。「思想」「力」「権力欲」「感情」「調整」「妥協」「実務的行為」「祭典的営み」「二面性」など——ひと口に「政治」といっても、さまざまな顔や捉え方があることがわかったと思う。このように政治現象には、これらの言葉で示される、人間の行為や営みすべてが含まれている。その意味で政治は、きわめて複雑で多面的な現象といってよい。他方で「政治」には、少なくとも"2つの側面"があることも明らかになったのではないかと思われる。

　そこで今度は、もっと本格的な"政治学の世界"に目を向けて、著名な社会科学者や代表的な政治学者によって示された「政治の概念」を検討する。それを通じて「政治とは何か」、さらに深く考えてみることにしよう。

(1) シュミット (Schmitt, C. 1888-1985)

　「政治的な行動や動機の基因と考えられる、特殊政治的な区別とは、友と敵という区別である。」(*Der Begriff des Politischen*, Duncker & Humblot, 1932〔『政治的なものの概念』未来社，1988，p. 15〕)

　この定義から、「友か敵か」という区別こそ政治の出発点であることがわかる（友敵理論）。つまり政治とは、2人以上（複数）の人間の意見、価値観、利害関係などの「対立」を前提とした現象なのである。さらに (2) の定義も、同様のことを示している。

(2) デュヴェルジェ (Duverger, M. 1917-2014)

　「要するに、政治がいかなる時いかなる所においても、相反する価値や感情をふくんでいることこそ、政治の本質であり、その固有の性質であり、その真の意義である。二つの顔をもったギリシア神ヤヌスのイメージこそ、国家の象徴にほかならないのであり、政治の最も深い現実を表わすものである。」(*Introduction à la politique*, Gallimard, 1964〔『政治学入門』みすず書房，1968，p. 7〕)

(3) ウェーバー（Weber, M. 1864-1920）

「われわれにとって政治とは、国家相互の間であれ、あるいは国家の枠の中で、つまり国家に含まれた人間集団相互の間でおこなわれる場合であれ、要するに権力の分け前にあずかり、権力の配分関係に影響を及ぼそうとする努力である、といってよいであろう。」(*Politik als Beruf*, Duncker & Humblot, 1919〔『職業としての政治』岩波文庫，2007，p.10〕)

(4) イーストン（Easton, D. 1917-2014）

「要するに私が主張したいのは、政治的な性質をもった社会的行為の特徴は、その行為が、社会に対する諸価値の権威的配分に関連しているということである。」(*The Political System*, Alfred A. Knopf, 1971〔『政治体系（第2版）』ぺりかん社，1976, p.141〕)

　一方（3）と（4）の定義からは、政治が、「権力」や「権威」に関わる現象であると同時に、権力を求める競合や抗争・闘争に勝利を収め、権力などを用いて国際社会や国家・国内のさまざまな人間集団を統合していく行為でもあることがわかってくる。イーストンが指摘する「社会に対する諸価値の権威的配分」、すなわち（内戦や革命、総選挙などの「抗争」や「闘争」に勝利を収めた）「政治的権威（政府）が、政策を通じて権力的価値（参政権など）や経済的価値（減税や補助金など）、名誉的価値（たとえば国民栄誉賞や勲章）など諸々の価値を被治者（国民）に配分ないし付与すること」によって、人間社会に一定の秩序（支配‐服従関係）がもたらされ、その結果、社会統合も実現されるからである。

　以上の定義から、政治には、対立や紛争（社会的諸価値を求める人間同士の競合）を起点とし、権力をめぐる「抗争」と、それに伴う（抗争の勝者による、権力を通じての）社会の「統合」という2つの側面が備わっていることがわかる。とりわけ「統合」は政治の最重要機能であるとともに、人間集団内部および人間集団相互の統一的意思決定とも深く関わる。それゆえ、古くから人類は、権力をめぐって抗争や闘争を繰り返してきたのである。そしてその積み重ねが歴史（政治史）ということになる。

3　職業としての政治——政治家とは（1）

　「政治」に携わる人々は、一般に政治家と呼ばれる。また「政治家」という言葉には、駆け引き上手な人というニュアンスもある。ここでは、政治を職業としている「政治家」に注目し、政治家を通じて政治を考えてみることにしたい。

A　政治を職業とする人々

　20世紀を代表する社会科学の泰斗ウェーバーは、政治を職業とするといっても、その道には2種類あると述べている。政治「のために」（für）生きる人と、政治「によって」（von）生きる人の2つである。政治を収入源にするのが政治「によって」生きる人であり、そうでない場合は、政治「のために」生きる人ということになる。

　しかし、ウェーバーによれば、この2つの生き方は決して相対立するものではない。「むしろ、少なくとも精神的には、いや多くの場合物質的にも、両方の生き方をするのが普通」だからである。つまり政治家とは、「政治のために生きながら、政治によって生きる人」であるといえる。

　では、政治家に必要不可欠とされる資質ないし条件には、どのようなものがあるのだろうか。

B　政治家に求められる資質——『職業としての政治』

　この点についてウェーバーは、『職業としての政治』の中で、3つの要件を指摘している——情熱、責任感、そして判断力がそれである。

①情熱（Leidenschaft）

　ここでいう情熱とは、事柄に即するという意味での情熱であり、仕事や現実の問題に対する情熱的献身のことであって、特定の精神態度のことではない。しかし、どんなに純粋な情熱であっても、単なる情熱だけでは政治家として不十分とされる。

②責任感（Verantwortungsgefühl）

　情熱が仕事への奉仕として責任性と結びつき、仕事に対する責任性が行

為の決定的な規準となったときに、政治家がつくり出されるという。

　因みに、「責任感」といっても、動機が純粋であれば責任が解除されるという「心情責任」と、結果をあげることで責任が解除されるという「結果責任」の２つがある。ウェーバーが政治家に求める責任感とは後者の「結果に対する責任」、すなわち「責任倫理」であることを忘れてはならない。

③判断力（Augenmaß）

　情熱と責任感が結びつき、政治家がつくり出されるためには判断力が必要となる。ウェーバーによると、これは政治家の決定的な心理的資質とされる。つまり、精神を集中して冷静さを失わず、現実をあるがままに受けとめる能力であり、事物や人間に対して距離を置いてみていくことが必要とされる。そして「距離を失ってしまうこと」は、いかなる政治家であろうとそれだけで大罪となる。それゆえ政治家は、卑俗な虚栄心を不断に克服していかなければならないとされるのである。

C　政治家に求められる資質——『論語』

　さらに、中国の古典として名高い『論語』から、このテーマを考えてみよう。

　「政治の基本」について弟子から問われた孔子は、「食糧を十分にし軍備を十分にして、人民には信を持たせる（政治家を信頼させる）ことだ」が、どうしてもやむを得ずどれかを捨てねばならない場合は、まず軍備を捨てる。次に食糧を捨てる。遅かれ早かれどんな人でも死は免れないからだ。何よりも政治家と人民との間に信頼関係がなければ国は維持できない（民無信不立＝民は信なくんば立たず）と答えている（顔淵　第十二‐七）。

　さらに孔子は、政治家ないしリーダーとして人の上に立つ者（君子）の心構えとして、「命」（天の力によって人の上に立てたのだという謙虚な姿勢）、「礼」（礼をもって人々を安心させる力）、そして「言」（人のいうことを的確に把握する力）が大切だとしている（尭日　第二十‐五）。

　いずれにしても、政治学において「政治家」を考える際には、何よりもまず「人間」について、さまざまな角度から幅広く理解しようとする姿勢が必要といえる。

4 職業としての政治──政治家とは (2)

　本章、第3節の内容を踏まえ、ここでは「政治家」というアクターの役割や形成過程に注目し、若干掘り下げて検討してみることにしよう。

A 「代理人」としての政治家

　「政治家」という言葉から、どのような職業を具体的にイメージするであろうか。まずは、選挙で選ばれた公選職の公務員を思い浮かべる人が多いだろう。国会議員（衆議院議員・参議院議員）、地方議員（都道府県議会議員・市町村議会議員・東京都特別区の区議会議員）、そして都道府県知事、市町村長、特別区の区長などである。こうした人々は法案や予算案の審議、あるいは条例案の審議など、主として「ルールづくり」に携わるとともに、国民や住民（有権者）の「代表」という側面を持つ。

　他方で、国民の「代表」でありながら、主に「ルールの執行」を担う政治家もいる。国会議員でもある内閣総理大臣や国務大臣（国会議員ではなく、民間人の場合もある）をはじめ、都道府県知事や市町村長・特別区長、さらにはアメリカ合衆国大統領などがそれである。これらの人たちは主に行政あるいは「統治」という役割を担当している。もっとも、国によっては高級官僚（行政職員）や高級軍人といった、選挙で選ばれていない人（公務員）が、「政治家」や「リーダー」として政治を担うケースもある（たとえば軍事独裁政権など）。

　いずれにしても「職業としての政治家」には、国家や州、地方自治体など一定の地域集団のメンバーを「代表」する役割と、そのメンバーを「統治」する役割がある。そうした意味で、とりわけ民主主義国家における「アクター」としての政治家には、有権者という「本人」(principal) からみた場合、支持や要求の対象となり得る「代理人」(agent) としての機能ないし役割があるといえるだろう（「本人 - 代理人」関係）。その意味でも政治家には、結果に対する責任感や国民との信頼関係が、より強く求められるのである。

B　「政治的人間」としての政治家

　政治家は何に価値を置き、どのように形成されるのか、ここではその心理的側面から追究してみたい。

　前出のウェーバーは、『職業としての政治』で、次のように述べている。

　「虚栄心は広くゆきわたって見られる性質で、これがまったくないような人間はいない。そして大学や学者の世界ではこれが一種の職業病になっている。ただ学者の場合には、その表われ方がどんなに鼻持ちならぬものであっても、普通、学問上の仕事の妨げにならないという意味では、比較的無害である。政治家だと、とてもそうはいかない。政治家の活動には、不可避的な手段としての権力の追求がつきものだからである。その意味で「権力本能」——と一般に呼ばれているもの——は政治家にとって実はノーマルな資質の一つである」。

　また、20世紀を代表するアメリカの政治学者ラスウェル (Lasswell, H. D.) は、フロイト心理学の影響を受けて「政治的人間／政治人」(homo politicus) という人間像を概念化した。それによると政治的人間とは、富などの社会的価値の中でもとりわけ「権力」を最優先して追求する人間、すなわち「権力追求者」とされる。その根本にあるのは、自分がかつて受けた価値剥奪に対する補完であり、価値剥奪の経験が深くて大きいほど、補完欲求も強くなり、その補完の対象が「権力」へと向かったとき、政治的人間が形成されるとしている。

　しかし、そのためには条件が必要で、かかる私的動機 (欲求) を何らかの公的な目標 (祖国のため、など) に転換し、さらにそれを公的利益の名のもとに合理化ないし正当化する機会に恵まれなければならないとされる。

　こうしてラスウェルは、3つの基本的性格類型と、それぞれに該当する代表的な政治的人間 (政治指導者) のタイプを、以下の通り提示した。

①劇化的性格 (dramatizing character)——扇動家タイプの政治家
②強迫的性格 (compulsive character)——行政家、官僚タイプの政治家
③冷徹型性格 (detached character)——裁判官タイプの政治家

　因みに①は他人を「アッといわせる」のを好むタイプであり、歴史上の人物ではヒトラー (Hitler, A.) がその典型といえる。

5 政治と経済・財政

　日本の高校には「政治・経済」という科目がある。また、日本では「政治経済学部」を設置している大学も多い。こうしてみると、「政治」と「経済」は密接に関わっているとともに、経済の視点から政治を捉えていくことも必要不可欠ということがわかる。

A 「経済」に関する3つの意味

　『広辞苑（第六版）』によると、「経済」という言葉には3つの意味がある。1つ目は「費用・手間のかからないこと」（倹約）という意味である。したがって、「不経済」といったら、「ムダや浪費が多い」というネガティブなイメージがつきまとうことになる。

　2つ目の意味は「人間の共同生活の基礎をなす財・サービスの生産・分配・消費の行為・過程、ならびにそれを通じて形成される人と人との社会関係の総体。転じて、金銭のやりくり」（理財）である。これは、社会科学の対象である経済現象をマクロに捉えた定義といえるかもしれない。英語でいう "economy" がこれである。この定義を参考に「政治」を定義づけたら、どのようなものになるであろうか。アメリカの政治学者ダール（Dahl, R. A.）の定義、（政治システムとは）「コントロール（支配力）、影響力、権力、権威をかなりな程度ふくむ人間関係の持続的なパターン」が、これに最も近いのではないかと思われる。

　そして3つ目の意味として、「経済」という言葉のルーツとなる「経国済民」、すなわち「国を治め人民を救うこと」（政治）とある。したがって、東洋的意味での「経済」には、今日でいう「政治」の意味が含まれていたのである。

B 「政治家」か「経世家」か

　一般に、英語では「政治家」を「ポリティシャン」"politician" ということが多い。英和辞典などによると、「ポリティシャン」という言葉には、政治家の他に政治屋、政客、あるいは策士など「党派的な駆け引きをする人」

という軽蔑的な意味が含まれるとされる。これに対し、同じ政治家でも「ステイツマン」"statesman" といった場合、多少ニュアンスが異なってくる。ポリティシャンとは逆に、「聡明で見識のある公正で立派な政治家」という意味で用いられるからである。

　したがって「ステイツマン」という場合、「政治家」というよりも、前述の経国済民ないし経世済民を真剣に考え実践した「経世家」というイメージが強くなる。そうだとすれば、ある政治家がポリティシャンか、それともステイツマンなのかについては、その政治家の死後、歴史が評価すべき事柄なのかもしれない。たとえば、イギリスの代表的なステイツマンといえるチャーチル（Churchill, W.）でさえ、第二次世界大戦勃発以前は、ありふれたポリティシャンとして評価されていたからである。

C　政治・経済の相互関連性と「財政」

　たとえば、かつての日米貿易摩擦や日米構造協議が、経済だけでなく、政治や外交の問題でもあったことはよく知られている。ある国の予算や緊縮財政といった一連の経済・財政政策は、周知のように政治、すなわち立法化や政府の決定（政治現象）を通じて実行に移される。また「円高・ドル安」に伴う輸出の伸び悩みや、原油価格の上昇に基づく急激なインフレーションなど景気・物価の動向（経済現象）と、それに対する国民（生産者、消費者）の反応が政府与党の支持率を低下させ、総選挙結果に影響を及ぼすこともしばしばある。このように「政治」と「経済」は社会現象として相互関連性を有している。

　そして政治と経済との関連性は、国や地方公共団体の「予算」をめぐる一連の活動、すなわち「財政」からも明らかとなる。財政については、『広辞苑（第六版）』で「団体・企業・家庭などの経済状態」（金まわり）という説明がなされている。しかし、それ以外に「国その他の公的な団体がその財・役務を取得し、かつこれを管理するためになす一切の作用。収入の取得のための権力作用と、取得した財・役務の管理・経営のための管理作用とに分かれる」とある（傍点引用者）。国の予算は「国家の意思」とも呼ばれるが、このように「財政」の役割や機能からも、政治と経済との密接なつながりを読み解くことができるのである。

6 政治と法律・行政

　前節で、大学の「政治経済学部」について言及したが、一般に日本では「法学部」の「法律学科」に「政治学科」を併存させる大学が多いのではないだろうか。だとすれば、「政治」と「法律」との関係性はもちろん、両者をつなぐ「行政」という観点から政治を捉える必要も出てくる。

A 「政治」が「法律」をつくる

　「政治が法律をつくる」というと、奇異な印象を受ける人が多い。確かに、現在の日本では、内閣不信任の決議案を衆議院が可決した場合、内閣は日本国憲法第 69 条に基づき、「総辞職か、衆議院の解散か」のいずれかを選択しなければならない。「法治主義」(rule by law) という言葉からもわかるように、公権力の行使は、すべて「法」という公的なルールに基づいている必要がある。では、その「憲法」（国の最高法規）や、憲法を頂点とする国の法体系（法律など）をつくったのは一体誰だったのだろうか。この点を考える際には、ヨーロッパの政治史を振り返るとわかりやすい。

　歴史的にみた場合、前近代のヨーロッパ（身分制）社会では、国王など少数の支配者による恣意的な支配が普通だった。このように、民衆からの支持や同意はもちろん、支配者による民衆の操作・動員も一切必要としない、（身分的下位者に対する）「上からの」一方的かつ専断的な支配・統治は一般に「専制」(despotism) と呼ばれ、「独裁」(dictatorship) と区別される。少数者による専断的支配でも、独裁は民衆の動員と、それに伴う民衆の一定の支持や参加を必要とするからである。

　専制君主の絶対的支配に対抗して市民の自由や権利を再確認する必要性が、西欧諸国に憲法もしくはそれに匹敵する種々の法令（人権宣言なども含む）を制定させたのである。たとえば 17 世紀に起きたイギリス革命（ピューリタン革命と名誉革命）を通じて「権利章典」が制定され、また 18 世紀のフランス革命でも、「フランス人権宣言」や「1791 年憲法」の制定によって絶対王政から立憲君主政への移行がみられた（周知のように、その後、経済と政治の影響で、フランス革命の流れはさらに急進化していくが）。

　そして、こうした立憲的文書ないし法令の内容は、いずれも革命当時の政治的主導権を握ったグループとその支持層の主張や要求（たとえば「議会の同意なき課税」の禁止、経済活動の自由や財産権の保障＝商業ブルジョアの主張）を、そのまま反映するものだったのである。つまり「政治」（権力をめぐる抗争ないし闘争に勝利を収め、主導権を握った人たち）が、自分たちにふさわしい憲法や、その理念と内容を踏まえた法律をつくった（法制化した）ということができる。まさに政治とは権力をめぐる抗争であり、その勝者による社会統合といえるのである。そして社会統合は、「行政」という活動を通じても実現される。

B 「行政」に関する 3 つの捉え方

　では「政治」と「行政」はいかなる関係で、どう異なるのだろうか。
　「行政」という概念にも、およそ 3 つの捉え方があるのではないかと思われる。まず、三権のうちの「立法」および「司法」との対比で、国家の持つ三権から立法権と司法権を取り除いた「残りの機能」が「行政」だというものである。次に、「政治」との対比で用いられ、公選職の人々（政治家）の担当が「政治」で、任命職の行政官によって担われるのが「行政」という捉え方がある。これは視点を変えれば、政策の「決定」と実施後の「統制」を担当するのが『政治』であるのに対し、政策の「立案」と決定後の「実施」を担うのが『行政』ということでもある。これらに加えて、行政を集団・組織の経営管理活動として位置づける捉え方もある。

C 「政治」と「行政」――ジェネラリストとスペシャリスト

　いずれにしても「行政」が国家作用の一つであるとともに、「内閣以下の国の機関または公共団体が、法律・政令その他法規の範囲内で行う政務」（『広辞苑（第六版）』）であることは間違いない。それゆえ、両者を比較してみると、本来「政治」は"細部を総合できる、幅広い視野を持った"ジェネラリスト（generalist）の担当領域であるのに対し、より専門的な「行政」はスペシャリスト（specialist）にふさわしい領域ということもできるであろう。もっとも、政治争点が複雑化した現在では、政治家にも今まで以上に高度な専門性が求められるようになったといっても過言ではない。

7　政治と歴史・文化

　政治を理解する方法、すなわち政治学のアプローチは、いうまでもなく多種多様である。伝統的な哲学や歴史、法制度などから政治の本質・あり方を理解しようとする「伝統的アプローチ」もあれば、心理学や社会学といった隣接諸科学を通じて政治現象を分析し、そこに一定の法則性を見出そうとする「科学的アプローチ」もある（**第4章、第4節**〔pp.56-57〕を参照）。

A　政治をつくる経路依存性

　政治の本質やあり方を理解する上で、「歴史」はきわめて重要となる。大統領制や議院内閣制、あるいは民主的権力集中制（民主集中制）など、政治制度のルーツや成立プロセスを理解するためには、制度化に至る経緯、すなわち歴史を学ぶ必要があるからである。したがって、政治学において「歴史」を学ぶ理由は、「現在を知るために過去を学ぶ」ためといえる。

　政治リーダーの決断や政治的アクターの行為は、過去の歴史的背景に何らかの影響を受けているという考え方がある。見方を換えれば、これは、「現在」を知るために「過去」の歴史的背景や経緯、選択の結果を学ぶことは必要不可欠ということでもある。このような考え方を「経路依存性」（path dependence）という。たとえば、日本国憲法第66条2項で「内閣総理大臣その他の国務大臣は、文民でなければならない」とされているのはなぜだろうか。おそらくこのような憲法規定は、世界的にもかなり珍しいのではないかと思われる。もちろんその答えは、大日本帝国憲法時代の反省と教訓、すなわち第二次世界大戦前に軍人の内閣総理大臣が出現した結果、日本が戦争に突入してしまった事実によるところが大きい。既述のように、経路依存性に基づき、「政治」が「憲法」（法律）をつくったことになる。

　このように、過去の政治、すなわち「政治史」を知らなければ、なぜこのような政治制度が誕生したのかという基本的な事柄さえ、わからなくなってしまうのである。

B　歴史が政治史主体の記述となるのはなぜか

　過去の政治現象を対象とする「政治史」は、「歴史学」であると同時に「政治学」の古典的一領域でもある。では、政治史が歴史のメインストリームであり続けるのはなぜだろうか。東洋史学者の岡田英弘によれば、それはたとえば経済史や文化史が「歴史」となり得るのも、それらが「政治」の出来事と結びついているからだとされる。これは、別の言い方をすれば、経済も文化も政治抜きで語ることはできないということでもある。それゆえ、歴史の教科書が「政治史」主体の記述・叙述となるのは、ある意味当然といってよい。

　「政治」と聞くと「難しい」と感じる人も多いかもしれない。だが「歴史」も過去の政治の積み重ねである以上、各自興味のある国と時代の「政治史」上の人物や出来事について、より詳しく調べるところから始めてみてはどうだろう。そのようにして、「政治」とは何か、自分なりに考える習慣を身につけていけばよいと思う。

C　政治と文化

　ある国の政治を理解しようとするのであれば、その国の歴史を理解しようとする努力とともに、その国特有の政治文化（political culture）ないし政治風土に関心を持つことも大切である。政治文化とは、政治に対する国民性（民族性）といってよく、より具体的には、政治システム（ある国家）の構成メンバー（国民）間に広くみられる政治的価値観や感情、態度などの複合体を意味する。換言すれば、政治システムという「魚」の生態を決定づける「水質」のようなものといっても過言ではない。

　たとえば「付和雷同」や「同調圧力」といった日本的風土ないし日本的社会体質の存在は、今日でも日本政治のあり方（決定の先送り、周囲——いわゆる「世間」——の"空気"を読むなど）、企業体質とまったく無関係とはいえないであろう。他にも「世襲の日常化」「臭いものに蓋」「寄らば大樹の陰」「喉元過ぎれば熱さを忘れる」「目先だけの対処療法」など、官民問わず日本社会でおなじみのこうした言葉は、歴史とともに日本人と日本社会に根づいた「文化」といわざるを得ない。したがって、政治を考える際には、こうした「ソフト」の部分にも注目していく必要があるといえる。

知識を確認しよう
・・・・・・・・・・・・・・・・・・・・・・・・・・・・

問題 　以下の各小問につき、正誤を述べなさい。

(1) ラスウェルは、現代政治の諸条件下における政治リーダーの資質として、情熱と責任感と判断力の3つを挙げている。

(2) 政治は、国家（政府）および国家間（国際社会）に限定される現象なので、たとえば大企業と労働組合との間に政治現象は生じ得ない。

(3) 「政治」と「行政」とを対比する考え方に基づいた場合、同じ公務員でも大統領など公選職の人々が行う活動（政策の決定と、実施後の統制）については、一般に「政治」として理解される。

解答

(1) ×　ラスウェルではなく、ウェーバーが指摘した。

(2) ×　ウェーバーは、『職業としての政治』で、政治について「……国家に含まれた人間集団相互の間でおこなわれる場合であれ、要するに権力の分け前にあずかり、権力の配分関係に影響を及ぼそうとする努力である」と述べている。たとえば大企業や労働組合が自己の利益を拡大するため、選挙で特定の政党を支援しながら互いに対立したり、主導権争いをしたりすることも多い。したがって、大企業と労働組合との間で政治現象が生じ得ないとはいえない。

(3) ○　正しい。

第 2 章

政治学の基礎概念

本章のポイント

　政治現象を理解する上で欠かせない基礎概念を説明し、政治学の核（コア）に関する理解を深める。

1. 支配と服従：支配とは何か、なぜ服従するのか、支配の正当性／正統性
2. 政治的支配の実態——エリート論と権力構造論：エリートと少数支配の原理、権力の構造
3. 支配 - 服従を安定させる方法：政治的権威、強制、非強制
4. 権力と政治権力：影響力と権力、権力の捉え方、政治権力とは
5. 政治的リーダーシップ：権力関係とリーダーシップ関係、リーダーシップのスタイル、政治的リーダーシップの 4 類型
6. イデオロギー：イデオロギーとは何か、イデオロギーの政治的役割、イデオロギーに関する諸理論
7. 政治システムと政治体制：政治システムとは何か、政治体制とは何か、政治体制の種類

1 支配と服従

第1章、第5節 (p. 10) で触れたように、アメリカの政治学者ダール (Dahl, R. A.) は、政治を一つのシステムとして捉えている。その上で政治システムを、コントロール（支配力）、影響力、権力、権威をかなりな程度ふくむ人間関係の持続的なパターンと定義づけた。そこで本章でも、政治を理解する上で不可欠となる基礎概念の出発点として、「支配」および「服従」に関する説明から始めることにしよう。服従にも言及するのは、「光あるところに影がある」ように、支配するものがいれば、そこには服従するものも必ず存在するからである。

政治が発現する場としての人間社会を「政治社会」という。その最も典型的なものが「国家」（主権の及ぶ領域内の政府と住民）であり、また複数の国家を伝統的なアクターとする「国際社会」であろう。前者の政治は「国内政治」、後者の政治は「国際政治」と呼ばれる。政治社会は基本的に、「支配－服従」関係を基礎として形成された社会でもある。

A 支配とは何か

支配とは、たとえば個人ないし集団「A」が個人ないし集団「B」に対し、社会的価値の分配権を強制力や「B」側の自発的承認を通じて、自分「A」に有利な形で、主張・獲得・維持する関係である。因みに「社会的価値」とは、比較的希少な富や権力、尊敬など、人間の普遍的な欲求の対象となり得るものを指す。

ウェーバー (Weber, M.) は支配について、一人または数人の「支配者」の表示する意思（命令）が他者の行動に影響を及ぼそうとした事態であり、また「被支配者」がそれを命令として認識した結果としての行動（服従）になる程度に影響を及ぼそうとしている事態と捉えている。また、権威を持った命令権力と同じ意味であるとも述べている。いずれにしても支配は、影響力や権力、そして服従などを伴う行為であり、概念であることがわかる。

では、人はいかなる場合、支配者に「服従」するのであろうか。

B　なぜ服従するのか

　政治学者の高畠通敏によれば、「服従」は服従する側の動機によって、以下の種類があるとされている。

①盲従：前近代社会に多く、支配者に対する信頼や尊敬に基づく服従

②信従：支配者の意思決定を倫理的に是認した結果による服従

③賛従：支配者の意思決定の内容に同意した結果に伴う服従

④欲従：支配者に服従することへの見返りを期待した服従

⑤忍従：支配者に逆らった場合の制裁を怖れての服従

⑥被操縦：支配者に服従していることを自覚しない形で表れる服従

　実際には、これらの動機が複数混ざり合っているケースが多い。政治の役割の一つは、この「支配 – 服従」関係を何らかの形で安定させることだといえるが、その具体的な方法については第3節で説明することにしよう。

C　支配の正当性／正統性

　「支配 – 服従」関係を安定させるためには、何よりもその「支配」（支配する側、つまり政治リーダーや政府）に正当性ないし正統性（legitimacy）がなくてはならない。因みに「正当性」とは物事が正しく道理に合っているかを、「正統性」は物事が正しい系譜やプロセスを経て成立しているかを、それぞれ問う価値観ないし概念である。

　周知のようにウェーバーは、支配に正当性／正統性がもたらされるケースを伝統的支配、カリスマ的支配、合法的支配という3つのタイプに類型化した。これら3つは「理念型」なので、実際はこれらの混合で発現する。

①伝統的支配

　慣習や身分制など「伝統」的な権威が支配・服従の根拠となる。前近代的な社会では一般的だが、現在においてもみられる。

②カリスマ的支配

　支配者の超人的な資質や能力が根拠となる。予言者や天才的軍人などにみられるが、カリスマ性がなくなると、その支配は不安定となる。

③合法的支配

　予測可能なルールとその合法性が根拠となる。非人格的な「近代官僚制」がその典型。安定しやすく、合理的支配とも呼ばれる。

2 政治的支配の実態──エリート論と権力構造論

　前節の内容を受けて、ここでは政治的な支配者ないし支配層を意味する「政治エリート」と、政治エリートによる支配の構造、すなわち「権力構造」に関する代表的な理論を紹介していく。

　権力 (power) とは、他者をその意思に反して動かす作用ないし能力である。それゆえ支配‐服従関係も、権力行使の典型的な発現形態ということができる。では、政治エリートとは、いかなる人々なのであろうか。

A　エリートと少数支配の原理

　周知のようにエリート (elite) は「選良」を意味する言葉であり、政治の世界におけるそれを「政治エリート」という。選挙を通じて国民（有権者）から選ばれ、一定期間「統治」を担う国会議員や大統領などの「代表者」に加え、難関の国家公務員試験に合格して中央官庁などに採用された行政職員、場合によっては類似した昇進プロセスに基づいて昇格した高級軍人などもこれに該当する。その意味で、前出の「政治家」は、すべて政治エリートといっても過言ではない。

　文字通りエリートとは、少数の選良を意味する。つまり政治エリートによる支配とは、通例、「少数者」とその集団組織が実施する「多数者」への支配に他ならない。たとえば江戸時代、日本社会の政治エリートといえる「武士」は、全人口の 10% 未満であったとされている。そして現在の大衆民主主義においても、実際は少数の政治エリートによる「少数支配」であることに変わりはない。これについては「政府」と「国民」との関係を考えるとわかりやすいであろう。しかし、政治エリートは「少数」であるにもかかわらず、なぜ「多数」の国民を支配できるのであろうか。

　18 世紀に、当時としてはかなり急進的な民主主義思想を示したルソー (Rousseau, J.-J.) でさえ、その『社会契約論』において「多数者が統治して少数者が統治されるということは自然の秩序に反する」と述べている。ルソーがいうように、確かに「人民が公務を処理するためにたえず集っているということは想像もできない」。このように、少数支配の原理が自然かつ普

遍的であるならば、少数者が多数者を支配できるメカニズムを明らかにする必要がある。

　この点については、さまざまな「エリート論」から読み解くことが可能となる。たとえばイタリアの政治学者モスカ（Mosca, G.）によれば、エリートは少数ゆえまとまりやすく組織化しやすい。それゆえ、物理的強制力もすぐに行使できるとして、エリートによる組織的団結のしやすさと、少数支配ゆえの効率性を指摘したとされる。また、ドイツ社会民主党内部組織の研究を通じて「寡頭制の鉄則」を主張したミヘルス（Michels, R.）は、巨大組織（国家以外にも、たとえば軍隊や官僚機構、巨大企業など）ゆえ、その内部運営や意思決定は必然的に効率的な少数支配になることを明らかにした。さらにイタリアの数理経済学者パレート（Pareto, V.）も、革命など社会の変動によってもエリートは消滅せず交代するだけという「エリートの周流」説を唱えたことで知られている。したがって、社会を能率よく運営し安定化していくためには、どうしても「少数支配」とならざるを得ない。

B　権力の構造

　戦後のアメリカ政治学では、地域政治に関する CPS 論争（地域権力構造論争）に代表される、支配者や権力の所在についての議論があった。とりわけアメリカ国政レベルでは、社会学者ミルズ（Mills, C. W.）のパワー・エリート論に象徴される「一元的権力構造論」と、ダールなどに代表される「多元的権力構造論」がよく知られている。

　前者は、政治家・財界人・軍人からなる特定のパワー（権力）・エリート（軍産複合体）に権力が一元的に集中し、その中で重要な政策決定が行われているとする。しかし後者は、権力はケースによってさまざまな集団に分散しており、状況に応じて権力の持ち主も流動的に変化すると考える。たとえば、アメリカの銃規制問題をめぐって規制推進派の「大統領」さえ屈服させた「圧力団体」、すなわち全米ライフル協会（NRA）に象徴される「拒否権行使集団」の存在を指摘した社会学者リースマン（Riesman, D.）の見解も、後者に分類することができるかもしれない。

　政治社会にとって政治エリートや少数支配は重要な意味を持つ。加えて、「支配」についても、複数の捉え方が可能になるということがわかる。

3 支配－服従を安定させる方法

　本章、第 1 節の内容を踏まえ、ここでは「支配－服従」(関係) を安定させる具体的方法について検討してみたい。その典型的な方法は、以下の通りとなる。
- 政治的権威
- 強制 (社会的価値の剥奪、社会的価値の付与)
- 非強制 (象徴の操作、説得と宣伝、教育など)

A　政治的権威

　「権威」(authority) とは、発言内容や存在などが他者から一切疑われず、常に他者から積極的に受け容れられる状態ないし現象である。日本語では「その道の大家」「巨匠」といった意味合いも含まれる。先述した「盲従」を促すのも、とりわけこの権威 (的存在) であることが多い。また、権威は服従が制度化された状態ということもできる。そして、後述する政治権力に権威が備わると「政治的権威」となる。

　政治的権威の事例は多様だが、「支配の正当性／正統性」がその典型とされることが多い。他にも古来の伝統に加え、今日では世論の圧倒的支持や国際社会の承認、民主的プロセスを経た意思決定などを挙げることができる。権威は、自分から特に何もしなくても相手が自然に従ってくれる状態をもたらす。そのため、支配に伴う負担を少なくしたい支配者側からすれば、権威は支配の安定化に欠かせない要素となり得るのである。

B　強制

　「強制」には社会的価値の「剥奪」と「付与」の 2 種類があるとされる。まず社会的価値の剥奪は、いわゆる「アメとムチ」でいえば「ムチ」に該当する。その究極的な手段が、警察や軍隊を用いた物理的強制力 (暴力) の行使であろう。なぜならこれは、目的達成の手段としては支配者側のコストや犠牲も少なくないので、支配が逆に不安定になることもあり得るからである。心理的・社会的・経済的・物理的価値剥奪があるとされ、いわゆ

る村八分の他、政策面では罰金、逮捕・処刑などがイメージしやすい。

　一方、こうした強権（価値剥奪）を伴わない強制が、社会的価値の付与である。政策的には、権力的価値付与（18歳以上の者への参政権付与）、経済的価値付与（減税や助成金交付）、名誉的価値付与（華族制度や叙勲制度）などがあり、政府の政策としてみてみると、より身近で日常的な手段といえる。ゆえに政府の政策とは、支配 − 服従の安定化を目標とした、社会的価値の剥奪／付与という方法の実践に他ならないともいえる。

C　非強制

　まず「象徴（symbol）の操作」によって、メンバーに忠誠心を植えつけるという方法がある。アメリカの政治学者メリアム（Merriam, C. E.）は、支配者が権力を維持しそれを安定させるには、物理的強制力に頼るだけでは不十分だと述べている。その上で、権威づけならびに権力の凄さを示す手段となるミランダ（Miranda）とクレデンダ（Credenda）を用いて人々を操作することが重要であるとした。ミランダは人々の心や情に訴えるもので、記念日・音楽・芸術的デザイン・儀式・大衆的示威行為などが挙げられる。

　一方クレデンダには、人々の知性や理性に訴えるイデオロギーや理論などが含まれるとされる。とりわけミランダはわかりやすいので、現代の大衆民主主義においても有効な手段になると考えられる。またそうした象徴は、ナチスの「鉤十字」や制服のように一定の人々に恐怖心を生じさせるため、条件反射的に心理的暴力の手段として機能することもある。

　次に「説得と宣伝」については、実際は重複していることも多いが、前者が人々の理性に訴えるのに対し、どちらかといえば後者は人間の感情に訴えるものとして区別される。そして「教育」も、人々の政治的社会化（人間が成長しながら政治について学習し、政治意識や政治文化を身につけていくプロセス）には欠かせない。いかなる国でも義務教育は、国家のメンバーとしての一体感や、国家への忠誠心を植えつける手段となるからである。これら以外では、扇動やアピールといった方法を挙げることもできる。

　いずれにせよ、政府の政策はもちろん、政治とは無縁に思える日常生活のさまざまなものが、「支配 − 服従」安定化の方策として活用され得ることがわかる。それゆえ私たちは、政治に無関心ではいられないのである。

4 権力と政治権力

A 影響力と権力

　テレビや新聞など、大量の情報を伝達する媒体、すなわちマス・メディアは、三権に次ぐ「第四の権力」と呼ばれることもある。それは、マス・メディアの流す情報、マス・コミュニケーションが世論に与える影響力（場合によっては世論操作ないし大衆操作の道具となり得る）が強大だからである。
　『広辞苑（第六版）』によると「影響」とは、他に作用が及んで、反応・変化があらわれること。また、その反応・変化とある。そして「影響力」については、他に影響を及ぼすに足る権力や威厳と説明されている。したがって、権力や権威も、広義では影響力の一部を構成しているということができる。そうした影響力の中でもとりわけ「他者をその意思に反して動かす能力・作用」となる「権力」について広辞苑は、他人をおさえつけ支配する力、支配者が被支配者に加える強制力と説明している。その意味で権力は、影響力以上に強制性や支配性が強い作用といえるかもしれない。

B 権力の捉え方

　権力についての基本的な捉え方（概念）には、主なものとして「実体説」「関係説」「機能説」の3つがある。

(1) 実体説

　権力の発生源、すなわち富や軍事力、地位など権力を生み出しやすい社会的価値の所有に注目し、権力を実体的に捉えた概念である。ラスウェル（Lasswell, H. D.）によると権力は、目標のための手段となる「基底価値」を通じて追求される。そしてそれは「権力・尊敬・愛情・徳義・健康・富・開明・技能」の8つに分類されている。

(2) 関係説

　個人であれ集団であれAとBの相互関係に注目し、「支配−服従」関係のように権力を関係として捉える。ダールはこの立場から「他からの働きかけがなければ、Bがしないであろうことを、AがBに行わせることができたとき、AはBに対して権力を持つ」とした。

(3)　機能説

　権力を、目標達成のために社会的資源を動員する能力であり機能とみる。それゆえ、実体説のように権力の総量を一定としてその増減を論じる「ゼロ・サム」的理解はすべきでないとする。むしろ、政治権力の存在は社会全体にとって利益になるという考え方に近いとさえいえるかもしれない。

　これら3つの捉え方は、強調点やみる角度の違いで異なるともいえる。したがって「権力」も、多面性を伴う概念ということができるのである。

C　政治権力とは

　では普通の権力と政治権力（political power）は、どのように異なるのだろうか。「政権」という言い方もできる政治権力は、さまざまな社会権力（経済権力や宗教権力など）を基盤に成立している。政治権力固有の特徴として、以下の3つを指摘することができる。まずその対象範囲については、一定の地域社会とそのメンバー全員が最終的に従うべきものとして権力関係（支配‐服従関係）が成立していること。次に、その力の強さについては、すべてのメンバーを服従させる最後の手段として公的な物理的強制力とその手段（各種行政機構や軍隊・警察など）を備えていなければならない。さらに、メンバー全員が服従する根拠として、既述の政治的権威（支配の正当性／正統性を含む）が伴っていなければならない。政治的権威が伴っていなければ、私的武装集団の単なる暴力と変わらなくなるし、メンバーも納得してその政治権力に服従することができなくなるからである。

　このように政治権力は、社会統合（社会的諸価値の権威的配分、秩序の形成と維持）に不可欠で、社会のメンバー全員を究極的に拘束できる政策すら決定可能な、公的な性質を帯びた独特の「権力」であることがわかる。そして最も組織化された政治権力の典型が、国家権力ということになる。「国家権力を行使できる＝○○政権」とイメージしてみるとよい。

　そうした点を踏まえて『広辞苑（第六版）』も、政治権力を次のように説明している。「社会集団内で、その意思決定への服従を強制することができる、排他的な正統性を認められた権力。普通、政治的権威、暴力装置、決定と伝達の機関をもつ」。

5 政治的リーダーシップ

　ここでは、第1章、第3節（p.6）および第4節（p.8）の内容（政治家）と、本章、第1節（p.18）から第3節（p.22）までの内容（支配と服従）を発展させた、「政治的リーダーシップ」論について言及する。

A　権力関係とリーダーシップ関係

　リーダーシップとは、一定範囲の人々を一定の目標に向けて統合し、方向づける作用である。それゆえ、政治学の重要な概念の一つといえる。リーダーシップも権力（支配-服従）関係同様、「リーダー」と「フォロワー」との関係を通じて発現する。では、権力関係とリーダーシップ関係は、どのような点で異なるのであろうか。

　これまでみてきたように権力関係の基本は、「支配者」と「服従者（被支配者）」との、いわゆる「支配-服従」関係といえる。ただ、先述したように権力関係といった場合、理論上、服従者に対する支配者からのほとんど一方的な「強制」を伴うことが多い。政治社会において、支配者と服従者の意見や利害は対立することも多いので、必然的に強制を伴うことになる。因みに、制度上の「地位」に基づく「上位者」の一方的な命令によって「下位者」に発揮される力は、「ヘッドシップ」と呼ばれる。

　これに対し、もちろん実際には何らかの強制的要素も含まれるにせよ、理論上「リーダー」と「フォロワー」との間に意見や利害の対立が存在せず、両者に共通の目標（たとえば政権の獲得など）がある場合に成立するのがリーダーシップ関係とされる。集団を導く「リーダー」がそれに従う「フォロワー」を説得し指導する代わりに、「フォロワー」も「リーダー」を支持して自発的に協力するなど、両者の相互作用や協力関係を重視した概念がリーダーシップということができる。

B　リーダーシップのスタイル

　リーダーシップでは、フォロワーの自発的協力に加え、リーダーの持つ「特性や資質、あるいは能力」も一つのポイントとなる。周知のように、ル

ネサンス期のイタリアで、外交官や文筆家として活躍したマキアヴェッリ（Machiavelli, N.）は、『君主論』を通じて、リーダー（君主）に求められる特性を「獅子のような獰猛さと、狐のような狡猾さ」とした。そのため、政治家のリーダーシップ・スタイルに関しては、まずリーダーの個性やパーソナリティを強調した「特性理論」という捉え方がある。

　他方でいかなるリーダーでもその特性を発揮できるか否かは、平時か、それとも乱世か、といった「状況」に左右されるという考えもあり、これは「状況理論」と呼ばれることが多い。いずれにしてもリーダーシップという概念においては、リーダーとフォロワーの「相互作用」に加え、リーダーの「特性」とそれを活かせる「状況」が重要な意味を持つ。

C　政治的リーダーシップの4類型

　高畠通敏の整理に基づくと、政治的リーダーシップには4種類ある。

(1) 伝統的リーダーシップ

　伝統や慣習などに基づいたリーダーシップであり、前近代社会で一般的だが、現代においてもみられる。しかしリーダーの特性はさほど必要にはならないので、真のリーダーシップではないという見方もあると思われる。

(2) 代表的リーダーシップ

　選挙など「制度」に基づいて選ばれたリーダーがメンバーの利益を代表するので、制度的リーダーシップとも呼ばれる。近代以降の比較的安定した社会で成立し、メンバーに価値体系の変革を求めないため保守的となる。

(3) 創造的リーダーシップ

　変化を求める危機的な状況で成立する。旧い価値体系の変革を目指し新たなヴィジョンをメンバーに示し動員するので、イデオロギーなどで理論武装したレーニン（Lenin, V.）など、革命家のリーダーシップといえる。しかし変革が成功すると、新体制維持のため保守的になりやすい。

(4) 投機的リーダーシップ

　混乱した不安定な閉塞状況で成立しやすい。メンバーの不満を利用し、それを一時的に逸らそうとする場当たり的なスタイル。スケープゴートや侵略戦争など暴力的手法を好むが革命は目指さない。ヒトラー（Hitler, A.）が典型的だが、本質的な解決は不可能なので長続きしない場合が多い。

6 イデオロギー

第１章 (p.5) で述べたように、人間社会で発現するさまざまな「対立」は、政治の出発点として位置づけられる。それだけでなく、対立そして「紛争」(社会的価値の獲得・維持をめぐる人間同士の競合) をある程度解決して、社会をそれなりに安定させる役割 (社会統合) も、政治には求められる。

人間社会の対立では、経済的・社会的・職業的利害関係に基づく対立や地域的利害関係に伴う対立に加え、政治的な価値観や世界観、あるいは思想や信条そして宗教などに基づく対立 (たとえば自由か平等か、現実主義と理想主義、宗派間対立など) も無視できない。そこで本節では、とりわけ「イデオロギー」をめぐる諸問題に言及していくことにしたい。

A イデオロギーとは何か

イデオロギー (ideology) についても、後述するように、さまざまな捉え方が可能となる。ここではイデオロギーを、単純に、その人が持つ思想的傾向、政治や経済・社会に対するまとまった考え方としておこう。政治に対する何らかの理念・哲学・思想などもイデオロギーには含まれ、それは「○○主義」(〜ism) という言葉で表現されることもある。

B イデオロギーの政治的役割

このようなイデオロギーには、まず、人々の政治意識を形成する役割があるといえる。人間は、生まれた瞬間には政治意識など持っていないが、成長し大人になるにつれ、政治的社会化の帰結として (政治的無関心も含めて)、何らかの政治意識が身についている場合が多い。それは、自分のこれまでの経験や社会的属性などによってある程度決定づけられるのかもしれないし、人生の途中で政治意識が根本的に変わってしまうこともあり得る。

それゆえイデオロギーには、東西冷戦や保革対立など、戦争や政治的対立の原因をつくる役割も見出せる。また、イデオロギーには、国家における主要政策の理論面でのバックボーン的役割もある (たとえば社会主義に基づいた、主要産業国有化政策や、新自由主義に基づいた民営化政策など)。さらには、革

命によって誕生した政権が用いるように、変革や支配を正当化する役割も
ある。歴史的にみた場合、とりわけフランス革命以降の近現代欧米政治史
は、ある意味イデオロギーをめぐって展開されたといっても過言ではない。
そしてその対立の構図は、「左派・革新政党 – 中道政党 – 右派・保守政党」
というように、その国の政党システム（政党制）の基本的な構図にも、今日
まで大きな影響を及ぼしている。

C イデオロギーに関する諸理論

　イデオロギーを社会科学の立場から本格的に捉えたのが、ドイツの哲学
者で経済学者でもあるマルクス（Marx, K.）といってよい。イデオロギーを
社会的意識あるいは観念形態という意味で用いる場合、それはマルクス主
義の理論および歴史観におけるコア概念となるからである。

　マルクスの考えによると、イデオロギーは、社会の下部構造（経済的な基
礎構造）に対して、上部構造（政治制度や法体系など精神文化の諸形態）そのもの
を意味する。同時に、上部構造を思想的・理論的に表す信念体系でもある
とされている。具体的には、階級社会における支配階級（近代資本主義社会
であればブルジョア階級）の思想（たとえば自由主義）そのものがイデオロギー
ということになる。そして、これに対し、被支配階級（特にプロレタリア階
級）の科学的認識を対置するのである。

　さらにマルクスは、特定の支配階級の階級利害を基礎に、特定の思想が
既存の支配体制や現行秩序を正当化する役割を果たすようになった場合、
これを虚偽意識としてのイデオロギーと捉え、批判の対象とした。

　これに対し、20世紀に入ると、ハンガリー生まれのドイツの知識社会学
者マンハイム（Mannheim, K.）は、人間の意識は社会の下部構造のみに規定
されるのではなく、社会構成員のさまざまな世界観や職業、立場などによ
っても規定されるとして、マルクス的イデオロギー観を批判している。そ
うした上でマンハイムは、あらゆる思惟様式が歴史的・社会的に規定され
た存在の枠内にあること、すなわち存在被拘束性を主張した。

　またアメリカの社会学者ベル（Bell, D.）は、1960年頃「イデオロギーの
終焉」論を主張し、経済的に豊かになった脱工業社会では、階級対立が争
点とならないので、イデオロギーの果たす役割は終わったとしている。

7 政治システムと政治体制

　人間社会は一つのシステムをなしている。それゆえ、政治が発現し展開する場としての人間社会、すなわち政治社会もまた、政治システム／政治体系（political system）を構成していることになる。また、政治体制（political regime）という概念は、その国の基本的な政治的体質のようなものを説明してくれる。したがって、これらの概念を用いれば、その国の政治の姿かたちを大まかに分析したり理解したりする上で役立つ。

A　政治システムとは何か

　政治体系としての政治システムは、社会とその環境的諸条件の公的制御に関わる人間諸活動の複合組織体であるとされ、その典型例が国民国家のシステムいえる。

　イーストン（Easton, D.）が示した政治システムのモデル（図2-1）によると、さまざまな環境に影響されながら要求と支持という「入力」作用が政治システム/政治体系の中で「変換」され、権威と強制力に基づいた決定や行為という形で「出力」された後、さらに「フィードバック」を通じた入力作用として繰り返されることになる。

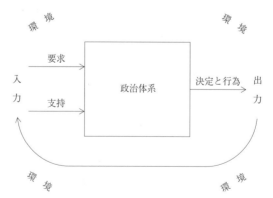

イーストン，D.『政治分析の基礎』岡村忠夫訳，みすず書房，1968，p. 130「図3」.

図2-1　イーストンの政治システムモデル

B　政治体制とは何か

　政治学者の篠原一によれば、政治にはいくつかのレベルがある。基底と
して政治的共同社会 (political community) があり、その上に政治体制 (political
regime) が構築され、さらにその中核として政府ないし権力機構 (govern-
ment) があるとされている。とりわけ政治体制は、支配階級と安定した「支
配 - 服従」関係を支える社会制度や政治組織の総体として位置づけられ、
政治の体質や政府のあり方を決定づける役割があるといえる。篠原も指摘
しているように、国家形成期以来の政治史において最も激しい係争の対象
となったのは政治体制であった。そのあり方をめぐって政治主体が激突し、
またそれを中心にさまざまなイデオロギーが形成されたからである。

C　政治体制の種類

　世界の国々を政治体制別に観察してみると、自由民主主義が徹底されて
いるか、制限ないしほぼ否定されているかで、以下の 3 つに区分すること
ができる。

(1)　自由民主主義体制

　日本や欧米先進諸国の政治体制であり、政治経済社会の自由主義的側面
と民主主義的側面とが憲法などを通じて制度上結合され、実際に機能して
いる政治体制といってよい。

(2)　権威主義体制

　発展途上国に多くみられる政治体制であり、言論・集会・結社の自由な
どの政治的自由が制限されている場合が多い。かつてのスペイン・フラン
コ (Franco, F.) 体制をモデルとするが、1970 年代頃韓国・朴正熙政権など
で展開された開発独裁 (developmental dictatorship) もこれに該当する。

(3)　全体主義体制

　20 世紀以降出現し、ナチス・ドイツやスターリン (Stalin, I.) 時代の旧ソ
連のように、全体主義（イデオロギーによる教化とマス・メディアの活用などによ
って人間の思考様式を変えてしまう企て）に基づく 1 党ないし個人独裁を通じて
自由を幅広く抑圧する、権力集中的な大衆動員型支配となりやすい。ドイ
ツのように、大衆民主主義から全体主義体制が生じることもあり得る。

```
╭────────────────────────────────────────────╮
│              知識を確認しよう                  │
│    ・・・・・・・・・・・・・・・・・・・・・・・・       │
╰────────────────────────────────────────────╯
```

【問題】 以下の各小問につき、正誤を述べなさい。

(1) 王権神授説など伝統的で非合理的な政治理論は、支配を正当化する手段としては機能しない。

(2) メリアムは、権力関係（支配‐服従関係）を安定させる手段としてのクレデンダについて、人々の知性や理性にアピールして、権力の合理化を図るもの（手段）と位置づけた。

(3) マルクスは、イデオロギーが単なる虚偽意識であるという考えを完全に否定した。

【解答】

(1) ×　今日の民主政治や現代社会であればそうかもしれないが、支配の正当性は民衆が何らかの根拠に従って、その支配が正しいと信じ込むことによって成立する。そのため、たとえ王権神授説であっても、当時（近世）の民衆がそれを正しいと信じられるかぎりにおいては、支配の正当性として機能し得る。

(2) ○　正しい。

(3) ×　イデオロギーの問題点を虚偽意識の部分に見出すのが、マルクス主義の一つの特徴である。

本章のポイント

　本章では、古代から近代にかけて主にヨーロッパで展開された政治思想の歴史を、各時代を代表する思想家に焦点を当てて概観する。

1.　プラトンの哲人政治論、アリストテレスの幸福論と国制論。

2.　マキアヴェッリの統治技術論（利己的人間像、スタート、内政・外交・軍事の技術、政治と道徳の分離）、ボダンの主権論。

3.　ホッブズの社会契約論（自己保存、力への欲求、万人の万人に対する闘争状態、自然権の放棄、主権の絶対性、抵抗権の否定）。

4.　ロックの社会契約論（神の作品としての人間、自然権＝所有権、自然法の解釈・執行の信託、権力分立、抵抗権・革命権）。

5.　ルソーの社会契約論（憐れみの情、自己改善能力、利己愛、共同体への全面譲渡、人民主権、一般意志、公民的自由、立法者）。

6.　トクヴィルの「民主主義」論（境遇の平等、多数者の暴政、個人主義、民主的専制、地方自治・結社・宗教の役割）。

7.　ミルの功利主義論（快楽の質的差異）、自由主義論（危害原理、個性の自由な発展）、代議制民主主義論（国民の資質の向上）。

1 古代ギリシアの政治思想

　政治思想の歴史は古代ギリシアから始まる。ポリス（都市国家）での議論から生まれた政治についてのさまざまな見解は、古代ローマを経て、中世、近代へと継承されていった。本節では、この時代を代表する思想家として、プラトン（Platōn）とアリストテレス（Aristotelēs）を取り上げる。

A　プラトン

　プラトンは、B.C.427年に古代ギリシアの代表的なポリスであるアテナイで名門の家系に生まれた。青年時代にソクラテス（Sōkratēs）に師事したが、ソクラテスが民衆裁判にかけられ刑死させられたことに失望し、アテナイを去った。ギリシア各地を遍歴した後、B.C.387年にアテナイに戻り、自らの学園「アカデメイア」を創設した。プラトンは、「対話篇」という形式で多くの著作を残している。政治学上の主著は『国家』である。

　プラトンは、『国家』において、正しい人間のあり方を明らかにするための予備作業として、正しいポリスのあり方について論じた。プラトンによれば、ポリスは、統治を担当する「守護者」、軍事を担当する「補助者」、生産・経済活動に従事する「生産者」という3つの階層から構成される。これら3つの階層は対等ではなく、最上位に守護者、その下に補助者、さらにその下に生産者が位置する。これら3つの階層が、上位の階層の命令に従いながら、他の階層の役割を妨げることなく、各々の役割を適切に果たすことによって、ポリス全体に調和と秩序がもたらされる。これが正しいポリスのあり方である。こうしたポリスを実現するためには、①市民が男女の区別なく同一の教育を受け、同一の職務に従事すること、②守護者と補助者が階層内で妻子と財産を共有すること、③「哲学者」がポリスの統治者となること、という3つの条件が満たされる必要がある。プラトンのいう「哲学者」とは、単なる学者のことではなく、「イデア」（永遠不変の真実の存在）を認識できる者のことを指す。ポリスの中から優れた素質を持った子弟を集め、長期にわたって厳しい教育と訓練を施し、哲学者を養成する。こうした哲学者がポリスを統治すること（哲人政治）によってはじめて正し

いポリスを実現することができると、プラトンは主張した。

B　アリストテレス

　アリストテレスは、B.C.384年にギリシア北部の都市スタゲイラでマケド
ニア国王の侍医の息子として生まれた。17歳のときにアカデメイアに入学
し、37歳まで学究生活を続け、その後はギリシア各地を遍歴した。マケド
ニア王子（後のアレクサンドロス大王）の家庭教師を務めた後、B.C.335年にア
テナイに戻り、自らの学園「リュケイオン」を創設した。アリストテレス
は、人文・社会・自然の各分野で膨大な数の著作を残している。政治学上
の重要な著作は、『ニコマコス倫理学』と『政治学』である。

　アリストテレスによれば、人間のあらゆる行為は、何らかの「善」を目
的としている。複数の異なる善の中で、最高の善は「幸福」である。人間
が幸福な人生を送るためには、勇気、節制、正義、思慮深さといったさま
ざまな「徳」（卓越性）を身につける必要がある。これらの徳は、社会生活
の中で有徳な行為を繰り返すことによって、次第に身についていく。つま
り人間は、ポリスの市民となることによってはじめて有徳な存在となり、
幸福を手にすることができるのである。

　それでは、市民を有徳な存在へと導くポリスの「国制」（政治体制）とは、
いったいどのようなものなのか。アリストテレスは、〈統治者の数〉と〈統
治の目的が公共の利益であるか否か〉という2つの基準によって、ポリス
の国制を6つに分類した。統治の目的が公共の利益である場合、統治者が
一人の国制は「王制」、少数者の国制は「貴族制」、多数者の国制は「ポリ
ティア」と呼ばれる。一方、統治の目的が統治者の私的利益である場合、統
治者が一人の国制は「僭主制」、少数者の国制は「寡頭制」、多数者の国制
は「民主制」と呼ばれる。このうち、僭主制は最悪の国制であり、王制、貴
族制、ポリティアは実現困難である。実現可能なのは寡頭制と民主制だけ
なので、これらの長所を混合した国制が望ましい。すなわち、少数者（富
裕層）と多数者（貧困層）の間に位置する中間層が統治する「国制」である。
中間層による統治は、バランスのとれた理性的なものとなり、富裕層と貧
困層の対立の緩和にも寄与する。こうしてアリストテレスは、師プラトン
とは異なり、中間層の統治する国制こそ最善の国制であると結論づけた。

2 ルネサンス期の政治思想

　中世ヨーロッパの社会では、キリスト教が人々の精神世界を支配していた。政治学を含むさまざまな学問も、キリスト教神学に対して従属的な地位にあった。しかし、ルネサンスと宗教改革を契機としてキリスト教の権威がゆらぎ始めると、政治と宗教を切り離して論じようとする動きが現れる。本節では、そうした動きを代表する思想家として、マキアヴェッリ（Machiavelli, N.）とボダン（Bodin, J.）を取り上げる。

A　マキアヴェッリ

　マキアヴェッリは、1469年にルネサンス最盛期のフィレンツェ共和国で法律家の長男として生まれた。当時のイタリアは小国分立状態にあり、フランスが1494年にイタリアに侵攻したことで、きわめて不安定な状況に陥っていた。マキアヴェッリは、1498年に共和国政府の書記官となり、欧州列強やボルジア（Borgia, C.）との外交交渉に手腕を発揮した。その後、メディチ家の復権により失職するが、隠遁生活の中で『君主論』（1532年）を執筆し、同書をメディチ家に献上することで再び要職に就こうとした。

　マキアヴェッリの政治思想の特徴は、そのリアルな人間観にある。マキアヴェッリによれば、そもそも人間は恩知らずで移り気で貪欲で、恩恵を施してくれる君主には追従するが、窮地に陥った君主はすぐに裏切るという邪悪な存在である。こうした利己的な人間像を前提として、いかにして政治秩序を確立するか。これがマキアヴェッリの思想的課題であった。彼はこの課題について論じる際に、「スタート」（stato）という概念に着目した。これは、公的な地位や身分とは関係なく、軍事力や財力を背景にして人々を支配する事実上の権力（またはそうした権力を行使する支配機構としての国家）を意味する概念である。利己的な人間の世界に政治秩序を確立するためには、スタートの保持者が「恐怖」によって人々を統制するしかない。マキアヴェッリは、君主（特に君主としての正統性を持たない新君主）がスタートを獲得し維持し拡大するための技術を、内政・外交・軍事という3つの観点から論じた。内政面では、君主は臣民に憐れみ深くあるよりも残酷であ

るべきであり、臣民から愛されるよりも恐れられるべきである。外交面で
は、君主は獅子の力強さと狐の狡猾さを駆使しなければならない。信義（他
の君主との約束）を守ることが自国に不利益をもたらす場合は、信義を守る
必要はない。そして軍事面では、そうした内政と外交を支えるために、君
主は自前の軍隊を持つ必要があると、マキアヴェッリは主張した。

　こうしてマキアヴェッリは、政治秩序の確立という目的のためならば、
君主は伝統的な道徳に縛られることなく、いざとなれば「悪」の道に踏み
込む覚悟も必要であると主張した。マキアヴェッリの議論は、政治の実効
性を宗教や道徳から切り離して論じたという点で、近代的な政治観の出発
点に位置するものといえる。

B　ボダン

　ボダンは、1530 年にフランス西部の都市アンジェで仕立屋の次男として
生まれた。カルメル修道会で人文主義の教育を受けた後、トゥールーズ大
学で法学を学び、パリの高等法院で弁護士となった。1571 年に王弟アラン
ソン公フランソワの顧問となったが、公の失脚によりその地位を失った。

　ボダンは、主著『国家論』（1576 年）において、「国家とは、多くの家族と
それらに共通のものとに対する、主権をもった正しい統治である」と述べ
て、国家を他の諸団体と区別する決定的な要素として「主権」の概念を提
示した。主権とは、「国家の絶対的かつ永続的な権力」、つまり国内におけ
る最高の権力であり、対外的にも他の権力に従属せず、しかもその絶対性
は永続的である。主権の具体的な内容は、立法権、宣戦布告・講和締結権、
官職任命権、裁判権、恩赦権、貨幣鋳造権、課税権などであり、中でも重
要なのは立法権である。ボダンは、法を「主権者の命令」と定義し、主権
者は「純粋にして自由な意志」に基づいて法を制定・改廃できると主張し
た。ただしこのことは、主権者による恣意的な統治を正当化するものでは
ない。国家の目的は、あくまでも「正しい統治」である。主権者といえど
も「神法・自然法」と「王国基本法」によって拘束され、契約の尊重や臣
民の財産権の保護を義務づけられる。こうしたボダンの議論は、近代的な
主権概念の確立に貢献する一方で、絶対王政の論拠としても利用された。

3 ホッブズの政治思想

　17〜18世紀の市民革命（イギリス革命、アメリカ独立革命、フランス革命）によって、基本的人権、人民主権、権力分立、議会制民主主義といった原理に基づく近代国家が成立した。第3節〜第5節では、「社会契約説」の提唱によって近代国家の成立に理論的に貢献した3人の思想家を取り上げる。

　ホッブズ（Hobbes, T.）は、1588年にイングランド南西部のウィルトシャー州で国教会牧師の次男として生まれた。オックスフォード大学を卒業後、貴族の子弟の家庭教師を務めながら、ベーコン（Bacon, F.）やデカルト（Descartes, R.）らと交流した。内乱の勃発を恐れて1640年にパリへ亡命し、亡命宮廷でイングランド皇太子（後のチャールズ2世）の数学教師を務めた。『リヴァイアサン』（1651年）の内容が問題視され亡命宮廷への出入りを禁止されると、1652年に帰国し、クロムウェル政権に帰順した。

　ホッブズの思想的課題は、イングランドにおける内乱の原因を明らかにし、「臣民」（国民）の生命の安全を確保するための手段を示すことにあった。彼は『リヴァイアサン』において、社会を構成する最小単位である人間の本性を解明することによって、この課題に応えようとした。ホッブズによれば、人間は「自己保存」（自らの生命の維持）を目的として運動する一つの機械である。それゆえ人間は、自己保存を促進するものを欲求し、自己保存を妨害するものを嫌悪する。人間にとって欲求の対象となるものはすべて「善」であり、嫌悪の対象となるものはすべて「悪」である。つまり人間は、自己の欲求と嫌悪を唯一の善悪の基準として行動する利己的な存在である。ホッブズは、人間が自らの欲求の対象を獲得するための手段のことを「力」と呼んだ。その中には、身体的な力、精神的な力（思慮深さ）、経済的な力（富）、社会的な力（名声、友人）などが含まれる。人間は予見能力をそなえているがゆえに、自らの欲求の対象を将来にわたって確保するために、他人よりも少しでも大きな力を手に入れようとする。こうした力への欲求は、死ぬまで消滅することのない、人類全体に共通する普遍的な傾向であると、ホッブズは主張した。

　ホッブズは、人間が自己保存のために自分の力を自由に用いる権利を
「自然権」と呼び、その行使を肯定した。しかし、人々を畏怖させるような
共通の権力が存在しない「自然状態」において、各人が自己保存のために
自然権を勝手に行使すると、自然状態は必然的に「万人の万人に対する闘
争状態」に陥り、人々の自己保存はかえって達成されなくなる。こうした
ジレンマを解消するために、人間は理性の力によって、平和を実現するた
めの普遍的な規範としての「自然法」を創り出す。その内容は、平和のた
めの努力、自然権の放棄、契約の順守などである。しかし、利己的な存在
である人間が、自然法の命令に従う保証はない。ホッブズは、自然法の命
令をすべての人間に順守させるためには、違反者を処罰する強制力をそな
えた「国家」（Common-Wealth）の設立が必要であると主張した。

　人々は、「一人の人間」または「一個の合議体」を自分たちの代表者に任
命し、この代表者に自分たちが有するすべての力を与えるとともに、代表
者の意志と判断を自分たちのものとしてこれに従うという内容の契約を相
互に結ぶ。この相互契約によって、代表者を「主権者」とし、他の人々を
「臣民」とする政治的共同体、すなわち国家が成立する。主権者は、立法権、
裁判権、軍事・外交権、課税権、官吏任免権、言論統制権などを有してお
り、これらの権限は分割することも譲渡することもできない。臣民は、主
権者の意志と判断に従うという相互契約を結んでいるので、主権者に対し
て抵抗することは許されない。こうした意味で、主権はまさに絶対的な権
力である。ホッブズは、こうした国家主権の絶対性を強調するために、国
家を「リヴァイアサン」（旧約聖書に登場する怪物）にたとえたのであった。

　こうしてホッブズは、国家を自然的な共同体ではなく、人為的な結社と
して捉えるというパラダイム転換を政治思想史にもたらした。換言すれば、
彼は国家を〈あるもの〉ではなく、〈つくるもの〉として捉えたのである。
こうした意味でホッブズは、近代的な国家観の先駆者といえる。国家の最
も重要な目的は国民の生命の安全の確保であるという彼の主張は、コロナ
禍に見舞われた現代社会において再び注目を集めている。

4　ロックの政治思想

　ロック（Locke, J.）は、1632年にイングランド南西部のサマセット州で治安判事書記の息子として生まれた。オックスフォード大学に進学した後、1666年に議会派の指導者シャフツベリ伯爵と出会い、彼の侍医兼相談役となった。伯爵が王党派との政争に敗れてオランダに亡命すると、ロックも身の危険を感じて同地に亡命した。名誉革命の翌年にイングランドに帰国し、『寛容についての手紙』（1689年）、『統治二論』（1690年）、『人間知性論』（1690年）などの著作を相次いで公刊した。

　ロックは、王位排斥問題をめぐる議会派と王党派の政争の中で、議会派の擁護を意図して『統治二論』を執筆した。同書は2つの論文から構成されている。第一論文の主な内容は、王党派の思想家フィルマー（Filmer, R.）が唱えた王権神授説への反論である。第二論文では、その反論を踏まえて、統治権力の起源、範囲、目的などを論じている。

　ロックも、ホッブズと同様に、統治権力が存在しない「自然状態」の設定から議論を出発させる。ロックによれば、自然状態とは、各人が他人に従属することなく、自分の意志に従って行動できる「完全に自由な状態」である。それはまた、支配・服従関係の存在しない「平等な状態」でもある。こうした自然状態は、ホッブズがいうような「万人の万人に対する闘争状態」とはならない。なぜなら、自然状態には「自然法」が存在し、すべての人間に対して「他人の生命、健康〔身体〕、自由、財産を侵害してはならない」と命じるからである。ロックによれば、人間は神によって創造された「作品」であり、神に対して自己保存の義務を負う。人間がこの義務を果たすためには、自己の生命、身体、自由、財産に対する「所有権」が必要であり、それゆえこれらの諸権利は「自然権」として認められる。人間は、神が与えてくれた「万人の共有物」としての自然に対して、自己の身体を用いた「労働」を加え、その対象を自己の所有物（財産）とすることによって、自己保存の義務を果たしている。

　このように、ロックの想定する自然状態は、自由かつ平等な人間が自然法に従いつつ、自己保存の義務を果たすために労働に励む平和な状態であ

る。しかし、自然状態には自然法を解釈・執行する「共通の上位者」が存
在しないので、自然権をめぐる紛争が発生した場合、人々は自分の力で自
然法を解釈・執行するより他にない。このため自然状態では自然権の保障
は不確実であり、自然権は常に他者からの侵害の危険に晒されている。

　そこで人々は、「自然権の保全」を目的として、自然法の侵犯者を処罰す
る権力をそなえた政治的共同体、すなわち国家を形成することになる。
人々は、他の人々との「合意」（全員一致の相互契約）に基づいて、一つの共
同体に結合する。そして、「政府」を設立し、自然法の解釈に基づく立法と
その執行を政府に「信託」する。

　政府は、立法権力を担当する「立法部」と、執行権力と連合権力（軍事と
外交を司る権力）を担当する「執行部」から構成される。これは、これら3
つの権力を政府内の一個人または一つの機関が掌握すると、私的利益のた
めに権力を恣意的に行使する危険性が高いからである。ロックによれば、
国家の最高権力は、自然法の解釈に基づいて法を制定する立法権力である。
それゆえ立法部が執行部を統制するが、その立法部も自然法によって拘束
される。ロックは、権力の恣意的な行使を防ぐために、こうした権力分立
論を提唱した。この理論を当時のイングランドの国制に当てはめると、立
法部＝議会、執行部＝国王と考えることができる。つまりロックは、国王
に対する議会の優位を主張したのである

　では、こうした権力分立と自然法による拘束が功を奏さず、政府が権力
を恣意的に行使して、人々の自然権を侵害したらどうなるのか。そうした
政府の行為は、自然権の保全という信託の目的に違反しているので、人々
は政府を武力によって打倒し、新たな政府を設立する権利を持つ。こうし
てロックは、不当な政府に対する人々の抵抗権・革命権を肯定した。

　以上のようなロックの政治思想は、名誉革命によって成立した立憲君主
体制を理論的に正当化する役割を果たすとともに、アメリカ独立革命やフ
ランス革命に思想的武器を提供し、18世紀以降の思想史・政治史に圧倒的
な影響を与えた。近代自由主義の礎石となったロックの政治思想は、現代
のリバタリアニズムにも影響を与えている。

5 ルソーの政治思想

　ルソー（Rousseau, J.-J.）は、1712年にジュネーヴ共和国で時計職人の息子として生まれた。16歳のときに郷里を出奔し、放浪生活ののちにパリに移住した。1750年にディジョンのアカデミーの懸賞論文に入選したことをきっかけに文筆活動に入り、『人間不平等起源論』（1755年）、『社会契約論』（1762年）、『エミール』（1762年）などを公刊した。だが、『エミール』の内容が問題視され逮捕状が出たため、ルソーはパリを脱出し、ヨーロッパ各地を転々とした。1770年にパリに戻り、晩年は自伝的著作『告白』（1782-89年）や『対話』（1777年）などを執筆した。

　ルソーもまた、ホッブズやロックと同様に、自然状態についての考察から議論を出発させる。しかし、彼の自然状態論は、ホッブズやロックのそれとは大きく異なっている。ルソーによれば、自然状態とは、無垢な「野生人」が森の中で孤独に生活している未開の状態である。野生人は、自己保存への強い関心としての「自己愛」と、同胞の死や苦痛をみることへの嫌悪感としての「憐れみの情」という2つの情念を持っている。自己愛に基づく利己的な行動を憐れみの情が抑制するため、野生人は他者を攻撃することがない。彼らは、孤独ではあるが誰に隷属することもなく、自由と平和を享受している。ところが、人間には自らの能力を次々と発展させてゆく「自己改善能力」が生来そなわっており、この能力が自然状態を次第に変化させていく。集住が始まり、言語が生み出され、家族が形成される。冶金術が発明され、農業が始まるが、それとともに私有財産が発生し、人々の間に財産の不平等が生まれる。人間は、他者と自分を比較するようになり、他者から尊敬されたいと願う感情としての「利己愛」が芽生える。利己愛によって憐みの情は「窒息」させられ、人々はより大きな財産を求めて相争うようになる。こうした中で、少数の富者の主導により、各人の財産の保護を目的として、国家が設立される。しかし、富者の真の狙いは、財産の不平等を固定化し、専制支配を確立することであった。

　こうして、自然状態の下で自由と平和を享受していた人間は、文明社会の下で隷属と貧困に陥ることになった。こうした状態から脱出して、人々

が自らの生命と財産と自由を取り戻すためには、「社会契約」によって新た
な国家を創り出す必要がある。人々は、一つの共同体に結合し、この共同
体に自らの生命とすべての権利を譲渡する。すべての人がすべての権利を
譲渡するので、共同体の中ではすべての人が平等になる。また、この譲渡
は特定の個人ではなく共同体全体に対してなされるので、共同体の中で特
定の個人に隷属することはなく、すべての人が自由である。こうした内容
の相互契約の締結によって、「公的な人格」が創り出される。この公的人格
は「共和国」と呼ばれ、それ自体が「主権者」である。共和国の構成員は、
集合的には「人民」と呼ばれ、主権に参加する者としては「公民」と呼ば
れ、法律に従う者としては「臣民」と呼ばれる。つまり、社会契約によっ
て創出される共和国は、治者と被治者が一致する政治的共同体であり、主
権者は人民自身である（人民主権）。

　ルソーは、社会契約によって創出された共同体の意志を「一般意志」と
名づけ、共同体を構成する各人の個別的な意志の総和である「全体意志」
と区別する。全体意志が各人の「私的な利益」の実現を目指すのに対して、
一般意志は人民全体の「共同の利益」の実現を目指す。それゆえ人民は、一
般意志への服従を強制されるが、人民それ自体が共同体なのだから、人民
が一般意志に従うことは、自分で自分の意志に従うことと同じである。一
般意志の内容は、人民全員が参加して開かれる「人民集会」で確認され、
「法」という形で表現される。つまり、人間は社会契約の締結によって「自
然的自由」を失う代わりに、自らが定めた法に自らが従うという新しい自
由＝「公民的自由」を獲得するのである。ただし、現実の人民は未熟なので、
人民集会の決議が常に正しいとは限らない。そこでルソーは、優れた叡智
をそなえた「立法者」に法案の起草を担わせることを提案した。さらに、未
熟な人民に公民としての義務を自覚させるために、「公民宗教」を創設して
その信仰を強制し、人民を教育することも提案している。

　こうしてルソーは、治者と被治者が一致する人民主権の共同体を理想の
国家モデルとして提示し、フランス革命の指導者に多大な影響を与えると
ともに、その後の世界における民主主義の発展に理論的な基礎を与えた。
それゆえ、『社会契約論』は〈民主主義の聖典〉と評されるが、その一方で
ルソーを〈全体主義の祖〉と評価する者もいる。

6 トクヴィルの政治思想

　17~18世紀の市民革命は、その後の世界における民主主義の発展を不可避なものとする一方で、多数者が数の力で少数者を抑圧するという民主主義の弊害も顕在化させた。このため19世紀に入ると、少数者の自由の擁護を強く訴える思想が現れる。**第6節・第7節**では、そうした19世紀の自由主義を代表する思想家として、トクヴィル（Tocqueville, A. de）とミル（Mill, J. S.）を取り上げる。

　トクヴィルは、1805年にフランスの名門貴族の三男として生まれた。パリ大学で法学を学び、判事修習生となった後、刑務所制度視察のために1831~32年にアメリカ各地を旅行した。帰国後、視察旅行で得た知見をもとに、『アメリカのデモクラシー』（第1巻1835年、第2巻1840年）を公刊し成功を収めた。その後、政治家に転身し、下院議員、憲法制定議会議員、外務大臣などを歴任したが、1851年のクーデターを機に政界を引退し、晩年は『旧体制と革命』（1856年）と『回想録』（1893年）の執筆に専念した。

　古代ギリシア以降、「デモクラシー」という言葉は、しばしば否定的な意味で用いられ、「衆愚政治」と同一視されることも多かった。これに対してトクヴィルは、デモクラシーを単に政治体制の一類型として捉えるのではなく、政治・経済・社会・文化などの諸領域で「境遇の平等」が進展した社会状態と捉え直した。こうした平等化の進展は不可避的な現象であり、アメリカにおいて先行しているが、やがてヨーロッパにも到来する歴史の趨勢である。トクヴィルはこのように考えて、平等化の進展がもたらすさまざまな問題について警鐘を鳴らした。

　平等化の進展がもたらす第一の問題は「多数者の暴政」である。平等化が進展した社会では伝統的権威が否定され、多数者の意見が「精神的権威」となる。人々は多数者の意見に追従するようになり、結果として少数者の意見が抑圧されてしまう。第二の問題は「個人主義」である。平等化の進展によって伝統的な社会的紐帯が解体され、人々は私的な人間関係の中に閉じこもるようになる。こうした態度によって、「公共の徳の源泉」が枯渇

してしまう。これら2つの問題が結びついて生じるのが、第三の問題の「民主的専制」である。人々は、公的問題に無関心となる一方で、「物質的幸福」の充足を求めて政府への依存を深めていく。その結果、政府の権力はますます強大になり、人々の上に「一つの巨大な後見的権力」がそびえ立つことになる。政府は人々の要求を先取りし、それを確実に提供することによって、人々から自主性を奪ってしまう。こうして、人民主権の名の下で、民主主義社会に特有の「穏やか」な専制が成立する。

　それでは、平等化の進展を歴史の趨勢として受け入れながら、民主的専制の成立を防ぎ、少数者の自由を守るためには、いったいどうしたらよいのか。トクヴィルはその回答をアメリカ視察旅行で得た知見から導き出した。まず彼が注目したのは、地方自治である。アメリカでは、人々がタウン（地域共同体）の自治に参加し、協同で地域の問題の解決にあたる。人々は自治への参加を通じて公的関心を高め、「思考範囲」を広げるとともに、自由の行使の仕方を学ぶ。こうした意味で、地方自治と自由の関係は、小学校と学問の関係と同じだと、トクヴィルは述べている。次に彼が注目したのは、結社の活動である。アメリカでは、人々がさまざまな領域で結社をつくる。人々は結社の活動を通じて、他の人々と協力して「共通の目標」を達成するための技術に習熟していく。こうした結社の存在は、民主的専制から少数者の自由を守るための防波堤の役割も果たす。さらにトクヴィルは宗教の役割にも着目し、宗教が多数者の意見と拮抗する精神的権威として機能することで、多数者の暴政を抑制することを期待した。この他にもトクヴィルは、連邦制、陪審制、法曹などの意義について論じている。

　こうしてトクヴィルは、平等化の進展する19世紀の社会において、民主主義がもたらす弊害を鋭く指摘し、平等と自由の両立を模索した。近年、各国で相次いで誕生しているポピュリズム政権は、トクヴィルが危惧した民主的専制を想起させる。こうした意味で彼の洞察は、現代でもその意義を失っていないといえよう。

7 ミルの政治思想

　ミルは、1806年にロンドンで、著述家ジェイムズ・ミル（Mill, J.）の長男として生まれた。ジェイムズは、イギリスの法学者ベンサム（Bentham, J.）の盟友であり、ベンサムの功利主義を信奉する政治団体「哲学的急進派」の中心人物であった。このためミルは、ベンサムの後継者となることを期待され、幼少期より父から厳しい英才教育を受けた。しかしその反動で、20歳のときに「精神の危機」（うつ状態）に陥ってしまう。ミルはこの体験をきっかけに、ベンサムの人間観や幸福観に疑問を抱くようになり、ベンサム主義の修正に向かった。主な著作は『自由論』（1859年）、『代議制統治論』（1861年）、『功利主義』（1863年）などである。1865〜68年には下院議員を務め、普通選挙権や女性参政権の実現のために尽力した。

　ベンサムは、主著『道徳および立法の諸原理序説』（1789年）において、人間のすべての行為は快楽と苦痛によって支配されており、快楽は幸福を、苦痛は不幸を意味すると主張した。さまざまな快楽の間に質的差異はなく、個人の幸福は量的に表現できるので、それらを合計することで社会全体の幸福を算出することができる（量的功利主義）。こうしてベンサムは、幸福計算によって明確にされた「最大多数の最大幸福」に基づく政治・社会改革を訴えた。これに対してミルは、ベンサムの思想を基本的には継承しながらも、さまざまな快楽の間には質的差異があり、社会全体の幸福を実現するためには、人間の「道徳的義務の感情」や「高貴な性格」といった要素も考慮に入れる必要があると主張した。満足した愚者であるよりも不満足なソクラテスである方がよいというミルの有名な言葉は、彼の功利主義思想（質的功利主義）の特徴をよく表している。

　ミルの自由主義論は、こうした質的功利主義の思想に基づいている。ミルは、トクヴィルの「多数者の暴政」に関する議論に示唆されて、『自由論』において、社会（多数者）が個人に対して正当に行使できる権力の本質と限界について考察した。ミルによれば、社会が個人の行為に干渉することが許される唯一の正当な目的は、その行為が他の人々の生命や財産に危害を及ぼすのを防ぐこと、すなわち「自己防衛」のためだけである。逆に

いえば、人間は他の人々に危害を及ぼさない限り、誰からも干渉されることなく、行為の自由を認められるべきである。文明社会において最も大切な自由は、「自分自身のやり方で自分自身の幸福を追及する自由」である。たとえその幸福の内容や幸福追及の方法が、第三者の目には愚かなものに映ったとしても、他の人々に危害を及ぼしていない限り、個人の幸福追求に干渉してはならない。ミルは、こうした"危害原理"を示すことによって、多数者がさまざまな理由をもうけて個人の自由に干渉することを防ごうとした。思想・良心の自由や言論・出版の自由が保障されることによって、人々は多様な意見や生活様式を表明できるようになる。それらの自由な競争の結果、人間の幸福の不可欠な要素である「個性の自由な発展」が促され、社会全体の幸福が実現されると、ミルは主張した。

　ミルの代議制民主主義論もまた、質的功利主義の思想に基づいている。ミルによれば、善き統治の第一の基準は、国民の道徳的・知的・活動的資質を向上させることである。第二の基準は、そうした国民の資質を公共の目的のために組織化し活用することである。ミルは、こうした2つの基準を満たす最善の統治形態は、政治参加を通じて国民の資質の向上を促すことができる「代議制」であると主張した。しかしその一方で、代議制には、議会と国民の知的レベルの低さと、「階級立法」（多数派の階級による自己利益優先の統治）の危険性という2つの弊害がある。これらの弊害を克服するために、ミルは以下のような具体的な提案を行った。①議会の役割を行政府の監視・統制と国民の多様な意見の表出に限定し、法案の作成は少数の専門家からなる「立法委員会」に委ねる。②行政は実務に精通した官僚に任せ、議会は行政の細部に干渉しない。③成年男女普通選挙制を導入する。ただし、読み書き・計算のできない者には選挙権を与えない。④少数派の代表の当選を容易にするために、比例代表制を導入する。⑤大卒者など知的レベルの高い有権者に複数の票を与える。⑥選挙の公的意義を有権者に認識させるために、公開投票制を維持する。

　こうしてミルは、質的功利主義の観点から個人の自由を擁護し、近代自由主義を完成させるとともに、代議制民主主義に理論的な根拠を与え、自由民主主義体制の成立に貢献した。コロナ過によって個人と社会の関係が問い直されている現在、ミルの自由論から学ぶべき点は多いといえよう。

> ## 知識を確認しよう
> ・・・・・・・・・・・・・・・・・・・・・・・・・・・・・・

【問題】 政治思想史に関する以下の記述の中から、妥当なものを選びなさい。

(1) プラトンは、正しいポリスを実現するためには、イデア（永遠不変の真実の存在）を認識することのできる「哲学者」をポリスの統治者にすることが必要であると主張した。

(2) ホッブズは、政府が人々から信託された権力を恣意的に行使して、人々の自然権を侵害した場合、人々はそうした政府を武力によって打倒し、新たな政府を設立する権利を持つと主張した。

(3) ルソーは、社会契約によって創出された共同体の意志を「全体意志」と名づけ、共同体を構成する各人の個別的な意志の総和である「一般意志」と区別した。全体意志が人民全体の共同の利益の実現を目指すのに対して、一般意志は各人の私的な利益の実現を目指す。

(4) ミルは、さまざまな快楽の間に質的差異はなく、個人の幸福は量的に表現できるので、それらを合計することで社会全体の幸福を算出することができると主張した。

【解答】

(1) ○ プラトンは、哲学者による統治、すなわち哲人政治を理想とし、民主制には批判的であった。

(2) × これはホッブズではなく、ロックの抵抗権・革命権論について説明した文章である。

(3) × 一般意志と全体意志の説明が逆になっている。

(4) × これはベンサムの量的功利主義について説明した文章である。ミルは、さまざまな快楽の間には質的差異があると主張した。

第4章 政治研究の変遷

本章のポイント

　本章においては、何故に政治や政治学が必要なのか、という根本的問題にまで立ち返って考察した上で、政治研究の変遷を古代ギリシアの時代から現代に至るまで概観していく。

1. 何故に政治や政治学が必要なのかを理解する。
2. 伝統的政治学とは何かを理解する。
3. 政治学が対象とする、現代の社会と政治の諸特徴を理解する。
4. 政治学の科学化と行動論政治学について理解する。
5. 行動論政治学への批判とイーストンの脱行動論革命について理解する。
6. 現代において「復活」した、政治学における価値理論について理解する。
7. 現代における国家論と制度論について理解する。

1 政治と政治学

　政治学は「パンのための学問ではない」といわれる。それでは、何故に政治を学ばなければならないのであろうか。これに加えて、そもそも何故に政治という営みが存在するのか、政治をいかなる観点から捉えることが可能であるかについてみていく。

A　政治と政治学の必要性

　そもそも、何故に政治という営みが必要となるのであろうか。アリストテレス（Aristotelēs）によれば、人間は「ポリス的動物」であり、ここでポリスとは古代ギリシアの都市国家のことを意味する。すなわち、人間は一人で生きることはできず、必ず社会を形成することになる。そして、その社会の中で「人間は真に人間らしい生活を送ることができるようになる」のである。その社会には、家族に始まり、さまざまな社会集団、国家に至るまで多様なものが考えられるが、いずれにせよ、それは組織化された集団となる。その集団の中で人々は、それぞれの機能を果たし、それぞれの目的を持って、一員として暮らすのである。また、それらの集団は、その中に暮らす人々の生活を安定させ、彼らに豊かさをもたらすために、彼らが平和に共存できるよう、一定の秩序を維持しなければならないのである。

　しかしながら、社会内に暮らす人々の目的や価値観はさまざまであり、よって、利害の対立や紛争が起こることが予想される。社会内の平和と安定がもたらされるためには、これらの対立や紛争は、何らかの合意を得ることによって解決されるか、あるいは強権的に封じ込められざるを得ない。ここに政治の必要性が生じるのである。そして、先ほども述べた通り、人間が社会内に生活せざるを得ないのであれば、あらゆる人々は政治に関わりを持たざるを得ないのである。この政治を良くするのも悪くするのも社会内に生活する人間であり、これを良きものとするためには、まずもってそれを理解し、改善する術を考えていかなければならない。人間と社会にまつわる現象である政治を学ぶ必要性はここにある。

B 政治研究の諸観点

　「政治についての定義は政治学者の数ほどある」といわれるほどに、政治の概念は多様なものである。しかしながら、それぞれの政治学者は、自分なりの政治観を持ち、それを基に政治という現象を研究している。それらを逐一みていくわけにはいかないが、彼らは、大別して5つの観点から政治を研究していると考えられる。

　まず、第1に、政治哲学にみられるように、政治のあるべき姿に着目するものである。それは、理想や正義といった、人間が目指すべき価値ないし目標の実現に向けられた政治学である。第2に、国家や地方自治体などの組織や制度それら自身、ないしそれらの働きに着目するものである。これらは、国家学や制度論に典型的にみられる観点である。第3に、国家や地方自治体などの組織や制度ではなく、その下位集団にあたるさまざまな社会集団に着目し、集団内の統制や利害調整、社会秩序の形成や維持などの働き、あるいは、集団間の争いなどを分析しようとするものである。第4に、政治に特有の現象である権力の作用に着目するものである。この立場の中には、権力を人間間に働く抑圧的なものと捉えるか、それとも人間に共通した目的を実現するものとして捉えるかで2つの見解がある。最後に、政治における最小単位である個人の政治的活動に着目するものである。人間はどのように政治を捉え、どのように政治に反応するのか。この立場は、これらのことに着目するのである。

　以上のような観点から、それぞれの政治学者は、それぞれの分析を行ってきた。そして、それらは、あるときには補完しあいながら、またあるときには批判しあいながら、政治学の発展に寄与してきた。政治学とは、人間と社会にまつわる政治という現象を理解し、それをいかに良きものにするかを考える営為である。政治学は、「パンのための学問ではない」かもしれないが、あらゆる人間に関わる現象を取り扱うものであるがゆえに、あらゆる人間にとって学ばれるべきものといえる。そして、「民主主義の危機」が叫ばれる昨今、その重要性はますます高まっているように思われる。

2 伝統的政治学

A 古代ギリシアにおける政治学

よく知られているように、政治学の起源は古代ギリシアにある。古代ギリシアにおいては、ポリス（都市国家）と呼ばれる比較的小さな領域が政治の主たる舞台であった。そして、政治学は、このポリスにおける「善」とは何か、「正義」とは何かを主要なテーマとして始まったのである。たとえば、ソクラテス（Sōkratēs）はポリスにおける「良き生」とは何かを探求し、プラトン（Platōn）はポリスにおける最善の統治を哲人政治に求め、アリストテレスはポリスの統治者に正義と衡平との実現を要請した。これらは、もとより現代の政治学においても考えられなければならない重要なテーマではある。しかしながら、古代ギリシアの政治学は総じて観念的なものであった。

B 近代の始まりと政治学

中世は、身分制を前提とした封建社会の時代であり、思想的にはスコラ哲学が支配的であった。それゆえ、政治学の発展はルネサンス期を待たねばならなかった。ルネサンスを背景として、マキアヴェッリ（Machiavelli, N.）の君主論や共和制論、ボダン（Bodin, J.）の主権論などが登場したのである。マキアヴェッリは著書『君主論』において、君主の為の統治技術を論じ、君主が統治という目的を果たすためには、善と悪という価値判断にとらわれる必要はないとした。この主張の背景には、当時統一がなされていなかったイタリアを統一する目的があったのであるが、いずれにせよ、マキアヴェッリの君主論はその現実主義によって、彼をして近代政治学の祖といわしめるものである。

17、18世紀の市民革命期に入ると、ホッブズ（Hobbes, T.）やロック（Locke, J.）、ルソー（Rousseau, J.-J.）らが登場した。ホッブズは、自然状態における「万人の万人に対する闘争状態」を脱するために、人々は自然法に従って契約によって自然権を放棄し、このことによってリヴァイアサン（国家）を造るとした。また、ロックは、自然状態において、人々は、自然法が許す限

りにおいて、自然権を完全に行使し、自分の望むことすべてを自由に実行することができるとする。ところが、その中においても、さまざまな理由により、人々の間に争いが起こることは考えられるので、人々は全員一致の契約によって政府を設立し、各人の権利が保障されるようにするとロックはいう。さらに、ルソーは、「人間は自由なものとして生れた。しかもいたるところで鎖につながれている」としたが、その背景には、当時のフランス絶対王政における絢爛豪華な文明と学問は、多くの民衆の犠牲の上に確立されたものであるという理解があった。そして、ルソーは、全員一致で社会契約を結ぶことによって、一般意思に基づく国家を創出することが必要であるとしたのである。ホッブズ、ロック、ルソーによる社会契約の理論の具体的内容は、それぞれに異なるものではあるが、革命という動乱を背景に、「個人」をいかに「社会」へと統合し、彼らの平和と自由ないし権利を保障するかということをテーマとするものであった。

C　法学的・制度論的アプローチと歴史的アプローチ

　19世紀に入ると、いわゆる「立法国家」が現れ、議会制を中心とした近代政治制度が発展した。このような動きに政治学も対応していくことになる。すなわち、法現象や政治制度を研究することに重点が置かれたのである。法学的アプローチと制度論的アプローチと呼ばれるものがそれである。たとえば、アメリカの政治学者であるリーバー（Lieber, F.）やバージェス（Burgess, J. W.）は、「ドイツ国家学」、「国家論」、「公法学」を導きの糸として、法律や政治制度を含む文化という観点から、アメリカの「国家」と「国民」の歴史的位置と「使命」を導き出そうとした。

　また、過去の政治的出来事を研究し、叙述していき、そこになんらかの政治的意義を見出そうとするものもみられた。このようなアプローチは歴史的アプローチと呼ばれる。たとえば、アメリカのアダムズ（Adams, H. B.）は、「制度」の中に社会的紐帯の歴史的結合様式を認め、ヨーロッパ史を研究し、その継続ないし連続性の中にアメリカという国家の歴史的位置を置こうとしたのである。

3 政治学の対象としての現代社会と政治

　伝統的政治学は、哲学、制度論、法学および歴史学の方法によって政治を研究することを特徴としていた。これらは、現実に今起こっている政治のダイナミズムを分析するものとは異なるという意味で、静態的分析といえる。近代までの政治システムは、比較的単純なものであり、このような静態的分析で対応することが可能であった。しかし、現代社会は非常に複雑に構成されており、それに伴い政治もその複雑さを増した。それゆえに、新しい政治学が必要になるわけであるが、それをみていく前に、本節では、現代社会と政治の諸特徴について概観する。

A　集団の噴出

　現代社会を考える上での大前提は、第二次産業革命以降の資本主義と産業主義の進展であろう。資本や産業に基づいた経済的発展のためには、当然大量の労働力が必要となるが、その補充はもともと農村にあった労働力によってなされた。すなわち、労働人口が都市へと移動することにより、地縁や血縁を基本としたコミュニティであった伝統的村落共同体は消滅していくことになったのである。そして、都市において、人々を結びつけるのは、地縁や血縁ではなく、共通の利益や目的であった。つまり、伝統的共同体（コミュニティ）は凋落する一方、利益団体（アソシエーション）が台頭してくるのである。

　こうして、現代において、いわゆる「集団の噴出」という現象が現れることになる。このような集団の例として、企業や労働組合が挙げられるが、これらの集団は、自らの利益や目的を実現するため、組織的・継続的に政治に影響力を及ぼすようになった。こうした集団は「圧力団体」とも呼ばれる。これら圧力団体は、一般的な利益を追求するのではなく、あくまで私的利益を追求するものであって、これらが影響力を互いに及ぼす中、政治における決定は、それらの諸団体の間の「push and resist」の度合い次第という局面が多くみられるようになったのである。

　このような団体の中には、労働組合も含まれる。都市に大量に現れた労

働者たちは、労働組合に加わり、労働運動や選挙権拡大要求などの政治運動を行った。このことにより、労働者たちは、次第に政治に対する影響力を増すようになり、先進諸国において、20世紀には男女普通平等選挙が実現するに至ったのである。

B 「夜警国家」から「行政国家」へ

こうした状況下において、資本主義の進展に伴う貧富の格差の増大や、自由放任経済の弊害たる不況の発生といった問題が深刻化する中、人々の国家に対する期待や要求が高まった。国家には、治安や外交といった「夜警国家」としての機能に加え、「行政国家」として、経済・教育・福祉への介入というより幅広い役割が求められたのである。

C 大衆の出現

産業の発展はテクノロジーの進歩とも分かちがたく結びついているが、このテクノロジーの進歩は大量生産のための手段を用意するのみならず、交通網など商品の運搬手段や、マス・コミュニケーション手段など商品宣伝の手段も発展させ、大量消費を可能にした。テクノロジーの発展は大量生産・大量消費への道を開いたのである。

こうして、現代において、大量の商品の生産者であると同時にそれらの消費者である大量の人間、すなわち大衆が現れた。しかも彼/彼女らは、選挙権を得ることで政治の表舞台に大々的に登場するようになったのである。しかしながら、彼/彼女らは、必ずしも自律的で理性的な「市民」ではなかった。大衆は伝統的共同体における紐帯から解放された存在であり、その意味で自由ではあったが、このことは、逆にいえば、彼/彼女らがアトム化され、孤立させられた「孤独な群衆」であることを意味した。大衆はこうした孤独に耐えられず、他者の考えに依拠して行動する受動的・他律的存在であり、非合理的な感情や情緒に動かされやすい衝動的な存在とされるのである。

4 政治学の科学化と行動論政治学

A 政治学の科学化

　現代において、前節で述べたような社会・政治状況の変化が起こったわけであるが、こうした状況の変化に対して、概して主知主義的で静態分析的な政治学であった伝統的政治学は対応しきれなかった。そこで、諸状況を実体的かつ動態的に捉える、既存の政治学とは異なる新しい政治学が必要とされたが、その際のキーワードが「科学」であった。政治現象を科学的に分析しようとする態度はすでにマルクス（Marx, K.）にみられた。彼は、政治現象を科学的に分析する政治学は変革のイデオロギーとして役立つとし、自らの社会主義を「科学的社会主義」と名付けた。

　しかしながら、本格的に「政治学の科学化」が開始されたのは、20世紀に入ってからであった。ウォーラス（Wallas, G.）とベントレー（Bentley, A. F.）は奇しくも同じ1904年に書かれた著書で、当時政治学の主流を占めていた制度論を批判する。ウォーラスは、人間の政治行動は必ずしも合理的なものではないので、こうした実際の人間性を把握せず、制度のみを研究する政治学は有害ですらあるとする。また、ベントレーは、政治を動態的に把握しない、政治制度の外面的な特徴についての研究を「死せる政治学」と呼び、現実の政治における集団の存在に着目し、政治をそれらが影響力を与えあう過程として捉える必要性を主張した。

　1930年頃になると、アメリカのシカゴ学派と呼ばれる人々によって、政治学の科学化に向けた動きはさらに推進されるようになる。シカゴ学派の統領であるメリアム（Merriam, C. E.）は、法制度や統治制度の歴史的進化を詳細に記述することは実際の善良な生活の促進とかけ離れており、もはや不適当な研究方法であるとした。そして、心理学や統計学などの経験的手法が政治学へ導入される必要があるとしたのである。メリアムの弟子であるラスウェル（Lasswell, H. D.）も、制度研究の重要性は認めつつも、「マーシャルやリンカーンの人生抜きで、アメリカ合衆国の構造的な発展について制度的に説明しても、それは豊かで活気に満ちた歴史の残りかす以外のなにものでもなかろう」として、政治学への心理学的研究方法の導入を促

進した。

B　行動論政治学

　しかしながら、シカゴ学派のこうした努力によってさえも、政治学が一つの科学たり得るかという疑問は残っていた。1950年代から60年代にかけて、政治学界は総力を挙げ、「行動」をキーワードにした政治学の科学化に邁進する。このような「新しい」「科学的な」政治学は、行動論政治学と呼ばれた。

　イーストン（Easton, D.）が1967年に挙げた、行動論政治学の内容は以下の通りである。

①社会行動における規則的なものを探求し、知見を理論的に一般化すべきである。

②理論は、原則として関連行動への引証によってなされる検証手続に服すべきである。

③行動の観察・記録・分析のための厳密な方法や技術が開発され、使用されるべきである。

④データの記録と発見の陳述の精密性を期するために、数量化と測定の論理的手続が必要である。

⑤価値判断と経験的説明とは異なる。両者は分析的に区別されるべきである。もっとも、行動論者は、両者を混同しないかぎり、どちらの命題を述べてもかまわない。

⑥研究は体系的でなければならない、理論に導かれない調査研究は無益であり、データに支えられない理論は不毛である。

⑦知識の応用は重要だが、これに先立って、社会行動の理解と説明に関する基礎理論の開発が重要である。

⑧社会科学は人間状況の全体と関わる。社会諸科学の相互関連の認識と自覚的な統合が重要である。

　こうした行動論政治学は、とりわけ、世論、政治的態度、投票行動などの研究分野において大きな成果をもたらし、1960年代に入る頃には、アメリカ政治学会の主流の座を占めるに至ったのである。

5 脱行動論革命

A 行動論政治学への批判

　行動論政治学は、心理学や社会学に学びつつ、政治学を一つの自律的専門科学たらしめんとする運動であった。しかしながら、行動論政治学は、価値問題や時代の最も重大な政治問題を回避する傾向があった。こうした傾向は、1960年代後半に鋭い批判に晒されることになる。すなわち、行動論政治学はそれらの諸問題を回避し、心理学的方法や社会学的方法を用いて、政治の周辺的問題を数量的に分析しているにすぎないから、政治学ではないとされたのである。

　こうした批判の背後には、当時のアメリカ合衆国における社会的・政治的危機状況があった。たとえば、ベトナム戦争の開始とその泥沼化がある。また、公民権運動にみられるような人種的原因に基づいた激しい対立や学生運動の激化という状況も存在した。さらに、世界的には、核戦争の脅威、人口の爆発的増加、深刻な環境汚染の発生などさまざまな諸問題が喫緊の政治的課題となっていたのである。

　「価値中立性」を堅持することで、それらの諸問題を回避して、ひたすら「政治学の科学化」に邁進するような行動論政治学は、現実的な諸問題に的確な解決策をもたらしえなかったとされた。それゆえ、政治学は、政治の核心的問題を取り上げるべきであり、また、価値の問題の重要性を再認識するべきであるとされたのである。

B 脱行動論革命

　イーストンは、行動論政治学の主唱者の一人と目される人物であったが、以上のような行動論政治学への批判を受け入れた。すなわち、彼は、1969年にアメリカ政治学会会長になり、その就任演説「政治学における新しい革命」において、この「新しい革命」を「脱行動論革命（Post-Behavioral Revolution）」と呼び、行動論政治学の問題点を認識しつつ、「行動論以後」の政治学の課題として次の点を指摘する。

①研究の用具を精緻化することよりも、現代の緊急な社会問題に対して妥

当であり、意味があることのほうが重要である。

②行動科学には、経験論的保守主義のイデオロギーが内在している。事実
　の叙述と分析にのみ自己を限定することは、こうした事実を理解するの
　を妨げることに他ならない。

③行動論的研究は、「現実との接触」を失うにちがいない。行動論的研究の
　神髄は抽象化と分析であるが、このことは、政治の非情な現実を包み隠
　してしまうのに役立っている。

④価値に関する研究と価値の建設的な展開とは、政治の研究の不可欠の部
　分である。

⑤各専門分野に属する学者は、すべて知識人としての責任を社会に負って
　いる。

⑥知るということは、行動する責任を持つことであり、行動することとは
　社会の再形成に従事することである。科学者としての知識人はその知識
　を生かす特殊な責務を持っている。

⑦知識人が自分の知識を実践する責務を持っているとしたら、知識人をも
　って構成する組織——学会——と大学そのものは、その時代の抗争とは
　無縁の存在ではあり得ない。

　以上のようなイーストンの主張は、もとより、政治学における科学的研
究を否定するものではない。イーストンによれば、行動論革命によって、
政治を経験的に分析し説明することが可能となるのであり、行動論的な基
礎研究の重要性は認められるべきである。しかしながら、そのような基礎
研究のみでは、現実の政治的課題に対応できず、また未来に対する有意義
な構想を得ることもできないことは確かである。また、逆に、価値問題に
のみ関心を払うことによっては、経験的な世界を分析し説明するのに有効
な方法を得ることはできない。政治学において、事実と価値の問題のどち
らか一方のみに関わることではなく、それらの調和が図られることこそが
重要であるといえよう。その意味で、イーストンにとって、脱行動論革命
とは、行動論革命の放棄ではなく、行動論革命を持続し、その上に構築さ
れるものであり、新しい方向で行動論革命を展開する一つの道だったので
ある。

6 政治的価値理論の復権

A ロールズの正義論

　行動論政治学に対する批判の一つは、それが価値問題を回避していると
いうものであったが、このような流れの中で、政治哲学などの価値理論が
「復活」することになった。その嚆矢となったのがロールズ（Rawls, J.）の
『正義論』である。

　ロールズは、正義とは何かを示す際、まず「原初状態」なるものを想定
する。この「原初状態」において、人々は「無知のヴェール」によって、自
分が他人に対してどれだけ有利（不利）な立場にあるかわからない状態にあ
るとされる。そして、人々がこうした状態におかれたとすれば、彼/彼女ら
は、次に述べるような「正義の原理」を選択するに違いないとロールズは
考える。

　この「正義の原理」は、まず、すべての人々は他の人々の権利を侵害し
ない限りにおいて自由で平等な存在である（第1原理「平等な自由原理」）とい
うものである。また、社会的・経済的不平等は、それが最も恵まれない
人々の便益になるように（第2原理（a）「格差原理」）、かつ、誰もが有利な立
場に立ちうる機会を平等に与えられるように（第2原理（b）「機会均等の原理」）、
編成されるべきであるというものである。こうしたロールズの主張は、自
由主義的原則を前提としつつ、そこから生まれる社会的・経済的格差を是
正し、社会的弱者の福祉の向上を目指そうとする福祉国家型のリベラリズ
ムのものといえる。

B ノージックの最小国家論

　ノージック（Nozick, R.）は、『アナーキー・国家・ユートピア』において
ロールズの正義論に対する批判を行った。その際、ノージックも「自然状
態」を想定し、それを「人々が完全に自由であり、自然法に基づいて自ら
の行為を自らの責任で決定していく状態」であるとした。しかしながら、こ
の「自然状態」においては、人々が互いの権利を侵害する危険性が存在す
る。そこで、人々は、「相互保護協会」を設立し、個々人の権利を保護しよ

うとし、さらに「相互保護協会」間に紛争が起こる場合、それを裁定するような共通の制度が必要となり、「支配的保護協会」たる「超最小国家」が生成するという。しかしながら、この国家に加入しない者もいるので、それらの人々にも権利行使を禁じ、その賠償として彼/彼女らにもサービスを提供するようになる。こうして、国家は領域内での実力を独占し、また領域内のすべての人々の権利を保護する機能を担うようになるとノージックはいうのである。

　ノージックが正当だとする国家は、国民の自由と安全の確保のみを役割とする「最小国家」である。ノージックは、ロールズのいうような現代の福祉国家は、富を再分配するという名目のもと、人々の権利を侵害し、人々の自由を奪っているとして、これを批判するのである。このように、個人の自由を最大限に認め、その自由を侵すことになる福祉国家を批判するノージックのような主張は、リバタリアニズム（自由尊重主義）と呼ばれる。

C　コミュニタリアニズム

　リベラリズムやリバタリアニズムの主張を批判するのが、コミュニタリアニズムである。エッツィオーニ（Etzioni, A.）らのようなコミュニタリアンは、リベラリズムやリバタリアニズムが断片化した個人主義の立場に立ち、個人がコミュニティの一員であり、それゆえ、コミュニティの歴史や伝統などの「負荷をおびた個人」であるということを考慮していない点を批判する。そして、コミュニタリアンは、個人的利益のためにのみ権利を行使することは、やがて社会を構成する原理である「共通善」を喪失させ、社会を解体することにつながっていくという。たとえば、「功利主義的個人主義」や「市場経済万能主義」は、社会内における深刻な経済格差や不和を生み出すことになるというのである。こうして、コミュニタリアンは、個人の自由や権利、平等性を否定するわけではないが、それに伴う責任や義務があることを強調し、また、コミュニティの共通の価値である共通善を実現していく政治的な実践が必要であることを強調するのである。

7 国家論・制度論の復権

　行動論政治学は、人間やそれが構成する社会集団の政治における役割を重視し、その行動を科学的に分析することを主眼としており、必ずしも国家や制度というものに注目する見方を拒否するわけではないが、総じてそれらを軽視しがちであった。それに対し、1980年代以降、改めて「国家」や「制度」を見直そうという動きが現れてくる。

A　国家論の復権

　1981年、アメリカ政治学会年次大会において掲げられた共通テーマは、「国家論の再建」であった。その牽引者であったローウィ（Lowi, T. J.）らは、アメリカ政治学は、その歴史のほとんどを通じて「国家なき政治学」であったと指摘し、政治学において政治過程や政治行動に注目する見方は拒否されるべきではないが、政治過程や政治行動は国家の制度や市民たちの国家観念の文脈においてこそ最もよく研究されうるとし、国家および公的統制の諸制度が政治学の中心へと復権されるべきだとした。

　また、1980年代半ばにはスコッチポル（Skocpol, T.）らによって『国家を呼び戻せ』が編まれ、この「国家を取り戻せ」という合言葉のもとでの研究が活性化されることになった。この国家論が強調するのは「国家の自律性」である。これは、利益集団の影響力が大きく、ともすれば、政治が諸集団による単なる圧力政治に化す可能性もある、アメリカという「弱い国家」において当然の反応であったのかもしれない。

　国家論において説かれるように、国家は政治の主要なアクターであるし、政治学において、取り扱われるべき最重要なものの一つであることは確かである。ただし、政治におけるアクターはそれだけではないことも明らかである。国家とその他のアクターの相互作用性を理解する必要があろう。国家を含めた制度という面からアプローチすることで、このことに解答を得ようとする立場が次にみる新制度論であるとも考えられる。

B　制度論の復権

　国家論の復権とともに、政治におけるフォーマルなものが再注目されるようになり、政治制度も見直されるようになる。このように、政治制度に改めて着目する立場は新制度論と呼ばれる。新制度論は、それ自体、制度現象に対する各種各様のアプローチを含んでいるとされるが、以下では、歴史的制度論、経済学的制度論、社会学的制度論の3つについて概観していく。

　歴史的制度論は、何故、ある制度はできたのか、何故、そのような制度が生き残っているのか、に着目する制度研究・分析であり、伝統や文化といった過去からの遺産が、現在の意思決定に影響を与えることを強調するものである。たとえば、ある法律や政策指針は、明らかに時代遅れであるにもかかわらず、そのまま存続し、現在の決定に影響を与えていることがあるが、この理由を、その法律や政策指針の起源にまで歴史をさかのぼって検証するのが、歴史的制度論のとる見方である。

　また、経済学的制度論は、しばしば合理的選択制度論とも呼ばれ、ある目標を合理的に追求するアクターを前提として、そのアクターが自らをとりまく政治構造を利用したり、あるいは制度構造の制約を受けたりしながら、さまざまに行動し、意志決定を行う過程を分析するものである。経済学的制度論は、行動論政治学と同様に、アクターの行動に着目するが、しかし、それはしばしば制度に影響を与えられるものであることを強調する。つまり、制度に影響を与えられることを前提として、アクターの行動が持つパターンや理由を明らかにしようとするのが経済学的制度論の立場である。

　最後に、社会学的制度論は、法律やルールなどの公式の制度に加えて、規範や慣習といった非公式的な要素を重視する立場である。社会学的制度論によれば、不確実性に満ちた現実世界において、それに直面したアクターは、往々にして、社会的に適切だと考えられている行動、すなわち規範や慣習に従うことによって不確実性を減少させようとする。それゆえ、社会学的制度論は、非公式的な要素を考慮に入れなければ、アクターの行動を正確に理解することはできないとするものであるといえよう。

知識を確認しよう
. . . .

問題 以下の文の中から、適切なものを選びなさい。

(1) ホッブズ（Hobbes, T.）、ロック（Locke, J.）、ルソー（Rousseau, J.-J.）の社会契約の理論の具体的内容はそれぞれに異なるものではあるが、革命という動乱を背景に、「個人」をいかに「社会」へと統合し、彼らの平和と自由ないし権利を保障するかということをテーマとするものであった。

(2) ウォーラス（Wallas, G.）は、政治制度の外面的な特徴についての研究を「死せる政治学」と呼び、現実の政治における集団の存在に着目し、政治をそれらが影響力を与えあう過程として捉える必要性を主張した。

(3) イーストン（Easton, D.）は、アメリカ政治学会会長就任演説「政治学における新しい革命」において、行動論政治学を批判し、政治学における科学的研究は必要ないとした。

(4) ロールズ（Rawls, J.）は、著書『正義論』において、福祉国家は、富を再分配するという名目のもと、人々の権利を侵害しているとして、これを批判した。

解答

(1) ○

(2) ×　政治制度の外面的な特徴についての研究を「死せる政治学」と呼び、現実の政治における集団の存在に着目し、政治をそれらが影響力を与えあう過程として捉える必要性を主張したのは、ウォーラスではなく、ベントレー（Bentley, A. F.）である。

(3) ×　イーストンは、「脱行動論革命」においても、行動論政治学が重視する科学的な基礎研究は必要であるとしている。

(4) ×　ロールズは、自由主義的原則を前提としつつも、そこから生まれる社会的・経済的格差を是正し、社会的弱者の福祉を向上させる必要があるとして、福祉国家を擁護した。

第 5 章

デモクラシーの理論と諸相

本章のポイント

　デモクラシーは、政治学の中心テーマである。本章では、デモクラシーの理論が歴史とどのように結びつき展開してきたのかを考える。

1. デモクラシーの起源とその歴史について理解する。
2. 古代ギリシアのデモクラシーについて考える。
3. 社会契約説を中心に近代のデモクラシーについて理解する。
4. 政治参加の拡大に伴うデモクラシーの問題について理解する。
5. 大衆社会とそれに対する批判として現れたエリート主義について考える。
6. 現代のデモクラシーのモデルを提示したダールの『ポリアーキー』について考える。
7. 21世紀の課題とデモクラシーとの関係について理解する。

1 デモクラシーの起源と歴史

A デモクラシーとは何か？

　デモクラシーは元来「民衆による支配」を意味する。デモクラシーの言葉の起源は古代ギリシアに求められ、民衆を意味する「デーモス」と支配を意味する「クラトス」に由来する。確かに民衆による支配の考えや民衆の自治という実際の政治のあり方は、西洋世界に限定されるものではない。にもかかわらずデモクラシーの起源が古代ギリシアに求められるのは、第1にこの時代にデモクラシーが徹底的に考えられ、その理念が整理された形で提示されことにある。第2に、古代ギリシアではデモクラシーが制度として理想的に運営されていたからである。

　古代ギリシアから2,300年以上の長い歴史を持つデモクラシーには、2つの側面がある。1つは制度としての側面である。この場合は、「民主政」もしくは「民主制」と表現される。古代ギリシアにおいて政治制度は支配者の数に基づいて分類がなされていた。1人による支配が王政（君主政）、少数者による支配が貴族政、多数者による支配が民主政に分類された。言い換えれば、王政でも貴族政でもない政治のあり方が民主政なのである。こうした政治制度としての側面が、デモクラシーの本来の意味である。

　デモクラシーの第2の側面は、思想や運動としての面である。これは、民主的な制度の実現や民衆の意向の政治への反映を求める思想や運動であり、この場合「民主主義」と表現される。政治において「○○主義」と表現される言葉は、「民主主義」以外にも、自由主義、保守主義、社会主義などが挙げられる。これらはイデオロギーと呼ばれ、政治的信条を表す用語である。『オックスフォード英語辞典』によると、自由主義、保守主義、社会主義を表す英語が登場するのは1800年代以降のことである。よって、デモクラシーを「民主主義」として理解するのは、近代以降に特徴的な解釈の仕方といえる。

B デモクラシーのイメージの変容

　近代以降に思想や運動としてのデモクラシーが登場することになったが、

それでもデモクラシーを積極的に推進しようとする人々は一部に限られていた。現代を除けば、デモクラシーは必ずしも誰もが擁護する考え方ではなかったのである。そもそも古代ギリシアにおいては、デモクラシーはしばしば衆愚政治と同一視されてきた。プラトン（Platōn）はデモクラシーを歯止めなき自由によって欲望が解放された世界として描き、他方アリストテレス（Aristotelēs）はデモクラシーを貧者の支配とした。近代においても、たとえばルソー（Rousseau, J.-J.）はデモクラシーを内乱や国内の動揺を招きやすい統治のあり方とした。すなわち、デモクラシーの歴史は、デモクラシーを否定的に考える歴史でもあったのである。

　こうした否定的デモクラシー観が転換するのは、20世紀に入ってからになる。その契機となったのが、1917年のロシア革命である。この革命により帝政は打ち破られ、人類史上初の社会主義政権が樹立されるところとなった。この社会主義革命は特に西欧では衝撃をもって受け止められた。なぜなら革命の波が西欧に押し寄せることが懸念されたからである。そこで、西欧世界においては社会主義に対抗する必要性に迫られた。その際、西欧自らの体制を積極的に擁護するために持ちだされたのが、他ならぬデモクラシーという考えである。デモクラシーはそれ自体に積極的な価値が備わっているからではなく、社会主義を批判し既存の西欧体制を維持する手段として有用であるがゆえに、肯定的なイメージを付与され利用されるところとなった。ロシア革命は第一次世界大戦時に生じたが、戦間期においては、デモクラシーは全体主義やファシズムに相対するものとして位置づけられ、第二次世界大戦以降は軍事独裁や権威主義体制を批判する手段として提示されるにいたっている。米バイデン（Biden, J.）大統領は21世紀を「民主主義と専制主義との闘い」と位置づけたが、そうした評価も20世紀以降のデモクラシー観の延長線上にある。

　そして今や誰もがデモクラシーを主張し、擁護する時代になっている。現代では一見独裁的な体制でさえ、なんらかの民主的手続きを踏まえることで正統性を確保し、また民衆の利益を代表し実現していることを標榜する。誰もが表面上は同一のデモクラシーを主張していても、その内実はそれぞれ異なるかもしれない。現代では「デモクラシーか否か」ではなく、「どのようなデモクラシーなのか」が問われているのである。

2 古代ギリシアのデモクラシー

A ポリスにおけるデモクラシー

　古代ギリシアにおいては、デモクラシーは理想的な運営がなされていた。では、どのような条件がそれを支えていたのであろうか。

　第1に、市民は討議に平等に参加することができ、かつ自由な議論ができた点である。ポリスでは最高の意思決定機関である民会のみならず、いろいろな場所で市民による議論が交わされていた。開かれた形で議論がなされていたからこそ、問題意識の共有が可能であった。市民は議論によって合意を形成し、かつその合意に服従することを繰り返すことでポリスの共通基盤を形成していったのである。

　第2に、治者と被治者の同一性である。市民は民会のみならず、行政を担う評議会や裁判所にも直接参加した。市民は政策の決定だけではなく、執行やチェック機能を自分たちで担当していたのである。合意された規範に自発的に服従するとともに、治者と被治者との両方の立場を経験することで、相互的な支配による共同統治が成立し得たのである。こうして市民の間には共通の問題意識はもちろん、共通の責任意識も生み出されていく。これらの役職は抽籤や輪番制といった手続きにより、職に就く平等な機会が確保されていた。それに対して、選挙は軍事指導者など特別な能力を有する人物を選出する際に用いられ、貴族的な制度とみなされていた。

　第3に強い共同体意識が挙げられる。市民は共通の信仰や慣習により統合されており、公的な参加が有徳であるという意識を共有していた。政治や軍事への参加は、それ自体が素晴らしいこととみなされていたのである。それがゆえに、市民は自ら装備を調達して軍務に臨んだ。こうした高い同質性がポリス内で形成されていたために、対立や紛争が生じたとしてもそれが激化することはまれであった。対立や紛争は伝統や慣習に基づいて、大きな摩擦を伴うことなしに解決されたが、それは市民が利害や争点について同じ関心や問題意識を共有していたからである。市民は同じ価値観を持っているために、互いに相手の立場を推察することが可能であり、合意のための調整が容易であった。ポリスにおいては高い同質性が保持されて

いたがゆえに、デモクラシーは理想的な形で運営されていたのである。

　もっともポリスのデモクラシーを現代にそのまま実現可能かどうかについては、その他のポリスの特徴をも踏まえて考えてみる必要がある。まず、ポリスという政治単位の規模である。アリストテレスは、理想的なポリスの人口を 5,040 人としていた。当時最大のポリスであったアテナイ市民の人口は 3 万人程度といわれ、ポリスのデモクラシーは小規模な政治単位を前提としていたのである。また、女性の政治参加は認められていなかった。ポリスにおける市民とは成年男子を意味し、女性は政治に貢献し得る存在とはみなされていなかった。さらには奴隷の存在である。奴隷は女性同様政治から排除されていたが、ポリスの生産活動を担っていた。ポリスは奴隷を前提とする経済システムにより成り立っていたのである。

　以上のようにポリスのデモクラシーには時代的制約が存在している。それにもかかわらずそこには現代のデモクラシーを考える上で重要なヒントが見て取れる。それは、デモクラシーが有効に機能しうる諸条件である。ポリスにおいては開かれた議論がなされ、かつ市民は公的な関心と責任意識を持ちながら、積極的に政治参加していた。デモクラシーは誰もが参加できる制度になれば、即座に有効に機能するものではなく、一定の諸条件が必要だったのである。では、現代ではどのような条件が必要なのか？──それを考える手がかりをポリスのデモクラシーは提供してくれる。

B　ペリクレス（Periklēs）

　古代ギリシアにおいて、アテナイの黄金期を築いたのが政治家ペリクレスである。彼の「葬送演説」はデモクラシーの重要な要素を含むものとして絶えず言及されてきた。彼は、平等な発言・輪番制・政治参加に加えて、他者への寛容、遵法精神、自由のために命を賭す勇気、知を愛する心などをアテナイの特徴として挙げている。民主的な風土や文化、市民のあり方がデモクラシーを支えていたのである。その後、ペリクレスはペロポネソス戦争時に籠城作戦を主張するが、感染症の拡大により失脚する。彼の後に続く政治家は、自己の利益を追求するデマゴーグばかりであった。こうしたアテナイのデモクラシーの腐敗と没落を目の当たりにしていたのが、後に哲人王を主張する若き日のプラトンである。

3 近代のデモクラシー

A 議会制度の確立

　ポリスのデモクラシーが直接デモクラシーと称されるの対して、現代の
デモクラシーは間接デモクラシーとされる。間接デモクラシーを支える重
要な政治制度が議会である。

　議会制度の起源は中世の身分制議会に求められる。身分制議会は当初は
君主（国王）の諮問機関として位置づけられ、また貴族などの特権階層の利
害を代表する性格を帯びていた。その後、イングランドのマグナ・カルタ
（大憲章：1215 年）に代表されるように議会が課税承認権を持つようになり、
君主が一方的に統治を行うことは不可能になる。ロック（Locke, J.）は『統
治二論』で「法が終わるところ、暴政が始まる」としているが、その意図
とは議会による君主の専断化の阻止である。こうした議会制度の確立は、
人々の政治的声を反映する新たな政治過程が創設されたことを意味した。
また、政治はもはや君主と議会とのバランスの元に営まれるようになり、
どちらか片方の利益のみを実現することはできなくなった。議会制度の確
立は、政治の担い手に幅広い公的利益の実現を求めるところとなったので
ある。後に広範な政治参加が認められるようになると、人々の声はすでに
存在している議会というルートを通じて反映されていくことになる。ここ
に当初は特権身分の利害のみを代弁した議会制度とデモクラシーとが結合
をし、多様な声を反映し得る議会制（代議制）デモクラシーが誕生する。

　こうした変化の口火を切ったのがイングランドである。17 世紀にイング
ランドで内乱が生じると、水平派（平等派、レヴェラーズ）と呼ばれる人々が
登場してくる。彼らは、人間には生まれながらに持つ固有権があるとして、
これに基づく政治的権利を主張した。具体的には普通選挙に基づく議会改
革を要求した（パトニー討論、1647 年）。またイングランドでは内乱の帰結と
して王政が廃止され、人々は王なき時代を経験する（1649〜1660）。他方、
1776 年にはアメリカが独立を果たし、1789 年にフランスでは革命が勃発す
る。小規模な政治単位でのみデモクラシーは成立するという固定観念は、
もはや覆されるところとなった。こうして民衆が政治の担い手になる可能

性が、人々に明確に意識されるところとなり、かつ「民衆の支配」として
のデモクラシーが徐々にではあるが実現された。それを支えていたのが議
会制なのである。

　なお、英米仏のいずれにおいても、上記のような政治変動にもかかわら
ず、普通選挙制が導入されるのは20世紀に入ってからである。フランスに
おいては、革命前には特権階層の女性には政治参加が認められていたが、
革命後は女性一般が政治の舞台から一掃されるところとなった。

B　社会契約説

　ホッブズ（Hobbes, T.）が『リヴァイアサン』において絶対王政を擁護し
たように、社会契約説は必ずしもデモクラシーに直結するわけではない。
しかし、ホッブズ、ロック、ルソーの社会契約説の論理構成は、近代以降
のデモクラシーの基盤を提供するものであり、その意味で重要である。

　社会契約説の最大の特徴は、既存の秩序や制度を一度リセットして議論
を始めるところにある。人間を取り巻く社会的環境をゼロから考えること
で、本来のあるべき社会像や国家のあり方を導き出そうとしたのである。
その際3人の理論家ともに自然状態を社会状態の前に置き、バラバラの
個々人から議論を始めている。自然状態においては実定法や諸制度が存在
しないために、個々人は自由・平等・独立な存在として想定されている。
こうした個々人が合意を形成し、自発的で相互的な契約を結ぶことで、国
家を作り上げるのである。社会契約説は社会や国家の起源と正統性を、構
成員の合意や契約に基礎づけたのである。よって、あるべき秩序とは人々
の意向を反映したものでなければならない。かつ自発的かつ人為的に構築
した秩序であるからこそ、個々人は自らその秩序に服することになる。

　ロックは自由で平等な個々人から議論を出発し、立法権の優位を中心と
する国家を導出した。彼はデモクラシーを積極的に擁護したわけではなか
ったが、その論理は議会制デモクラシーを基礎づけるものとして理解され
ていくことになる。ルソーは、個別意志の単なる寄せ集めである全体意志
ではなく、社会全体の公共利益を目指す一般意志に従うことを求める。彼
は英国人は選挙のときだけ自由であるとして批判するが、これは彼が公共
への関心を絶えず要請する一般意志を重視するからである。

4 デモクラシーの発展

A 政治参加の拡大とデモクラシーの定着

1832年に英国では第一次選挙法改正が行われ、デモクラシーの進展は不可逆的なものとなった。この改革の母体となったのがベンサムをはじめとする功利主義者である。ベンサム（Bentham, J.）らは「最大多数の最大幸福」を主張したが、その観点からは制限選挙に基づく議会は一部の利益のみを代表するものにみえたのである。よって、功利主義者は普通選挙制導入による議会改革を主張する。他方、チャーチスト運動や、アナーキズムおよび初期社会主義による社会変革の運動は、工場法や労働組合法の制定などに結実していった。民衆の自発的な秩序形成が具体化していったのである。

同時期のフランスでは、七月革命（1830年）や二月革命（1848年）が生じるとともに、1871年には世界初の労働者の自治政府であるパリ・コミューンが成立した。こうしたフランスの政治変動は、ヨーロッパ各国の革命や独立を後押しする役割を果たした。またアメリカでは、ジャクソニアン・デモクラシーの時代を迎え、白人成年男子の普通選挙制が全国的に拡大された。この時代の欧米では、革命とその揺れ戻しである反動などを経験しつつも、次第にデモクラシーは定着していったのである。

欧米各国は国内で民主化を進展させると同時に、非西洋世界に対しては、帝国主義政策による侵略と抑圧的な植民地支配を展開していった。民主化と帝国主義とは親和性を持つものでもあった。

B トクヴィル（Tocqueville, A. de）

デモクラシーが歴史の趨勢であることをいち早く指摘したのがトクヴィルである。彼は『アメリカにおけるデモクラシー』において、デモクラシーを平等化の進展として把握している。

トクヴィルによれば、デモクラシーには正負両面があるという。第1に、平等は自主的で独立的な個々人を前提としているが、こうした人間が積極的に活動しているところでは、専制主義や無政府状態を回避することができる。政治的権利の主体的行使と積極的な社会参画は自発的な小集団を数

多く生み出し、これが抵抗のための防波堤としての役割を果たすからである。この場合、民衆の支配は有効に機能する。第2に、平等は常に似通った人間類型を生み出す面もある。個々人は一まとまりの群衆の中に埋没し、その中で性格と行動様式に対して同化の心理的圧力にさらされる。人々は疎外を回避しようとするため、同調の要求が高まるとともに、安定への志向を強めていく。同時に、人々は私的生活とそれに関わる物質的欲求に関心を集中させるようにもなる。物質的要求の実現には、自主性や独立性ではなく、中央政府の保護や配慮が要請される。もはや政治権力は保護的・後見的役割にとどまらず、社会の諸領域に積極的に介入するようになる。デモクラシーが進展した社会では選挙によって統治の正統性が確保されることから、デモクラシーが権力の絶対化や専制化の傾向を生み出すのである。この傾向は、政治権力と民衆との相互作用により実現される。

　トクヴィルはこうしたデモクラシーと専制権力との結びつく要因として、一般的な無関心の浸透を指摘している。このような無関心は実際の生活の中のさまざまな不満と容易に結びつき、結果、民衆はデマゴーグによって操作されやすい対象となる。トクヴィルの時代ではナポレオン3世が民衆扇動の代表例であった。このような独裁的で権威主義的な権力の捉え方は、20世紀の激動の中で注目されるところとなり、トクヴィルは「大衆時代の予言者」として評価されるところとなる。

C　ミル（Mill, J. S.）

　ミルは、トクヴィルと共通の問題関心を持ちつつ、デモクラシーが有効に機能する条件として多様性の確保と代議制とを主張する。ミルが多様な意見の確保を求めるのは、抑圧される意見が真理である可能性からである。異論が排除されてしまえば、後にその正しさが判明しても、真理の獲得は困難である。また、多数意見の教条化や硬直化を回避する上でも、少数意見の存在意義は認められる。加えて、人々が一堂に会することが困難である以上、知性を効果的に集約する機構として代議制が主張される。さらに議会には政府監視機能が託され、こうして多様な意見の反映と政府に説明責任を求める代議制の役割が定式化された。ミルは比例代表制とともに女性参政権を主張し、すべての人が尊重されるデモクラシーを構想した。

5 大衆社会とデモクラシー

A 大衆社会の成立

　現代社会は、大衆が社会の中心的役割を果たしていることから大衆社会として特徴づけられる。こうした大衆社会は、民主化と産業化によりもたらされた。大衆社会の成立以前は、政治に参加できるのは財産と教養を兼ね備えた一部の人々に制限されていた。しかし、選挙権が次第に緩和されて民主化が進展し、20世紀に普通選挙制が導入されるようになると（大衆デモクラシー）、政治の場にはさまざまな利害対立がもちこまれるところとなった。また、産業化による重工業の発達は、劣悪な労働環境や生活環境を生みだすとともに、農村から労働者として都市に流入してくる人々の伝統的価値観を変えるだけでなく人的結びつきを希薄化させもした。

　普通選挙制の導入は、政治参加の機会を形式上平等に確保するものであった。しかし、政治の実権は官僚化された組織の幹部である政治指導者が掌握していた。大衆はこうした組織に組み込まれていく中で、政治への有効性感覚を失い、政治的無関心に陥っていく。政治への精神的飢餓状況にある大衆は、マス・コミュニケーションによって容易に操作されやすい存在でもある。こうした状況下で登場したのがファシズムである。第一次世界大戦後にドイツではワイマール憲法が成立したが、これは当時、最も民主的なものであった。この枠組みからナチが誕生したことを考えるならば、デモクラシーと独裁とは決して相反するものではないことがわかる。デモクラシーと独裁は親和性を持つ。独裁はデモクラシーから生まれ、そして、その成立とともにデモクラシーを破壊していくのである。

B エリート主義

　大衆デモクラシーの機能不全に対して、イタリアとドイツでは独裁への志向を強めていくことになる。

　パレート（Pareto, V.）は、マルクス主義を批判し、社会主義革命が起きても大衆の解放にはつながらないとする。革命とは常にエリート間の交代にすぎず、革命後も支配者と被支配者（エリートと大衆）の構造は不可避であ

る。そこでパレートが重視するのがエリートの周流である。これは個人が
統治エリートと被統治エリートとの間を往復すること、さらにはエリート
層内部で異なるタイプのエリートが交代して支配を行うことを意味する。
パレートは、エリートの周流の持続が政治に安定をもたらすとした。彼の
講義の聴講者の一人がムッソリーニ（Mussolini, B.）であった。

　モスカ（Mosca, G.）は、エリートの組織的要素を重視する。彼は、少数者
は数が少ないがゆえに容易にまとまることができ、有効に組織化すること
ができるとする。他方、多数者は数が多いがゆえにうまくまとまれずに、
各個人は孤立した状態のままであるとする。その結果、多数者は少数者の
支配に抵抗することができず、これを受け入れざるを得ないとした。

　ミヘルス（Michels, R.）は、あらゆる組織が規模の拡大とともに少数者に
権力を集中する傾向を指摘した（寡頭制の鉄則）。彼はドイツ社会民主党の実
証研究を通じて、大衆デモクラシーの寡頭制化を発見する。少数者は情報
や技術を獲得する中で支配的な立場を強め、また無力感を抱く大衆は指導
力を求めることで指導者の地位を強化し、寡頭制が成立する。寡頭制の鉄
則は普遍的に成立するものであり、大衆デモクラシーにおいても不可避で
ある。以後ミヘルスは社会主義への幻滅から、ファシズムに傾倒していく。

C　ウェーバー（Weber, M.）

　ウェーバーは大衆デモクラシーの危険性を、感情的非合理的要素の強大
化に求める。これに対しては、合理的に組織された政党が一定の役割を果
たしうるとする。政党が派閥争いにより離合集散を繰り返す場合には、政
党は指導的存在としての信任を獲得できず、官僚制を制御できない「指導
者なきデモクラシー」に陥らざるを得ない。これ対して、ウェーバーは「指
導者デモクラシー」を主張する。ウェーバーは非日常的資質や超人的資質
をカリスマと名付けたが、カリスマ性を備えた強力な政治指導者を国民が
直接選出することに期待を寄せるのである。彼は政党や派閥に無批判に従
うのではなく、自らが選んだ指導者に従うことこそ真のデモクラシーと考
えた。よってワイマールの大統領は議会によってではなく、国民の直接投
票で選出されるべきであると主張する。ウェーバーの提言は具体化された
が、彼はナチの登場を見ぬままこの世を去った。

6 競争とデモクラシー

A シュンペーター (Schumpeter, J.)

　大衆デモクラシーの機能不全に対して、エリート主義を踏まえつつデモクラシーを再構成したのが、シュンペーターである。彼によれば、従来のデモクラシー論は、人民に過大な役割を負わせているという。古典的デモクラシーでは、人民は自らの意志を実現するために代表を選出し、代表を通じて政治的決定を行って「公共の利益」を実現するとされた。しかし、「公共の利益」は人民に容易に合意・理解されるものではない。国際情勢や外交については、人々は現実感覚を持ちにくい。また「公共の利益」として提出されたものが、情緒的な大衆の反応の結果という場合もありうる。

　これに対して、シュンペーターは新たなデモクラシー観を提示する。彼はデモクラシーを「個々人が人民の投票を獲得するための競争的闘争を行うことにより決定権力を得る」制度とする。これまでの議論では、政治の主体は人民であったが、彼の議論では政治家こそが政治の主体である。民衆の役割は代表選出による政府形成に限定される。民衆自身による権力掌握ではなく、民衆による政治家への権力付与こそがデモクラシーなのである。政治家は有権者の票を獲得しようと互いに競争するが、この競争こそが彼においては最重要とされる。政策競争が行われて政治的競争が活性化する点に、デモクラシーの意義が存在するからである。

　シュンペーターはデモクラシーの有効機能化のためには、次の条件が不可欠であるとする。①高い資質を持つ政治家の継続的輩出、②政治的決定の対象範囲の限定、③整備された官僚制、④既存秩序や選挙結果を尊重する民主的自制──以上の点である。彼においては、有権者はあたかも政治家を選ぶ消費者のように位置づけられ、人々の政治参加に意義は見出されない。この点は、政治参加による市民の資質向上可能性を主張する参加デモクラシー論からは批判がある。シュンペーターが強調するのは、代表者間の競争であるため、彼の議論はエリート的なデモクラシー論とされる。

B　ダール（Dahl, R. A.）

　競争をデモクラシーの主たる要素とする考え方は、ダールをはじめとするアメリカの多元主義に継承されていく。多元主義とは、社会の多様な諸集団が競争を通じて各個別利益を実現しているという見方である。競争や調整の存在により、特定集団の特定利益のみが実現されることはなく、その意味で競争は社会全体の利益を調整する役割を果たしている。こうして多元主義においては、複数の利益集団が政策過程において影響力を行使しようと競争することを通じて、結果的に多様な意見を政治に反映できるとする。しかし、こうした均衡によっては少数派の利益が実現され得ないとする、フェミニズムやラディカル・デモクラシーからの批判もある。

　ダールは多元主義に基づき「ポリアーキー」概念を提起した。「ポリアーキー」とは「複数の支配」を意味するダールの造語である。ダールはデモクラシー概念は長い歴史を有しているがゆえに、意味が曖昧になり混乱を招くとした。そこで、表現の自由や自由な選挙の保障などの諸条件を設定した上で、「複数の支配」のヴァリエーションを実証的に分析しようとする。その上で、「自由化」・「公的異議申立て」という競争性の指標を縦軸にとり、「包括性」・「参加」という参加の指標を横軸にとって、両方を満たすポリアーキーに至る道程を考えた。ポリアーキーは、多元的な集団が相互に競争しつつ協調を実現することで達成されるとした。

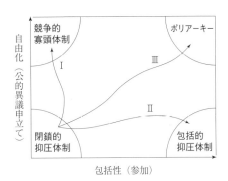

ダール．R. A.『ポリアーキー』高畠通敏他訳，岩波文庫，2014．p. 14 より作成

図 5-1　自由化、包括性、民主化

7 21世紀とデモクラシー

A 9.11テロ

2001年に起きた9.11テロは、全世界に衝撃を与えた。こうしたテロリズムに対してグローバリゼーションの影響が大きな役割を果たしていることは疑いえないが、ハーバーマス（Habermas, J.）とデリダ（Derrida, J.）は、これに加えて一部のイスラム世界におけるデモクラシー経験の不在が重要であるとする。両者は、デモクラシーの経験が近代に肯定的に向き合うためには必要な契機だとする。しかし、デリダによれば、こうした人々は植民地化や帝国主義によりデモクラシーへのアクセスを奪われているとする。こうした状況に対して、ハーバーマスはコミュニケーション的理性による対話可能性を探っている。彼は、議会制デモクラシーが提供するような参加型システムのもとで寛容が実践されるならば、寛容の持つ一方性は中和され、相互尊重が可能になるとする。他方、デリダはカント（Kant, I.）の『永遠平和のために』を踏まえ、歓待を主張する。彼はデモクラシーが成立するその前段階での他者との向き合い方自体を問いただすのである。

B ポピュリズム

ポピュリズム自体の歴史は古いが、現在顕著であるのは、英国のEU離脱やトランプ（Trump, D. J.）大統領の登場のように、先進国に広くみられる現象になった点である。こうした現代ポピュリズムの特徴は、単に国民に幅広く支持を訴える大衆迎合主義ではなく、民衆の立場からの既成政治やエリートを批判する政治運動である点に求められる。ポピュリズム勢力は、これまで政治から見捨てられた人々の代弁者であることを自称し、かつエリート層を既得権益に執着する存在として激しく批判することで強い支持を獲得している。これへの既成勢力の対応としては、ドイツやフランスのように対話を拒否してポピュリズム勢力の孤立を図る場合もあれば、スペインやオーストリアのように連立の一翼を担う場合もある。各国の対応は一様ではない。ポピュリズムは現代のデモクラシーでは十分解決し得ていない問題を明らかにする側面があり、また、これまで政治から排除されて

きた人々の政治参加を促す面もある。よって、求められるべきはデモクラシーがポピュリズムの提起する問題に正面から向き合うことであろう。

C デジタル専制主義

AI（人工知能）をはじめとするデジタル技術の革新には目覚ましいものがある。ハラリ（Harari, Y. N.）はこうした状況がファシズムや独裁の成立を容易にしていると指摘する。現代では、データを制御することが政治そのものであり、そうしたデータは政府や一部のエリートに集中している。AI、バイオテクノロジー、生体認証などの融合により、独裁政府は国民すべてを常に追跡でき、国民の感情さえも容易に操作できるようになる。アルゴリズムやビッグデータを独占する一部の人々による支配、すなわち「デジタル専制主義」が拡大していくのである。ハラリはこれに対抗するためには、個々人が自分の弱さを知り、自分を理解することが必要だとする。デモクラシーの敵はそうした弱さにつけこみ、操作しようとするからである。

D パンデミック

新型コロナウイルスの感染拡大は、その対応のためのさまざまな政治的判断を求めるところとなった。情報や医療資源の国内外での共有の是非、経済支援のあり方、政治権限の強化を是認し独裁的専制的支配を受け入れるか否か等々。独裁や権威主義体制でも、中国に比べエジプトやイラクは対応に失敗している。強権的な体制であれば、必ず感染症対応に成功するわけではない。他方、長期的にはデモクラシーの方がより適切に危機に対応できるのかもしれない。デモクラシー下では人々は情報を得て学び、自発的に行動できる。また人々のチェック機能が働いているため政府は誤った政策に固執することなく失敗を認め、修正することが可能だからである。

本章冒頭でみたように、デモクラシーを肯定的に捉える伝統はここ100年ほどしかない。その意味でデモクラシーを有効にするための理論的な蓄積は、十分ではないともいえる。人類の歴史からみれば、デモクラシーの議論は始まったばかりである。議論すべきことはまだまだあり、アップデートする余地は残っている。それは今後の私たちの課題に他ならない。

知識を確認しよう

【問題】 デモクラシーの理論に関する下記の記述の中から、適切なもの
を選びなさい。

(1) 古代ギリシアのポリスであるアテナイでは、直接民主制が採用されて
おり、男女を問わず、すべての市民が民会と呼ばれる集会に参加する
ことによって政治が行われていた。

(2) 一定の財産や収入を持った人々のみに選挙権を認める制限選挙制の採
用によって、大衆デモクラシーと呼ばれる状況がもたらされた。

(3) シュンペーター（Schumpeter, J.）は、有権者の政治的能力の限界を認識
して、その政治参加のあり方を基本的に選挙のみに限定するように考
えた。

(4) ポピュリズムは、デモクラシーを根幹から脅かす存在であり、デモク
ラシーとは両立し得ない。

【解答】

(1) × アテナイのデモクラシーは直接民主制だったが、市民として認め
られていたのは成人男性に限定されていた。

(2) × 大衆デモクラシーの原因の一つは、財産・経済状況を基準とせず、
成人すべてに政治参加を認める普通選挙制にあると考えられている。

(3) ○ シュンペーターは、市民が具体的な政治活動に参加することより
も、政治指導者の選出を重視した。

(4) × ポピュリズムには、政治から排除されてきた人々の政治参加を促
して、人々の声を政治の場に表出・反映させる側面があり、それ自体
デモクラシーと矛盾しない。

第 6 章 権力分立をめぐる歴史的潮流と課題

本章のポイント

政治権力をめぐる政治学の古典の文章を読み、権力を分立することの意味について考える。その上で、アメリカと日本、さらには中国における権力分立の状況を検討する。

1. まず、絶対王政下の王権神授説と、それを批判したロックの著作を概観する。

2. 『法の精神』を著したモンテスキューの考え方をみるとともに、アリストテレスもふれていた権力分立に関して取り上げる。

3. 「ヴァジニアの権利章典」と『ザ・フェデラリスト』という、古典的文書を通じて、アメリカの権力分立の考え方についてふれる。

4. アメリカ合衆国憲法の中で、モンテスキューのアイデアはどのように具現化されたのかを、機能・空間の両面から検証する。

5. 権力分立をめぐるアメリカ政治の現状に関して、大統領制と分割政府、州・地方政府をキーワードに考察する。

6. 日本国憲法の条文に着目して、日本における三権分立の実態を描きだす。

7. 委任立法や二元代表制という側面から、日本の権力分立をめぐる現状に言及する。

8. 民主集中制をとる中国では、権力分立をめぐって、どのような課題があるのかを示す。

1 絶対主義とロック

A 絶対王政下の政治権力

　『政治学事典』（下中，1954）によると、権力＝政治権力とは、「社会権力の一種であり、社会権力は人間関係の間に成立する関係」のようだ。さらに、「広義において権力とは他の人間（個人または集団）の所有ないし追求する価値の剥奪もしくは剥奪の威嚇を武器としてその人間の行動様式をコントロールする能力」（前掲書，p.728）とされる。

　かつて、絶対主義の時代に、ヨーロッパの地で、この政治権力を手中におさめ、みずからの意思で人々をコントロールしていたのが、国王ということになろう。国王が政治権力を掌握できたのは、王権神授説という考え方が大きく関係している。王権神授説とは、国王が人々を支配する権限は、神からさずかった不可侵なものであって、人々は支配者である国王の命に背くことはできないとの考え方である。こうして、国王は多大なパワーを持ち、政治の頂点に立っていた。そして、王権神授説のもとでは、人々による抵抗も否定された。このアイデアを提起した人物の代表格が、フィルマー（Filmer, R.）である。

　『フィルマー著作集』の中の「家父長制君主論（パトリアーカ）」（1680年）の記述をみると、そこには、「アダムが天地創造によって全世界に対して持ったこの支配は、そして権利によってアダムから継承した家父長たちがまさに享受している支配は、創造以来存在するどのような君主の絶対的な支配権とも同じ大きさと広がりを持つものであった」（フィルマー，2016，p.15）とある。これは、神はイヴではなく、アダムにだけ支配をするためのパワーをさずけたこと、さらには、男系長子にのみ受け継がれていくべき権力こそが、正統性を持っているということを意味している。

　さらに、フィルマーは「実際のところ、世界は長い間、君主政以外の統治形態を知らなかった。最良の秩序、最大の力、最高の安定性、それに最も平明な統治は、君主政において全てが見出されるのであり、その他の統治形態にはない」（前掲書，p.43）とまでいい切っているのである。

B　ロックの考え方

　フィルマーの提起した王権神授説に異を唱える者が登場する。その好例
が、ロック（Locke, J.）である。ロックは、『統治二論』（1690 年）において、
「絶・対・主・政・というものは、ある人々からは世界における唯一の統治体だと
見なされているにもかかわらず、政治社会とはまったく相容れず、政治的
統治のいかなる形態でもありえない」（ロック, 2007, p.259）として、フィル
マーの考え方を徹底的に攻撃した。このロックの認識の背景には、「彼〔絶
対君主〕は、立法権力も執行権力もともに彼一人で握っていると考えられ
るので、そこでは、公正に、差別なく、権威をもって裁決してくれるよう
な、また、君主やその命令によって被るかもしれない侵害や不都合さに対
する救済や矯正が期待できる決裁を下してくれるような審判者を見いだす
ことはできず、誰にもそうした訴えをなす道が開かれていない」（前掲書, p.
259）との発想があることはいうまでもない。

　王権神授説を否定したロックは、「人間はすべて、生来的に自由で平等で
独立した存在であるから、誰も、自分自身の同・意・なしに、この状態を脱し
て、他者のもつ政治権力に服することはできない」（前掲書, p.266）と説く。
そえゆえ、「もし、国王が、ある特定の人物に対して憎悪を示すだけではな
く、彼自身がその首長である政治的共同体全体と対立し、耐え難い悪行を
もって人民全体あるいはそのかなりの部分に残酷な専制を加えるとすれば、
その場合には、人民はそれに抵抗し、侵害から自分たちを防衛する権利を
もつ」（前掲書, p.379）との結論を導きだす。これは、ロックのいう抵抗権
＝革命権として知られている。

　さらに、ロックは、「す・べ・て・の・人・間・は・生・来・的・に・自・由・であって、自分自身の
同意以外の何ものも人を地上の権力に服従させることはできない」（前掲書,
p.284）と訴える。この記述は、社会契約説の考え方を示しているといえよ
う。社会契約説については、ロックに先立って、ホッブズ（Hobbes, T.）が、
その著書『リヴァイアサン』（1651 年）の中で、「自分たちすべてを畏怖させ
るような共通の権力がないあいだは、人間は戦争と呼ばれる状態、各人の
各人にたいする戦争状態にある」（ホッブズ, 2009, p.172）とし、この状態を
回避するためにも、契約を結ぶ必要があると論じたことを付言しておこう。

2 モンテスキューと権力分立

A モンテスキューのアイデア

　前節で取り上げたロックは、立法権力と執行権力が集中することに対して苦言を呈した人物として知られる。このロックは、「立法権力、すなわち最高の権威も、一時しのぎの恣意的な法令によっては支配する権力を手中にすることはできず、公布された恒常的な法と、権威を授与された公知の裁判官とによって、正義を執行し、臣民の諸権利を決定するよう義務づけられている」（ロック，2007，p.300）と訴えている。これは権力分立の考えに他ならない。ただ、ロックの場合、今日のような立法・行政・司法による三権分立にまでは踏み込んでいないのが実状である。

　では、現代を生きるわれわれが熟知しているような三権分立の始祖となったのは誰であろうか。それは、フランスの啓蒙思想家モンテスキュー（Montesquieu, C.-L. de）である。モンテスキューは、『法の精神』（1748年）において、次のように述べている（モンテスキュー，1987，p.211）。

　　　各国家には三種の権力、つまり、立法権力（la puissance législative）、万民法に属する事項の執行権力および公民法に属する事項の執行権力がある。

　　　第一の権力によって、君公または役人は一時的もしくは永続的に法律を定め、また、すでに作られている法律を修正もしくは廃止する。第二の権力によって、彼は講和または戦争をし、外交使節を派遣または接受し、安全を確立し、侵略を予防する。第三の権力によって、彼は犯罪を罰し、あるいは、諸個人間の紛争を裁く。この最後の権力を人は裁判権力（la puissance de juger）と呼び、他の執行権力を単に国家の執行権力（la puissance exécutrice）と呼ぶであろう。

　このように、モンテスキューは、立法権力、裁判権力、執行権力の3つを分立させ、「抑制」する「国制」こそが好ましいと考えていたことがわかる。

B　権力分立

　本章の冒頭からみてきたように、かつて国王が独占していた政治権力をめぐっては、時代の流れとともに、分立していくことがのぞましいとの発想が主流となってくる。その好例として、1789年のフランス人権宣言・第16条に、「権利の保障が確保されず、権力の分立が規定されないすべての社会は、憲法をもつものでない」(高木他, 1957, p. 133) との文言が明記されている。

　ところで、三権分立を確立したのはモンテスキューであるが、アリストテレス (Aristotelēs) も同じような考え方を提起していたことを紹介しておこう (アリストテレス, 2018, pp. 231-232)。

　　　実際、あらゆる国制には三つの部分があり、すぐれた立法者はその三つの部分との関連のもとで、それぞれの国制にとって何が有益であるのかを研究しなければならないのである。これらの各部分がよくできていれば、必然的に国制もよくできていることになり、これらの各部分に違いがあることによって、必然的に国制も互いに違ったものとなる。国制の三つの部分のうち、第一は公共の問題についての審議にかかわる部分であり、第二は公職にかかわる部分である (そこでは、公職はどのようなものであるべきか、何に関して権限をもつべきか、公職者の選出はどのようにして行うべきかということが問題となる)。第三は法廷にかかわる部分である。

　これは、アリストテレスの『政治学』からの引用である。もちろん、モンテスキューの考え方ほど精緻化されたものではないとの批判があるものの、紀元前384年から同322年までという時代を生きたアリストテレスも国制を3つに分けることを意識していたという事実は興味深い。

　こうして考えると、「人間の行動様式をコントロールする能力」である政治権力を分立することは、自然な流れといえなくもない。これら先人の知恵を凝集し、表出させたものが、現代デモクラシー国家の憲法といってもよいのではなかろうか。

3 アメリカにおける権力分立

A 「ヴァジニアの権利章典」

　ロックの思想を凝縮したといわれ、「われわれは、自明の真理として、す
べての人は平等に造られ、造物主によって、一定の奪いがたい天賦の権利
を付与され、そのなかに生命、自由および幸福の追求の含まれることを信
ずる」(高木他, 1957, p.114) との文言で有名なアメリカ合衆国 (以下、アメリ
カ) の独立宣言 (アメリカ独立宣言) は、1776 年 7 月 4 日に出された。だが、
これに先立つ 6 月 12 日、ヴァジニア植民地では、「ヴァジニアの権利章典」
が採択されている。そこでは、「国家の立法権および行政権は、司法権から
分離かつ区別されなければならない」(前掲書, p.110) と明記されていた。加
えて、29 日に採択された「ヴァジニア邦政治形體」の中でも、「立法、行
政、司法各部門は、他の部門に當然屬する權限を行使することのないよう
に、分離され區別されなければならない」(アメリカ学会, 1951, p.180) とも
記されている。これらの記述からもわかるように、すでにアメリカ建国期
の時点において、ヴァジニアでは、モンテスキューの提起した三権分立と
いう考えにかなりのウエイトがおかれていたようだ。

　また、「ヴァジニアの権利章典」では、「すべての人は生来ひとしく自由
かつ独立しており、一定の生来の権利を有するものである。これらの権利
は人民が社会を組織するに当り、いかなる契約によっても、人民の子孫か
らこれを〔あらかじめ〕奪うことのできないものである。かかる権利とは、
すなわち財産を取得所有し、幸福と安寧とを追求獲得する手段を伴って、
生命と自由とを享受する権利である」(高木他, 1957, p.109) と規定されてい
る。まさに、アメリカ独立宣言同様、この文言も、ロックのアイデアを色
濃く反映したものといってよい。しかしながら、これらの文書の起草者の
いう「すべての人」の中に、黒人奴隷が含まれないことは明らかである。あ
くまでも、ここでの「すべての人」は白人であるという事実を忘れてはな
らない。われわれはアメリカを自由とデモクラシーの国というが、このよ
うな "影" の部分についても十分留意しておく必要があろう。

B　『ザ・フェデラリスト』

　前出の「ヴァジニアの権利章典」を起草する委員会のメンバーの一人が、のちにアメリカ第4代大統領となる、マディソン（Madison, J.）であった。マディソンは、ハミルトン（Hamilton, A.）、ジェイ（Jay, J.）とともに、アメリカの古典的名著『ザ・フェデラリスト』を著したことでも名をはせている。

　さて、85篇の論考からなる、『ザ・フェデラリスト』の第51篇では、三権分立を維持していくことの重要性が説かれる（ハミルトン他，1998，p.253）。

　　　憲法案に規定されているように、政府各部門の間に権力を配分することは不可欠であるが、それを実際に維持してゆくためには、いったいいかなる手段方法に訴えればよいのであろうか。これに対して与えうる唯一の回答としては、外部からの抑制方策はすべて不適当であることが判明した以上、政府を構成する各部分が、その相互関係によって互いにそのしかるべき領域を守らざるをえないように、政府の内部構造を構成することによって、欠陥を補う以外に手段はないといわざるをえない。

　こうした認識の上に、「各部門の成員は、他部門の成員の任命にはできるだけ関与しないようにしなければならない」として、たとえば、「司法部の成員の任命」に関して、「終身的な任期をもってするが、このことは司法部の成員をして、任命権者に対する依存感をまもなく失わしめることになるであろうからである」（前掲書，p.253）と力説している。ちなみに、この「第51篇　抑制均衡の理論」の項目は、マディソンの筆によるとされている。

　なお、『ザ・フェデラリスト』に掲載されている論考は、もともと、1787年から翌1788年にかけて、マディソン、ハミルトン、ジェイの3人がパブリウスという匿名で、ニューヨーク邦の新聞紙上に寄稿したものであった。そこには、根強いアメリカ合衆国憲法案への堅固な反対意見を懐柔し、憲法案の批准を達成する目的があった。それほどまでに、当時のアメリカでは、邦＝state以上に強大な権限を有する政府の出現が危惧されていたというわけである。

4 アメリカ合衆国憲法の特質

A 機能面からみた三権分立

　それでは、マディソンらが国民の理解を得ようとしたアメリカ合衆国憲法（1788年発効）の中では、どのような権力分立の姿が示されているのであろうか。まず、第1条1節において、「この憲法によって与えられる一切の立法権は、合衆国連邦議会（Congress of the United States）に属し、連邦議会は上院〔元老院、Senate〕および下院〔代議院、House of Representatives〕で構成される」（以下、アメリカ合衆国憲法の訳文は〔宮沢, 1983〕による）と規定されている。

　次に、行政権については、第2条1節で、「行政権は、アメリカ合衆国大統領に属する」と明記されている。つづく司法権に関しては、「合衆国の司法権は、最高裁判所および連邦議会が随時制定設置する下級裁判所に属する」ことが、第3条1節でうたわれている。

　加えて、三権のあいだの抑制と均衡（チェック・アンド・バランス）という点では、「上院はすべての弾劾を裁判する権限を専有する」とし、「合衆国大統領が裁判される場合には、最高裁判所首席判事を議長とする。何人といえども、出席議員の三分の二の同意がなければ、有罪の判決を受けることはない」（1条3節6項）として、立法権と行政権とのあいだのチェック・アンド・バランスの一例が示されている。この他、「大統領は、上院の助言と同意を得て、条約を締結する権を有する。ただしこの場合には、上院の出席議員の三分の二の賛同が必要である」（2条2節2項）との条文もまた、行政権と立法権とのチェック・アンド・バランスをうたったものだ。

　ちなみに、かつて、ときの大統領・ウィルソン（Wilson, T. W.）がみずから提唱した国際連盟に、アメリカが加入しないということがあったが、このできごとは、まさに、ヴェルサイユ条約の批准にあたって、「上院の出席議員の三分の二の賛同」を得られなかった有名なケースである。このように、三権のあいだでの徹底したチェック・アンド・バランスが、アメリカ合衆国憲法の特徴といってよい。

B　空間的な側面からみた権力分立

　先述したように、アメリカ合衆国憲法は、厳格な三権分立で知られるが、じつは、空間的な権力の分立をも視野に入れている。同憲法・修正第10条（1791年確定）には、「本憲法によって合衆国に委任されず、また各州に対して禁止されなかった権限は、各州それぞれにまたは人民に留保（reserve）される」と規定されていて、連邦政府の権限が制約されている。

　それでは、連邦政府の権限にはどのようなものがあるのであろうか。アメリカ合衆国憲法・第1条8節1項をみると、「連邦議会は左の権限を有する」として、「合衆国の国債の支払、共同の防衛および一般の福祉の目的のために租税、関税、輸入税、消費税を賦課徴収すること、ただし、すべての関税、輸入税、消費税は、合衆国を通じて画一なることを要する」とある。この節は18項からなり、最後の18項には、「上記の権限、およびこの憲法により、合衆国政府またはその各省もしくは官吏に対して与えられた他の一切の権限を執行するために、必要にして適当な（necessary and proper）すべての法律を制定すること」とあるが、この条文の中の「必要にして適当な」との文言と3項の州際通商条項（「諸外国との通商、および各州間並びにインディアンの部族との間の通商を規制すること」）をめぐって、連邦最高裁判所による拡大解釈がなされ、連邦政府の権限がどんどんと大きくなってきているのが実状である。この背景には、1929年に発生した世界恐慌に対して、ローズヴェルト大統領（Roosevelt, F. D.）が打ち出したニューディール政策の成功があった。このことを大きな契機として、連邦政府の権限は着実に拡大していったのである。

　そうした中で、かつて、「レイヤー・ケーキ」（層のあるケーキ）といわれて、明確に権限が分かれていた連邦政府と州との関係が、「マーブル・ケーキ」（大理石のケーキ）と呼ばれるようになってきた。このことばは、連邦政府が着実に州の権限をおかしていることを端的に指し示す比喩である。同時に、州は、財政面においても連邦政府への依存を深めていっている。

　こうした事実はあるものの、連邦制をとるアメリカが、空間面でも権力の分立を目指していることは否定できない。

5 権力分立をめぐるアメリカ政治の現状

A 大統領制と分割政府

「合衆国の陸海軍および現に召集されて合衆国の軍務に服する各州の民兵の最高司令官（Commander in Chief）である」（アメリカ合衆国憲法2条2節1項）アメリカ大統領は、世界で最も大きな権限を有すると指摘する声もある。だが、先にみたように、厳格な三権分立のもと、大統領の権限は制約されている。具体例を挙げると、「大統領は、随時連邦の状況（the State of the Union）につき情報を連邦議会に与え、また自ら必要にして良策なりと考える施策について議会に対し審議を勧告する」（2条3節）とあるように、法案提出権を有していない。そのため、連邦議会の場で、一般教書演説を行うなどして、自らの考えを訴え、上下両院議員に立法化をうながすのである。法案提出権を持たない大統領には法案に対する拒否権（veto）があるものの、上下両院において、3分の2以上の多数を得て再議決をすると、大統領の拒否権はくつがえされてしまう。ちなみに、法案は大統領の署名がないと法律とはならないが、「もし大統領が法律案の送付を受けてから一〇日以内（日曜日を除く）にこれを還付しないときは、その法律案は署名を得た場合と同様に法律となる」（1条7節2項）。そのため、法案が会期末の10日以内に可決された場合、大統領はその法案を連邦議会に送り返さずに、にぎりつぶす（pocket veto）こともある。

それでは、大統領が拒否権を発動するのは、どのようなケースであろうか。周知のように、アメリカは共和党と民主党からなる二大政党制の国である。議院内閣制と異なり、大統領は連邦議会議員を兼職することはできず、常に連邦議会の多数派と大統領の所属政党が一致するわけではない。そのため、大統領が拒否権を行使せざるを得ないケースも出てくるわけだ。このように、大統領の所属政党と連邦議会の多数派が異なる状況を分割政府（divided government）と呼んでいる。なお、ここでいう連邦議会の多数派とは、上院、下院のいずれか一方だけを制している場合を含んでいることを付言しておく。

B 州・地方政府における権力分立

　アメリカ合衆国憲法・修正第 22 条（1951 年確定）の「何人も二回をこえて大統領の職に選出されてはならない」との条文は、一般に 3 選禁止条項と呼ばれており、大統領の任期が 2 期 8 年であることを規定したものである。じつは、アメリカの多くの州において、知事の任期は連続 2 期までとの制限が課されている。この背景には、第 7 代大統領・ジャクソン（Jackson, A.）のアイデアが大きく関係している。1829 年から 1837 年までつづいたジャクソンの治世では、コモン・マン（庶民）によるアマチュアリズムが重んじられた。そこには、公職は一部の人間のみによって独占されるべきものではなく、一般の庶民こそが政治・行政に参画することが望ましいとの発想があった。そのため、ジャクソニアン・デモクラシーの時代に、情実任用制とも訳される、スポイルズ・システム（猟官制）が確立されたわけである。

　このジャクソニアン・デモクラシーの伝統を受け継いでいることもあって、多くの州では、知事はもちろん、副知事、法律顧問である司法長官、公文書管理を担う州務長官といった要職も、選挙で決まる。その結果、知事と副知事が違う政党の所属というケースが生じる。そこでは、知事と副知事の対立が顕在化するなど、知事のリーダーシップが発揮しづらいような状況が出現する。

　こうした状況は、地方政府レベルにおいてもみられる。ここでまず、アメリカの地方政府について整理しておこう。アメリカの地方政府は、通例、4 つのパターンに分類される。すなわち、①市長・市議会型、②市議会・市支配人（シティ・マネジャー）型、③理事会型、④タウン総会型である。①の市長・市議会型は、さらに強市長型と弱市長型とに分かれる。前者は、選挙で選出された市長が、副市長以下、主要な公職者を任命していくケースである。いうまでもなく、市長はリーダーシップを発揮しやすい環境となる。それに対して、後者の弱市長型では、主要な公職者が選挙で選ばれるため、市長と副市長の所属政党が異なる事例が生じてしまう。リーダーシップを発揮しづらいにもかかわらず、このような形が採用されたのは、かつて国王に政治権力が集中していた時代への反発からである。

6 日本国憲法にみる三権分立

A 議院内閣制の日本

　前出の『政治学事典』によると、「内閣が下院の政党勢力を反映し、議会にたいして連帯して政治上の責任をもち下院の信任があるかぎりにおいてその地位にとどまることは‘憲政の常道’といわれ、このような建前にある内閣制を議院内閣制という」（下中, 1954, p.199）ようだ。

　周知のように、日本はこの議院内閣制を採用している。日本国憲法・第66条3項には、「内閣は、行政権の行使について、国会に対し連帯して責任を負ふ」との規定があり、これは、議院内閣制についての『政治学事典』の解説と同じ趣旨の文言となっている。また、大統領制と異なり、議院内閣制をとる日本では、内閣総理大臣は国会議員でなければならない。このことは、「内閣総理大臣は、国会議員の中から国会の議決で、これを指名する」として、日本国憲法・第67条1項に明記されている。

　第68条1項をみると、そこには、「内閣総理大臣は、国務大臣を任命する。但し、その過半数は、国会議員の中から選ばれなければならない」と書かれているが、大統領制をとるアメリカでは、閣僚は連邦議会議員をかねることはできない。これも、議院内閣制と大統領制との違いである。このように、大統領制と比べて、議院内閣制の場合、立法権と行政権とのさかいが不明瞭となるのが特色である。

　さて、日本国憲法からも、三権分立の精神を読みとることができる。「国会は、国権の最高機関であつて、国の唯一の立法機関である」（日本国憲法41条）との条文は、立法権が国会にあることをうたっている。また、第65条の「行政権は、内閣に属する」、第76条1項の「すべて司法権は、最高裁判所及び法律の定めるところにより設置する下級裁判所に属する」との文言から、三権が分立していることが明らかである。ちなみに、大日本帝国憲法下でも、「天皇ハ帝国議会ノ協賛ヲ以テ立法権ヲ行フ」（大日本帝国憲法5条）、「司法権ハ天皇ノ名ニ於テ法律ニ依リ裁判所之ヲ行フ」（同法57条）という具合に、表面上、権力が分立しているような形がとられていた。

B 日本国憲法の中のチェック・アンド・バランス

すでに述べた通り、「内閣総理大臣は、国会議員の中から国会の議決で、これを指名する」のであるが、国会は内閣総理大臣を信任しないことも可能である。日本国憲法の中の「内閣は、衆議院で不信任の決議案を可決し、又は信任の決議案を否決したときは、十日以内に衆議院が解散されない限り、総辞職をしなければならない」（日本国憲法69条）との規定がこれにあたる。このように、日本国憲法は、立法権と行政権とのあいだで、チェック・アンド・バランスがはたらくように設計されている。

ちなみに、日本国憲法下で不信任案が可決され、解散・総選挙にいたったのは、1948（昭和23）年の吉田茂内閣時、1953（昭和28）年の吉田内閣時、1980（昭和55）年の大平正芳内閣時、1993（平成5）年の宮沢喜一内閣時のわずか4例しかない。議院内閣制をとる日本では、多数党の党首が内閣総理大臣となることもあって、よほどのことがないかぎり、内閣不信任案が可決されることはない。この4つのケースでは、与党内において造反があったための不信任案可決であった。なお、日本での解散・総選挙の大半は、日本国憲法・第7条の「天皇は、内閣の助言と承認により、国民のために、左の国事に関する行為を行ふ」の中にある、「衆議院を解散すること」（同法7条3号）に基づいて行われてきた。

また、立法権と司法権とのあいだのチェック・アンド・バランスの事例としては、日本国憲法の中の「国会は、罷免の訴追を受けた裁判官を裁判するため、両議院の議員で組織する弾劾裁判所を設ける」（同法64条1項）や「最高裁判所は、一切の法律、命令、規則又は処分が憲法に適合するかしないかを決定する権限を有する終審裁判所である」（同法81条）を挙げることができる。しかしながら、日本の場合、統治行為論の名のもと、違憲立法審査権の行使にきわめて消極的であるとの批判がなされていることも忘れてはならない。

最後に、行政権と司法権とのあいだのチェック・アンド・バランスについてであるが、「最高裁判所は、その長たる裁判官及び法律の定める員数のその他の裁判官でこれを構成し、その長たる裁判官以外の裁判官は、内閣でこれを任命する」（同法79条1項）などがこれにあたる。

7 権力分立をめぐる日本政治の現状

A 三権分立をめぐる課題

　先述したように、国会は、「国の唯一の立法機関である」。そのため、国会の場で、法律がつくられることとなる。国会に提出される法案には、議員提出法案と内閣提出法案とがある。前者の議員提出法案については、国会法・第56条1項に、「議員が議案を発議するには、衆議院においては議員二十人以上、参議院においては議員十人以上の賛成を要する。但し、予算を伴う法律案を発議するには、衆議院においては議員五十人以上、参議院においては議員二十人以上の賛成を要する」との文言がある。それゆえ、少数の会派に属する国会議員の場合、法案を提出することは至難の業といわざるを得ない。かつて、第56条1項は、単に「すべて議員は、議案を発議することができる」と記されているにすぎなかった。この規定のもとで、地元への利益誘導色の濃い、いわゆる "お土産法案" と呼ばれるものが激増したこともあって、第21回国会において、「国会法の一部を改正する法律案」の可決・成立（1955〔昭和30〕年1月28日公布）があり、第56条1項は、今日のような文言へと変わってしまったのである。

　こうした制約も手伝って、日本では議員提出法案の提出件数はきわめてひくい。しかも、たとえ、法案が提出されたとしても、その成立率は2割程度でしかない。いかに、日本において議員提出法案を成立させることが困難かわかる。その一方、内閣提出法案の成立率は8割を超えている。これは、日本が議院内閣制を採用しているからであるが、それ以外に、自由民主党（自民党）内の "事前審査制" の存在を指摘する声もある。国会に提出される内閣提出法案は事前に閣議決定されるが、それに先立ち、自民党内の政務調査会や総務会の事前承認を得なければならないというルールが、55年体制下で確立した。その上、党議拘束が強いこともあり、内閣提出法案はすんなり成立する運びとなる。だが、近年、行政権を担う内閣の制定した政令などへの委任立法が問題視され、立法権がその任を十分果たしきれていないとの批判も投げかけられている。

B　地方政治における権力分立

　次に、日本の地方政治に目を転じよう。日本国憲法・第93条には、「地方公共団体には、法律の定めるところにより、その議事機関として議会を設置する」（1項）ことと、「地方公共団体の長、その議会の議員及び法律の定めるその他の吏員は、その地方公共団体の住民が、直接これを選挙する」（2項）ことが明記されている。このように、日本の地方政治は、「議事機関として（の）議会」と「（執行機関としての）地方公共団体の長」とのあいだで、展開されていくかたちの制度設計がなされている。

　周知のように、日本では、地方議会（都道府県議会・市区町村議会）の議員と首長（都道府県知事・市区町村長）とは、別々の選挙で選ばれるという二元代表制が採用されていることもあり、これまで、議会と首長とのあいだで、激しい対立がみられるケースも多々あった。その好例といえるのが、かつて全国的にみられた革新自治体の存在であろう。革新自治体では、革新陣営のサポートを受け、公害問題の解決などに積極的な姿勢をみせる首長と、議会の多数をにぎる保守系議員とのあいだで、激論が繰りひろげられた。このように、地方政治の場では、二元代表制がとられていることにより、議会と首長とのあいだに緊張関係が生じる。換言すれば、そこでは、一種のチェック・アンド・バランスがはたらく。

　ところで、地方自治法・第176条1項には、「普通地方公共団体の議会の議決について異議があるときは、当該普通地方公共団体の長」は、議決のあった日から「十日以内に理由を示してこれを再議に付することができる」と記されている。このように、首長には、議会に対する再議権が認められている。ただし、同条2項では、「前項の規定による議会の議決が再議に付された議決と同じ議決であるときは、その議決は、確定する」とある。もっとも、「前項の規定による議決のうち条例の制定若しくは改廃又は予算に関するものについては、出席議員の三分の二以上の者の同意がなければならない」（3項）とされていることには留意すべきである。また、「普通地方公共団体の議会において、当該普通地方公共団体の長の不信任の議決」がなされた場合、「普通地方公共団体の長は、その通知を受けた日から十日以内に議会を解散することができる」（地方自治法178条1項）とも規定されている。

8 権力分立をめぐる中国政治の現状

A 中華人民共和国憲法の特徴

ここでは、中華人民共和国憲法の条文に着目しつつ、中華人民共和国（以下、中国）における立法権・行政権・司法権の関係についてみてみよう。まず、立法権については、同憲法・第58条において、「全国人民代表大会および全国人民代表大会常務委員会は、国の立法権を行使する」（以下、中華人民共和国憲法〔2018年一部改正〕の訳文は〔初宿・辻村, 2020〕による）と定められている。ここでいう、全国人民代表大会とは、中華人民共和国における「最高国家権力機関」であって、その「常設機関」として、全国人民代表大会常務委員会が設置されている（同法57条）。ちなみに、全国人民代表大会と全国人民代表大会常務委員会のメンバーの選出にあたっては、各々、「諸少数民族はいずれも適切な定数の代表を持つべきである」（同法59条1項）、「適切な定数の少数民族の代表を含まなければならない」（同法65条2項）との文言があるのは注目にあたいする。

次に、「中華人民共和国国務院、すなわち中央人民政府は、最高国家権力機関の執行機関であり、最高国家行政機関である」（同法85条）との文言が記されており、国務院が行政権を担うようだ。この国務院では、「総理責任制」（同法86条2項）が採用されている。

では、司法権を行使する機関は、どこであろうか。中華人民共和国憲法・第128条には、「中華人民共和国人民法院は、国の裁判機関である」との規定がある。人民法院には、「最高人民法院、地方各クラス人民法院および軍事法院などの専門人民法院」（同法129条1項）がある。

このように、中華人民共和国憲法をみているかぎり、アメリカや日本と同様に、中国においても三権分立が機能している印象を受ける。しかしながら、同憲法・第3条3項に、「国の行政機関、監察機関、裁判機関、検察機関は、いずれも人民代表大会によって選出され、これに対して責任を負い、その監督を受ける」とあり、立法権・行政権・司法権の間でのチェック・アンド・バランスが機能するどころか、立法権が行政権と司法権を圧倒するなど、議行合一となっているのが実状だ。

B 中国における民主集中制（権力集中制）

　先述したように、中国においては、最高人民法院をはじめとする「裁判機関」も、全国人民代表大会の「監督を受ける」存在であることから、司法権の独立といった考え方は完全に否定されてしまっており、違憲立法審査権という発想も存在しない。中国で、チェック・アンド・バランスを基本とする三権分立が存在しないことは、中華人民共和国憲法・第3条1項の「中華人民共和国の国家機構は、民主主義的集中制の原則を実行する」という文言からも明らかである。これは、一般に、民主集中制または権力集中制と呼ばれるもので、「民主主義的中央集権制」ともいわれる。この制度をとる中国では、政治権力が「最高国家権力機関」である、全国人民代表大会に集中する形式が採用されている。

　さらに、同憲法・第1条2項には、「社会主義体制は、中華人民共和国の根本的システムである。中国共産党による指導は中国的特色ある社会主義の最も本質的な特徴である。いかなる組織ないし個人も社会主義体制を破壊することを禁止する」とあり、中国共産党の指導のもとに、国家運営が行われることが当然視されているということを忘れてはならない。

　加えて、憲法前文をみると、「中国の諸民族人民は、引き続き中国共産党の指導のもと、マルクス・レーニン主義、毛沢東思想、鄧小平理論および"3つの代表"の重要思想、科学的発展観、習近平新時代中国的特色ある社会主義思想に導かれ、人民民主主義独裁を堅持し、社会主義の道を堅持」していく考えも盛り込まれており、同党の影響力の大きさがわかる。

　そのため、中国における民主集中制とは、①「個々の党員は共産党の組織に従わなければならない」という「服従の原則」、②「共産党の各級の指導部は、すべて選挙を通して選ばれなければならない」こと、③「党の最高指導機関は党の全国代表大会とそれによって選出された中央委員会」であるということ、④「党の下級組織は、上級組織に指示を仰ぎ、その活動を報告する一方、独自に責任を持って自己の職責範囲内の問題を解決しなければならない」こと、⑤「各級の党委員会で重要な問題に属するものについては、すべて党の委員会における集団的討議を経て、決定をしなければならない」こと、⑥「いかなる形の個人崇拝をも禁止する」ことの6点に集約できるという（熊他, 2015, pp. 19-21）。

知識を確認しよう

・・・・・・・・・・・・・・・・・・・・・・・・・・・・・・

【問題】 以下の文の中から適切なものを選びなさい。

(1) 1776年7月4日には、アメリカ独立宣言が出されているが、同年6月
12日に、ヴァジニア植民地において採択された、「ヴァジニアの権利
章典」には、この当時すでに、三権分立という観点から、「国家の立法
権および行政権は、司法権から分離かつ区別されなければならない」
との文言が盛り込まれていた。

(2) アメリカ合衆国憲法では、立法権と行政権とのあいだのチェック・ア
ンド・バランスの事例として、「大統領は、上院の助言と同意を得て、
条約を締結する権を有する。ただしこの場合には、上院の出席議員の
三分の二の賛同が必要である」との条文があるが、この好例として、ウ
ィルソン大統領の提唱した国際連盟にアメリカが加盟したケースがあ
った。

(3) 日本国憲法・第69条には、「内閣は、衆議院で不信任の決議案を可決
し、又は信任の決議案を否決したときは、十日以内に衆議院が解散
されない限り、総辞職をしなければならない」との規定があるが、これ
まで、衆議院での内閣不信任案の可決によって、解散・総選挙が行わ
れた事例は、わずか5回のみであった。

【解答】

(1) ○

(2) × ウィルソン大統領は国際連盟の重要性を訴え、その設立にこぎつ
けたものの、連邦議会・上院において、ヴェルサイユ条約の批准に必
要な3分の2の賛同を得られなかったため、同連盟にくわわらなかっ
た。

(3) × これまで、内閣不信任案の可決による解散・総選挙の事例は4例
で、吉田茂内閣時（1948年・1953年）、大平正芳内閣時（1980年）、そし
て、1993年の宮沢喜一内閣時だけであった。

第7章 選挙制度と投票行動

本章のポイント

　本章では、現代民主主義において選挙がいかなる役割を果たしているのか、その中でも選挙制度と投票行動がどのような重要性を持つのかについて概説する。選挙に関する議論は、社会一般に流通している議論と同様に、政治研究においても錯綜している部分がある。そこで本章では、選挙に関する政治学上の知見について、基本的な知識を提供しつつも、同時に比較的最近の研究動向を紹介することを目的としている。

1. 民主主義と選挙の関係
2. 選挙制度とは何か
3. 選挙制度の構成要素
4. 選挙制度と政党システム
5. 投票行動研究の現在
6. 選挙とキャンペーン
7. 日本の選挙制度

1 民主主義と選挙の関係

A 「民主主義＝選挙」？

　選挙は、ある共同体に所属する構成員の全員ないし一部が、その共同体内の役職者を投票により決定する一連の手続きであり、その過程で各構成員の選好が集約されることに大きな特徴があると理解することができる。この手続きは、政治家（公職者）を選出する必要のある現代民主主義にとって必要不可欠な構成要素であるが、その一方で民主主義そのものと不可分な関係を形成しているわけでは必ずしもない。たとえばスイスの一部の州では、人々が町の広場に直接集まり、さまざまな政策を挙手により決定している。これは代表者を選ぶという意味での選挙ではないけれども、そこに民主主義があるとみなせる最も典型的な事例の一つである。これに対して、投票用紙の改ざんや有権者への暴力行為などの不正行為が組織的に行われたがために、政治的支配者層の権力維持のための道具と化している選挙、いうなれば「民主主義のない選挙」も現実には少なくない。

　このように極端な事例を2つ提示することで、選挙と民主主義が、それぞれ異なる意味を持つ別個の概念であることが判明する。周知のように民主主義という語の起源は、古代ギリシア語の demos（大衆）と kratia（支配）を結びつけた demokratia にある。この文脈において民主主義は、「治者と被治者が同一の政治体制」、すなわち「治める者と治められる者が同じ主体である政治体制」と理解されうる。要するに民主主義において何よりも重要なのは、「みんなでみんなを治めている」状態であり、この状態へといたるために投票を介して「みんなの好みを集める」必要があるかどうかは時と場合によるのである。

B 現代民主主義と選挙

　それでは、選挙は一体いつどのようにして民主主義にとって重要な存在となったのだろうか。そもそも選挙が重要でなければ、「選挙制度と投票行動」も重要にならないことを考慮すると、これは本章における最も根本的な問いである。同時にこの問いは、民主主義を実現するための数ある方法

の一つとして選挙を位置づけている。たとえば古代ギリシアでは、前述の
スイスの一部の州と同様に民会による政策決定がなされていただけでなく、
役職者を任命する際にも選挙と異なる方法が用いられていた。具体的に当
時は（役職者を順番で決定する）輪番制やくじ引きが民主的な方法と考えられ
ていたのに対して、主に将軍などの専門性の高い役職者の任命に用いられ
ていた選挙は、貴族制的な方法であると理解されていたのである。

　このように民主主義における選挙の重要性は、民主主義を実施するため
に用いられる、他の競合する手段との関係に左右されうるが、より根本的
には民主主義そのものをめぐる環境の変化に大きく影響される。そのこと
は、古代ギリシアの民主主義の基軸であったポリスと呼ばれる都市国家が、
比較的大きな領域を支配する国々の台頭により有力な統治機構とみなされ
なくなるにつれて、民主主義もまた停滞期に入った事実からも明らかであ
る。つまりポリスを前提とし、民衆の直接参加を特徴とした古代ギリシア
の直接民主主義は、比較的小規模な共同体でのみ成立するという技術的・
地理的制約を抱えていた。実際問題、現代の日本においても、全国民の1
億2,000万人が一堂に会し、民会を実施することはきわめて難しい。

　もちろん、直接民主主義的な方法そのものは、たとえば国民投票（レファ
レンダム）や国民発案（イニシアチブ）などが現代における重要な政策決定に
用いられているように、今なお隠然たる影響力を有している。だが民主主
義が古代ギリシア以降の長きにわたる衰退から抜け出し、現代におけるス
タンダードな統治体制とみなされるまでに普及したのは、17世紀以降の議
会制民主主義の興隆に起因するところが大きい。この民主主義の新たな形
態は、元来は貴族特権と王権との政治的妥協の場であった身分制議会が、
国家権力そのものを広く制約すべきとする、立憲主義の概念へと転換する
中で誕生した。その際に選挙は、（まるで2液型の接着剤のように）議会政治と
混合されることで、民主主義と立憲主義という別個の概念をくっつける役
割を果たした。具体的に議会の構成員たる議員に政治的正統性を付与する
手段として選挙を用いる方法が採用されたが、この間接民主主義と呼ばれ
る仕組みは、選挙により集計される人々の選好をより広範囲かつ多数に設
定することで、前述の直接民主主義の抱える技術的・地理的制約を克服
することに大きく貢献した。

2 選挙制度とは何か

A 制度としての選挙

　万人が納得する選挙制度の定義など存在しない。そう断言できる理由の一つに、選挙という概念自体の持つ相対性がある。前節では、選挙を数多ある意思決定の方法の一つと位置づけたが、これは選挙そのものが民主主義を実際に駆動させるための制度でありうることを示している。選挙は、現代民主主義が定着した今においてこそ手段ではなく目的として理解されうるが、この認識は時代と文脈に応じて容易く入れ替わる。そして同様のことは、demokratia を語源とし、元々は君主制（monarchia）や貴族制（aris-tokratia）と同列の国制の一つに位置づけられていた民主主義にもあてはまる。そうであるにもかかわらず、もし民主主義が一定の価値や規範、すなわち「主義（ism）」の意味を含む観念として捉えられる傾向にあるとすれば、それは 17 世紀以降の近代民主主義の発展によって発生し、20 世紀初頭に結実した比較的最近の潮流を反映していると判断できよう。

　民主主義や選挙が、われわれが政策決定にいたるための制度として解されるならば、われわれは何を期待してこれらを採用しているのだろうか。この種の論争は古くからあるが、今日において有力な見解は、議会制民主主義において選挙および議会での採決が、多数派の同意を全体の同意と読み替える「みなし＝擬制」をもたらしており、さらにはそうして成立した擬制に正統性を付与するように作動しているというものだろう。たとえばシュンペーター（Schumpeter, J. A.）は、公開された選挙過程によって頻繁かつ平和裏になされる代表者の交代が、議会制民主主義における政策決定の中核をなすと指摘しているし、ダール（Dahl, R. A.）の「ポリアーキー」の評価基準の中にも（詳細は p. 77 **第5章、第6節 B を参照**）、まさにこのことの重要性を強調しているものがある。

B 選挙制度の2つの視角

　制度としての選挙の最重要の機能が議会制民主主義における政策決定過程全体に説得力をもたせることにあるならば、この観点に着目して選挙制

度の意味も導き出すことができるはずである。そこで、選挙制度を「代表者の選出に関わる一切の手続き」、あるいはもっと簡潔に「選挙のゲームのルール」と認識できればよいが、こう単純に物事が進むわけではない。この定義は、理論的な観点からいっても、制度やルールそのものが多義的であるために一定の留保が必要となる。たとえば「駅頭の順番は駅への先着順で決まる」といった習慣（経済学のいう非公式的な制度）、あるいは選挙法を改正する国会内の手続きなどは、「制度」でありうると同時に、現実に代表者の選出に影響を及ぼしうる。にもかかわらずわれわれが、こうした習慣や手続きを選挙制度と認識しないならば、そこにはわれわれが自覚していない選挙制度の定義に関する暗黙の前提があることになる。

　他にもここで言及しきれないほど多くの暗黙の前提が存在するから甚だ厄介である。その中で最大のものは、投票を経て誰が勝利するのか決定するルールを選挙制度とみなすという政治学において一般的な前提である。これは、すなわち小選挙区制や比例代表制、あるいは並立制といった有権者の選好の表明である「投票を議席に変換する（"from votes to seats"）」制度群にのみ議論を限定する態度である。その一方で、政治的正統性の付与こそが選挙の最大の目的であり、そのための技術的手段が選挙制度であるならば、この認識が選挙制度を著しく狭く解釈していることも明らかである。実際問題として、ダールの「ポリアーキー」論の評価基準に関連する一連の手続き、具体的に選挙権・被選挙権、投開票の方法、選挙運動などの表現の自由、政治的結社の自由に関する規定などのように、「投票を議席に変換する」ことに関わらないが、それらなくして選挙など到底実施できない制度は数多存在する。

　そのため、政治学者が実際に選挙制度について議論するにあたっては、「代表者の選出に関わる一切の手続き」と、「投票を議席に変換する」制度をそれぞれ区別することが多い。とりわけ、詳細は**第7節**（p.112）で説明するが、公職選挙法によって選挙に関する膨大な数の規定が存在している日本では、両者の違いが意識されやすい。ただ最近では、開票事務の不手際およびそれに伴う司法判断が最終的な当選者を決定した2000年米大統領選挙が典型例であるが、既存の前提が通用しない事例が認知されたことで、選挙制度全般に関心を向ける研究も展開されている。

3 選挙制度の構成要素

A 議席決定方式

　選挙制度の定義が多様であることは、政治学においてなじみのある選挙制度が重要でないことを意味しない。小選挙区制や比例代表制といった制度の差異は、各国で展開されている民主主義の内容に決定的な相違を生じさせる。そして「投票を議席に変換する」制度には、①議席決定方式（electoral formula）、②選挙区定数（district magnitude）、そして③投票方式（ballot structure）という 3 つの構成要素の組み合わせに応じて実に多種多様な類型が存在している。

　これらのうち最も重要と考えられる要素は、投票を議席に変換する際の基本ルールとなる議席決定方式であろう。代表制とも呼ばれるこれらのルールについては、①多数代表制、②比例代表制（PR; Proportional Representation）、③混合制（mixed system）という分類があり、かつ各々の分類には、さらなる下位の分類が存在する。

　具体的に、多数の有権者から支持された候補者や政党に議席を与える多数代表制（plurality / majority rule）は、より多くの票を獲得した者に議席を与える「相対多数代表制（plurality）」と、当選者に過半数以上の得票を求める「絶対多数代表制（majority）」との間で区別がある。

　比例代表制には、有権者から獲得した票の割合に応じて議席を均等に配分するという目的に応じて、各々が数学的裏付けに基づいた、もっと複雑な下位分類がある。まず議席配分の際に一議席を獲得するのに必要な得票数である当選基数（quota）を何らかの方法で算出し、これに達した者から優先的に議席を配分する最大剰余方式がある。そのうち最も単純な当選基数であるヘア基数は、有効得票総数を議員定数で割ることで求められる。次に各政党の得票数を何らかの整数で割り、より大きい値を示した者に議席を配分する最大平均方式があるが、このうち日本の比例代表制で採用されているドント式は、1、2、3……の整数で各党の得票数を割っていく。

　2 つの異なる制度を組み合わせる混合制は、文字通り混合の方法次第で複数の制度があると理解されうる一方で、2 つの重要な区分けがある。第

一に日本の衆院選（理屈上は参院選も含む）で採用されている混合並立制は、単純に異なる組み合わせの制度による選挙を同時に行うだけである。第二に主にドイツで採用されている混合併用制は、有権者が小選挙区と比例区の両方へ同時に投票する点では並立制と同じだが、各党への議席配分の大枠は比例代表制のルールに基づいて決定され、小選挙区で多数を獲得した候補者に優先的に議席を配分する点で相違がある。

B　議員定数・投票方式

　議員定数に関しては、基本的に定数 M（"magnitude" の略）の数が 1 と等しいか、1 より多いかの 2 つの分類しか比較研究上は存在しない。そして M＝1 の場合には、「小選挙区」ないし英語の文脈でいえば「一人区（SMD; Single Member District)」のことを指す。逆に M＞1 の場合は、「大選挙区」ないし「複数人区（MMD; Multi Member District)」のことを意味する。なお日本には、定数が 3〜5 人程度の場合に、それを「中選挙区」と呼ぶ独特の習慣がある。

　投票方式とは、有権者が投票用紙に自らの選好を表明する際の技術的な方法のことを指すが、これについては①候補者方式（candidate ballot）、②政党方式（party ballot）、③選好投票方式（preference ballot）がある。このうち候補者方式と政党方式は、「投票用紙に候補者名を選択ないし記入するのか、それとも政党名を選択ないし記入するのか」について各々文字通りの違いがある。その一方で選好投票方式は、有権者が自らの政策選好を投票用紙に一層正確に反映できることに特徴があるが、この典型例として日本の衆院選で採用されている拘束名簿式（closed list）と参院選で採用されている非拘束名簿式（open list）の比例代表制の区別が挙げられる。すなわち前者の場合は、候補者名簿の順位を政党が決定するが、後者の場合は、政党名だけでなく個人名にも投票できる有権者が候補者名簿の順位を決定する。また有権者が候補者名に投票するに際して、各立候補者の好みを順位付けできる単記移譲式投票（STV; Single Transferable Vote）も選好投票方式の一種と理解される場合があり、かつその議席を正確に配分する特徴のために比例代表制の一種と認識されることもある。

4 選挙制度と政党システム

A デュヴェルジェの法則

　選挙制度は、前述した3つの構成要素の組み合わせとして説明することができる。たとえば選挙区定数が1であり候補者名を記入する相対多数代表制は「小選挙区制」として、あるいは定数が1以上であり政党名（拘束名簿式）を記入する比例代表制は「拘束名簿式比例代表制」として、各々理解することができる。そして理論上、この組み合わせは、（紙面上、前節で紹介していない下位分類も考慮すると）実に膨大な数があり、議論の焦点を絞るためには自ずと有力な組み合わせを特定する必要が生ずる。

　もっとも、従来の政治学は、世界的にみて採用率が高い小選挙区制ならびに（名簿式）比例代表制を主軸とした研究を蓄積してきた。その際には、ある選挙制度が、その制度のもとで生存可能な政党の数を左右することで、政党間の競合関係の総体として理解される政党システムの内実に重要な影響を及ぼすとの視角が重視された。その筆頭とされるデュヴェルジェ（Duverger, M.）は、選挙制度と政党システムとの関係について非常に有名な3つの命題を提示している。すなわち、①比例代表制は、堅固で独立的な安定した多党制を促し、②2票制の多数代表制は、柔軟で相互依存的かつ比較的安定した多党制を促し、③1票制の単純多数代表制は、独立した主要な政党間での政権交代可能な2大政党制を促すというものである。

　このデュヴェルジェの議論は、選挙制度が「原因」となって政党システムという「結果」に影響を及ぼすという「因果関係」を想定したものと理解されうるが（なお後に因果関係の向きが逆であると指摘された）、これらのうち多くの研究者の関心事となったのは、1つ目ならびに3つ目の命題であり、かつ後者については「法則」と呼ばれるほど多くの研究蓄積がある。すなわちデュヴェルジェは、小選挙区制が二大政党制をもたらすメカニズムとして、①投票を正確に議席に変換せず（要するに当選に反映されない「死票」が多い）、第三党以下の政党を過少に代表する「機械的効果（mechanical effect）」、②その機械的効果に基づいて有権者・政治家双方が選挙で勝利する見込みのない第三党以下を見捨て、政策選好のより近い第二党以上の政党に鞍替

えする「心理的効果（psychological effect）」の2つを挙げている。そしてこうした機械的効果がなく、そのため戦略的投票行動を実行する必要もない比例代表制では、より多くの政党の生存が認められるとしている。

B デュヴェルジェの法則の修正

　以上のデュヴェルジェの議論には、多くの賛同のみならず批判もあった。そのうち重要な指摘は、比例代表制を採用するが二大政党制であるオーストリア、そして小選挙区制を採用するが多党制であるカナダやインドといった事例である。そして前者は比例代表制によって正確に反映される意見対立がそもそも社会に2つしかなく、逆に後者は小選挙区制の影響が凌駕されるほど社会に存在する亀裂が多すぎたという点に特徴がある。要するに、政党システムの形成にあたっては選挙制度のみならず、政治的亀裂といった社会環境も重要な影響を及ぼすのである。

　ただ、上記の小選挙区制に関する命題については、その後、確かに全国レベルでいえばカナダやインドは多党制であるけれども、個々の選挙区レベルでいえば有力な候補者2名による一騎打ちが成立しているという観察が提示された。これは選挙区レベルに視点を限定すれば、機械的効果・心理的効果双方ともに影響力を発揮しているという主張を含みうるが、そうした論者の中には、理論のさらなる一般化のため、同様のメカニズムが他の制度にもみられるか否か調査する者もいた。

　そこで関心を集めたのが、かつて日本の衆院選で採用されており、いまだ参院選の一部や地方選で用いられている中選挙区制である。単記非移譲式投票制（SNTV; Single Non-Transferable Voting system）とも呼ばれる同制度は、選挙区定数Mが1以上であり、候補者名を記入する相対多数代表制であるという点で小選挙区制と酷似している。そのため機械的効果・心理的効果双方が作動するならば、選挙区定数Mに1名を足した数、具体的に定数Mが3なら3+1の4名、4なら4+1の5名、5なら5+1の6名、が有力な候補者として生存可能であると予想された。これがいわゆる「M+1の法則」であり、そして同法則のもとで小選挙区制は、定数1+1の2名の生存を認める制度と理解されている。

5 投票行動研究の現在

A 投票行動研究の概要

　選挙制度研究が、投票が議席に変換される一連の過程を対象とするなら、投票行動研究は、有権者の選好が投票として表明される一連の過程を対象としていると考えられる。この領域は、有権者の投票決定に影響する要素の多さを反映して、きわめて学際的なアプローチがとられている。

　投票行動研究の発端は、コロンビア大学のラザースフェルド（Lazarsfeld, P. F.）らを中心とするグループがオハイオ州エリー群で行った調査にある。このエリー調査の特徴は、方法論において、無作為抽出法（random sampling）に基づいて選ばれた人々に複数回調査を行うパネル調査が用いられたこと、知見において、有権者が社会経済地位、宗教、居住地域などの社会的属性に基づいた投票決定を行うことが示されたことにある。そして、この「コロンビア学派」と呼ばれる研究者によってもたらされた知見は、「コロンビアモデル」ないし「社会学モデル」として集成されることになった。

　そのため以降の投票行動研究は、基本的にコロンビア学派の知見を批判的に検討することによって発展することになった。そのうち最も有力な批判は、ミシガン大学のキャンベル（Campbell, A.）らを中心するグループによって提起されたもので、その特徴は、社会集団に焦点を当てたコロンビア学派と対照的に、個人の心理を重要視したことにある。この「ミシガン学派」と呼ばれるグループは、有権者が①候補者イメージなどの候補者要因、②争点態度などの政策要因、③政党帰属意識などの政党要因、といった３つ心理的要因に基づいて投票先を決定しているとしている。こうした「ミシガンモデル」ないし「心理学モデル」においては、①と②が短期的要因、③が長期的要因と識別されたが、このうち自己のアイデンティティと政党の帰属意識が近似しやすいアメリカ特有の事情もあって、③が最も強力な要因と考えられた。

　また、経済学者らは、独自に投票行動に関する「経済学モデル」も発展させてきた。この最初期の学者はダウンズ（Downs, A.）であるが、彼は有権者が選挙から獲得できる利得を最大化できるかどうか、あるいは投票に

伴う利得がコストを上回るかどうかを合理的に判断して、投票を決定する
という期待効用モデルを提示した。この合理的選択理論に基づくモデルは、
その後、ライカー（Riker, W.）とオードシュック（Ordeshook, P.）よって精緻
化され、現在では $R = PB - C + D$ という非常に有名な数式として理解され
ている。すなわち P（possibility）は、自らの投票が選挙結果に影響するか否
かに関する有権者の主観的な予測であり、B（benefit）は、自分が最も好む
候補者が勝利した際に得られる利得と最も好まない候補者が勝利した際の
利得の差を意味する。また、C（cost）が投票に伴うさまざまなコストを表
し、D（duty）は投票への義務感を意味している。R（reward）が投票によっ
て獲得できる有権者の利得であり、これが 0 より大きい（$R>0$）場合は投
票し、0 より小さい（$R≦0$）場合は棄権することになる。

　現代民主主義では R が 0 を下回る場面が多いとされるが、これは「自分
の一票では何も変わらない。政治家の違いも分からない。調べるのも面倒。
投票が大事とも思わない」と感じている有権者が大多数であることを意味
する。この場合、合理的な有権者は棄権するはずであるが、実際の投票率
は日本の衆院選でも 5 割程度と比較的多く、理論と現実との間にギャップ
がある。そして、この「投票参加のパラドックス」は現代政治学において
も、いまだ答えの出ない重要なパズルであると認識されている。

B　投票行動研究の今後

　以上の 3 つのアプローチは、必ずしも相互に排他的というわけではなく、
たとえばフィオリーナ（Fiorina, M. P.）の「業績評価投票」のように、有権
者の合理性を重視する経済学モデルの文脈に立ちつつ、景気やインフレと
いった短期的要因も投票決定に影響を及ぼすとして心理学モデルの修正を
試みている。あるいは選挙制度といった他の要因が、有権者の投票行動に
影響し、引いては（利益誘導の熱心さなど）政治家のさまざまな行動にも影響
していると指摘する研究もある。いずれにしても投票行動研究は、学際的
であるだけでなく、方法論に関して実証・数理分析の両面で高度に精緻化
されている。最近では、実験手法が導入されるなど、この領域の発展は目
覚ましいものがある。

6 選挙とキャンペーン

A 政治コミュニケーション論の概要

　有権者が投票決定にいたるまでの過程に関心を持つ者がいるなら、その過程に他のアクターがどう影響しようとするのかに関心を持つ者もいるはずである。そしてこうした関心は、政治学のさまざまな下位分野、とりわけ政治コミュニケーション論や選挙運動論において重要なものであり、実のところ前述したラザースフェルドらによるエリー調査がなされた別の理由でもある。そこでは有権者が情報を入手する経路や選挙キャンペーンの影響、その中でも当時台頭しつつあったマス・メディア（ラジオなど）の報道が、有権者の投票意図を変更させる改変効果（conversion effect）を有するか否かが重要な関心事となった。

　だが、調査結果は大半の有権者が選挙キャンペーンの開始時期よりはるか以前に投票先を決めており、さらに投票先が定まらない一部の有権者も、周囲の個人的なつながりに基づく情報源を重視しているために（いわゆる「2段階の流れ」仮説）、マス・メディアの改変効果が小さいことを示した。むしろマス・メディアによるキャンペーンの影響は、もともと有していた政策選好を有権者に意識させ、投票へ向かわせる「活性化効果（activation effect）」、そしてキャンペーン以前から有権者が有している政策選好を強める「補強効果（reinforcement effect）」に属するものが大半であった。

　そのため、政治コミュニケーション論における最初期の議論においては、マス・メディアの有する効果が最小限度であるとする「限定効果論」が主流となり、その後に台頭したミシガン学派も政党帰属意識といった長期的要因を重要視したので、短期的要因の典型である選挙キャンペーン中のメディア効果はあまり大きな注目を集めなかった。だが、テレビが浸透した70年代になると、マス・メディアによる報道の重要性を強調する「強力効果論」が台頭しはじめた。その代表的な理論としては、マス・メディアがある争点を強調するほど、その争点に対する有権者の認知も高まるとする「議題設定効果」の他に、マス・メディアが多数派のものとして報道した意見に同調する人々のみの意見が露出され、相反する見解を持つ人々が少数

派として沈黙する結果を招くとする「沈黙の螺旋」理論などがある。

B　選挙キャンペーンの特徴

　このように選挙キャンペーンに関する重要な知見の多くは、メディア研究によってもたらされているが、その一方でマス・メディアといった媒体に限られない選挙キャンペーンの研究もある。もっとも、その場合における選挙キャンペーンが何を意味するのかは不明確であり、文字通りに選挙期間中に行われる一連のイベントのすべてをキャンペーンと解する立場もあれば、政治家と有権者の相互交流に意味を限定する立場もある。いずれにせよ選挙キャンペーンに用いられる媒体が多岐にわたり、その効果も多種多様であることが明らかにされていることは確かである。

　たとえば戸別訪問や演説集会など、有権者と政治家の相互交流が密接な運動を指して「地上戦」と呼ばれることがある。こうした運動は日本では公職選挙法により厳格に規制されているが、そうした制限のないアメリカなどでは、有権者の投票参加を促したりするために、いまだに有力な戦術であると考えられている。これと対になる存在が、テレビなどのマス・メディアを介して展開され、政治家が有権者に一方的に情報伝達を行うため双方向性が乏しいとされる「空中戦」である。これも現代の選挙キャンペーンに不可欠な存在であることは、前述の強力効果論の文脈からいっても明らかであるが、空中戦そのものの特徴は、それが「地上戦」のように党組織といった伝統的な支持基盤を介するのではなく、統計分析や世論調査を積極的に用いる選挙プロフェッショナルを重要な存在にしたことにあるとされる。これは候補者個人の情報を大規模かつ一方的に伝達し、個人本位の選挙戦が展開されやすい環境をもたらしたと考えられている。

　21世紀になって普及し始めたインターネット（とケーブルテレビ）も、有権者と政治家の相互交流はあるものの、これも空中戦同様に効率的に運用するには高度な専門知識が必要となるために、個人化の傾向に一層拍車をかけているとされている。またインターネットの別の側面として、人々が自らにとって好ましい情報のみと接触する、いわゆる選択的情報接触（前述の補強効果と同様）を特に促す傾向にあるため、社会に存在する政治的分断を強化する可能性が議論されている。

7 日本の選挙制度

A 日本における「選挙制度」の変更

　日本の選挙制度は、衆参地方の各選挙法を統合するために1950年に成立した公職選挙法によって規定されている。この法律は、50年の成立から現在にいたるまで70回ほどの改正が行われ、その文字数も30万字を優に超え、その内容も選挙区定数から政治犯罪に関する罰則規定におよんでいるほどの膨大な法典である。

　以上のような観点に立てば、日本の選挙制度の変更は頻繁であったと解釈できるかもしれないが、その一方で選挙制度改革（electoral reform）に関する一連の研究は、1982年参議院比例代表制導入（2000年に非拘束名簿式へ移行）と1994年政治改革（並立制の導入）の2回のみを重要な制度変更と認識してきた。そしてこの背景には、選挙制度改革に関する議論が、議員間の議席の「奪い合い」に直結する制度の変更を選挙制度改革と解釈してきたことがありうる。それを変更するゲームの参加者にもたらされる利得と損失の総和が0になるような制度が、選挙制度と認識されてきたのである。

　この典型例は、55年体制期における中選挙区制の維持と94年の政治改革における並立制の導入である。実のところ中選挙区制は、投票率と議席率の乖離の度合いを示す「非比例性指標」においては、小選挙区制と比例代表制の中間に位置する「準比例代表制」的な制度とされている。そうであるならば、55年体制期の自民党は、衆参両院の過半数の議席を掌握していたので、小選挙区制への移行といった自らが獲得した投票をもっと効率的に自らの議席に変換する制度変更を理論上自由自在に行いえたはずである。だが中選挙区制から小選挙区制への移行は、自ずと選挙区割りの変更を伴うので、当時の野党勢力のみならず、区割り変更によって自らの再選が危ぶまれることとなる自民党内部の反対者によって頓挫してしまう。

　このようにして中選挙区制は、自民党が下野した中で行われた1994年の改革まで維持された。そして同改革では、小選挙区制（当時の定数は300、2022年時点では289）と11ブロックの比例代表制（当時の定数は200、現在は176）による選挙を同時に行う混合並立制が導入されることになったが、こうした

制度変更が当初の動機通りに機能したかについては、さまざまな論争がある。具体的に政治改革は、政党本位の選挙の実現、カネのかからない選挙の実現などを目的としたが、これは有権者の行動変容をもたらしつつも、それほど政治家の行動を変容させなかったとされている。またその理由としては、多党制をもたらす比例代表制の影響が小選挙区制にも及ぶ「連動効果」、あるいは参院選や地方選で採用されている中選挙区制の影響が小選挙区制にも及ぶ「不均一仮説」などが挙げられている。

B　選挙運動規制の特徴

　投票を議席に変換するルール以外に着目すると、日本の選挙制度は実に頻繁な変更が加えられている。特に選挙運動に関する規定は、公職選挙法のおよそ4分の1（30万字中の7万字）を占めており、その規制内容も、欧米諸国が選挙における違法行為のみを選挙法に示すのに対して、合法的な行為のみを示し、それ以外の一切の運動を規制するというきわめて厳しいものである。またそうした実例は、選挙運動期間以外の一切の選挙運動を禁止する事前運動の禁止規定（129条）、新技術を用いたはずのネット選挙運動までをも禁止する文書図画規定（143条など）、政党主導の選挙運動・政治活動をも一律制限する規定（201条の5など）のように枚挙に暇がない。

　こうした制限規定は、経験的にも実証的にも現職者優位に作用するとされているが、その根本的な理由は、それらが投票を議席に変換するルールとは対照的に、ゼロサム的な帰結を回避しやすいという特性にある。すなわち選挙戦で知名度や地盤を有力なものにする選挙運動規制は、基本的に現職者全員の再選可能性を下支えする方向にのみ作用するので、国会内での反対が生じにくい（実際問題、選挙運動の規定の変更には、共産党以外のすべて政党が合意する傾向にある）。言い換えれば選挙運動規制を変更するゲームの参加者にもたらされる利得と損失の総和が0以上になるので、選挙運動規制の厳格化が55年体制から現在にいたるまで好まれてきたのである。そして、こうした規定は日本の投票行動や選挙運動のあり方に影響するのみならず、政党システムの内容にも一定の影響を与えているとされている。このように日本の事例をみる限りにおいても、より広範な選挙制度に関する認識を持つことが重視される時期がきているように思われる。

知識を確認しよう

・・・・・・・・・・・・・・・・・・・・・・・・・・・・・・

[問題] 以下の各小問につき、正誤を述べなさい。

(1) 古代ギリシアでは、重要な政策決定に選挙が用いられており、選挙こそが民主主義の根幹であると考えられていた。

(2) デュヴェルジェは、比例代表制が、堅固で独立的な安定した多党制を促し、小選挙区制が、独立した主要な政党間での政権交代可能な2大政党制を促すものであると論じた。

(3) ラザースフェルドらがエリー調査に基づいて論じた事柄は、有権者が情報を入手する経路として、ラジオといったマス・メディアを重要視しているということである。

[解答]

(1) ×　古代ギリシアでは、民会による政策決定が重要視されており、役職者の任命に際しては、輪番制やくじ引きが重要なものと考えられていた。その一方で選挙は、将軍などの専門性の高い役職者の任命に用いられており、貴族制的な方法であると理解されていた。

(2) ○　ただしデュヴェルジェは、2票制の多数代表制が、柔軟で相互依存的かつ比較的安定した多党制を促す、とも論じている。そのため、デュヴェルジェの法則について言及する際には、3つの命題のすべてを示すことが望ましい。

(3) ×　エリー調査によって判明したのは、大半の有権者が選挙キャンペーンの開始時期よりはるか以前に投票先を決めており、さらに投票先が定まらない一部の有権者も、周囲の個人的なつながりに基づく情報源を重視しているということである。

第 8 章 政党と政党システム

本章のポイント

　現代政治の主体として最も一般的な「政党」、そして政党政治の形態ともいうべき「政党システム（政党制）」に関する基礎知識を取り上げる。

1. 政党とは何か、その概念をまず明らかにする。
2. 民主政治の中で政党が果たす（あるいは果たすべき）役割・機能について説明する。
3. 政党の発達過程を踏まえた上で、さらにその類型を示す。
4. 政党システムに関する代表的な分類や理論について紹介する。
5. 日本の政党と政党システムの特質について考える。
6. 主な欧米諸国の政党や政党システムについて、最近の傾向も踏まえて検討する。
7. イギリス流の「オポジション」という視点で、現代民主政治における責任野党のあり方を考察する。

1 政党の概念

A 政党とは何か

「政党」(political party) という言葉を聞いて、権力闘争や資金集めにあけくれる政治家を連想する人も多いことだろう。また、有権者の政党離れが著しいとか、無党派層の動向が選挙結果を左右するといった報道に触れたこともあるかもしれない。そこで、「政党」という概念を明らかにするため、政党と「徒党」との違いについて、まず説明することにしよう。

政治集団としての徒党ないし派閥は、主に政治家の私的利益実現（政治資金の確保や、権力ポストの獲得など）を目的として結成されるのが一般的である。そして、政党という概念を明確化することで、徒党との異同が明らかになったのは、18世紀イギリスの政治家で思想家でもあるバーク (Burke, E.) の貢献によるところが大きい。バークは、政党を次のように定義づけている。

> 「政党とは、その連帯した努力により彼ら全員の間で一致しているある特定の原理に基づいて、国家利益の促進のために統合する人間集団のことである」。

歴史的に有名なこの定義から、政党と徒党との違いが明らかになるとともに、政党のあり方も垣間みえてくる。同じ政治集団であっても、徒党と異なり、政党には特定の政治的な主義主張がなければならない。さらに政党は、政治家の私利私欲追求以前に、国家的利益もしくは国民的利益ともいえる公的利益の実現を目指す存在でなくてはならないこともわかる。

しかし政党に関するバークの定義づけには、不十分な点があることも否定できない。たとえば、実際の諸政党は政権の獲得維持を目指して競合する集団という事実が、明確にされているとはいえないからである。近代以降における議会制民主主義（間接民主制）下の政党は、さまざまな選挙戦を通じて議会の過半数議席確保を目指す存在でもある。つまり、選挙という合法的手段を通じて権力（政治権力）という価値を追求し、それを獲得した政党（与党）はそれをできるだけ長く保持しようとする。また、権力を獲得できなかった政党（野党）は政権批判を行ったり、次の選挙で政権奪取を目指したりするのが現実である。

そこで、こうした側面も踏まえて本章では、議会制民主主義の主体として位置づけられる「政党」を、以下のように捉えておくことにする。

「政党とは、共通した政治的路線を有する人間が一定の政策下に集合し、主に議会を通じてその政策や国民的利益を実現することを目標とし、選挙で候補者を立てて政権の獲得・維持を目指す自発的、持続的かつ公的な政治集団である」。

B 政党の成立要件

既述のように、議会政治の母国イギリスでも、政党の概念が明確になったのは18世紀後半頃のことであった。古代ギリシアのポリスに始まる政治学の歴史からすれば、「政党」は比較的新しい概念といっても過言ではない。

政党の起源と発達については**第3節** (p.120)で説明するので、ここでは上記の概念に基づき、政党ないし政党政治の成立に不可欠な基盤を3つほど指摘しておくことにしたい。

第1に、少なくとも憲法その他によって、言論・集会・結社の自由に代表される「政治的自由」が保障され、実際にそれが機能していなければならない。公的な性格を持つとはいえ、政党は、基本的には自発的な結社だからである。

第2に、政治や特定の政策をめぐる対立軸もしくは争点の存在が挙げられる。これによって政党ごとに政見の違いが生じて選挙で競合可能となるし、徒党と政党とを区別することもできるようになるからである。

そして第3の基盤として、議会主義（国民の代表機関としての立法部・議会こそ、政治の中心舞台だとする原理）の確立がなくてはならない。

このように政治集団としての「政党」は、理論上「徒党」とは区別されると同時に、自由主義と民主主義を基調とした政治主体であることがわかる。したがって政党の概念を明らかにすることは、現代政治の諸問題を理解するための出発点となるのである。

2 現代政治における政党の機能

A 政党の基本的位置づけ

　政党という概念、とりわけ「パーティー（仲間、集まり、会合）」という言葉とそのニュアンスから、現代政治におけるその位置づけとして、以下の2つの側面を指摘することができる。何よりもまず政党とは、社会における多様な意見や利益の中のある「部分」を代表する存在である。加えて政党には、特に選挙で勝利した場合、政権の獲得維持を通じて社会全体の事柄（政策の遂行）に「関与」する役割もある。それゆえ、いわゆる徒党や派閥とは異なり、政党には国民（有権者）と政府（統治システム）を、あるいは社会と国家を、媒介する役割が期待されるのである。

B 政党の機能

　実際政治において政党が果たすとされている役割・機能に関しては、さまざまな分類が可能となる。そこでここでは、政党に不可欠とされる機能について4つほど指摘しておくことにしたい。ちなみに「政党」の機能について学習する際には、特定の経済的・職業的・思想的利益（特殊利益）を追求し、その特殊利益実現を主要目的として、さまざまな方法で政治的影響力を行使する「圧力団体」の機能（**第9章**〔p. 138〕を参照）と比較考察することが大切である。

(1) 利益表出機能

　本来これは圧力団体の最重要機能とされることが多い。しかし、政党も「部分」と「全体」との媒介として位置づけられている以上、圧力団体ほど露骨ではないかもしれないが、選挙での当選を期待して、地元有権者（地域利益）や各党の伝統的支持基盤の利益（業界団体利益など）を政策面で優先的に反映させようとする。これは、政党の利益表出機能といえる。

(2) 利益集約機能

　通例、政党の最重要機能として位置づけられる。この機能は、社会におけるさまざまな個人や集団から表出された利益を政党ごとに調整したり、優先順位をつけたりして、党の主要政策としてまとめあげる作用である。

こうして集約された利益や意見は、政党ごとに政策文書や綱領、あるいは選挙時のマニフェスト（manifesto：政権公約）という形で有権者に提示される。そして政権の獲得に成功した政党は、議会内外での討論や修正を経て、それを政策として立法化し、行政を通じてその実現を目指す。

このように利益表出機能と利益集約機能は、ともに政策形成過程において欠かせない機能となっていることがわかる。そのため両者を統合して「政策形成機能」とすることも可能であろう。

(3) 政治指導者の補充・選出機能

とりわけ議院内閣制の国々では、首相など国家の指導者をはじめ、内閣のメンバーたる閣僚・国務大臣は政党（与党）のリーダーや幹部議員である場合が多い。これは圧力団体にはない機能、すなわち選挙を通じての「政権獲得維持機能」が政党にあることを意味している。

また、別の見方をすれば、政党には「政治家（議員）となる人材を発掘し、政治家として育成し登用する機能」も伴うといえる。

(4) 政治的社会化機能

宣伝や広報活動も含めて選挙戦で支持を訴えたり、議会活動やマス・メディアの報道などを通じて政治情報を提供したりすることによって、国民を政治的に教育していく作用が政党にはある。そうすることでわれわれは、政治意識を形成し、世論をつくりだし、そして政治的にも社会化されていくことになるのである。

なお、政党政治の母国イギリスには、政党の役割を、①利害関係の調整、②政治参加、③政治的補充（リクルートメント）、④民主的統制、⑤政治的選択、⑥政治的代表、⑦政治的コミュニケーション、⑧政治的説明責任（アカウンタビリティ）という8項目に分類した政治学テキストもある。

日本では政治家の失言やスキャンダルなどを背景として、近年、政党不信や政党離れが指摘されるようになってきた。それゆえ政党の機能をさらに検討していく努力が必要といえる。しかしその役割は不完全であっても、政党が政治現象の主要形成要因の一つである以上、今日においても「現代政治の生命線」（ノイマン，S.）であることにかわりはない。

3 政党の発達と類型

　ひと口に政党といっても、政治学での捉え方や分類は多種多様といって
よい。たとえば政党の特質や支持基盤、主義主張などに応じて、宗教政党
とか階級政党、あるいは国民政党（階級対立や一定の階級利益のカベを越えて、幅
広い国民的団結や一体性を強調する政党）といった具合に分類することも可能で
あろう。

　しかし政党の発達過程については、学問上、主に政党組織構造のあり方
に注目した政党類型論の枠組みで説明されるのが一般的である（図8-1）。

　ウェーバー（Weber, M.）によると、イギリスなどにおける政党は、まず有
力貴族の取り巻き集団（貴族政党）から出発し、その後選挙権の拡大（有権
者の増大）にあわせて「名望家政党」から近代的な組織政党へと発達してい
った。制限選挙を前提とする近代市民社会の名望家政党と、大衆社会化し
た、普通選挙（大衆デモクラシー）に基づく組織政党との違いは、政党独自の
組織面に見出すことができる。なお、フランスの政治学者デュヴェルジェ
（Duverger, M.）の分類によれば、前者は議員団を中心としており、有権者数
が少なく同質的であるため、特に充実した党組織や党員を必要としない
「幹部政党」に匹敵する。そして後者は選挙民の増加に対応して、従来以上
に（院外）組織化した「大衆政党」にほぼ該当するといってよい。

　こうした古典的ともいえる政党類型論に加え、現代政党の捉え方として
は、キルヒハイマー（Kirchheimer, O.）の「包括政党」、パネビアンコ（Panebi-
anco, A.）の「選挙－プロフェッショナル政党」、そしてメア（Mair, P.）とカ
ッツ（Katz, R.）による「カルテル政党」論などが代表的であろう。

　戦後、経済的に豊かになった西欧諸国では、従来にくらべて階級対立や
イデオロギーの重要性が薄くなったとされている（イデオロギーの終焉論）。
そうした社会的変化を背景に、何より選挙に勝利して政権を獲得すること
を最優先するため、特定のイデオロギーや階級利益に基づかず、文字通り
包括的にあらゆる層に支持を求める政党が包括政党である。また、選挙－
プロフェッショナル政党は、最近の無党派層増大やテレビなどに代表され
るマス・メディアの発達に伴い、選挙に勝つため大衆官僚政党化を通じて

3   政党の発達と類型 121

研究者	ウェーバー（1919）	デュベルジェ（1951）	キルヒハイマー（1966）	パネビアンコ（1982）
視点	社会の支配体制の変化	政党の起源とデモクラシーの関係	政党の活動様式の変化	政党組織の専門職化
類型基準	社会の運営の担い手	政党構造	（選挙戦略）	①中心的役割を演じるアクター、②組織の特徴、③リーダーシップの特質、④財政手段、⑤アピールの力点
主要類型	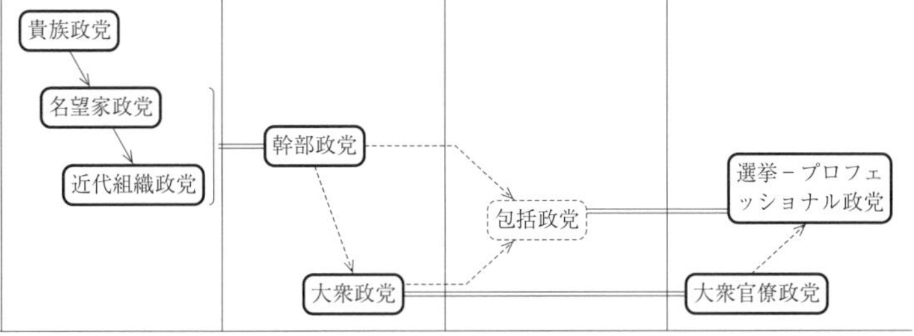 貴族政党 → 名望家政党 → 近代組織政党	幹部政党 大衆政党	包括政党	選挙－プロフェッショナル政党 大衆官僚政党

注：──▶は移行を、┄┄▶は変容（予想）を、══は同一を意味する。

川人貞史他『現代の政党と選挙』有斐閣アルマ，2001，p.41.（一部改変）

図 8-1　政党組織の類型・概念

プロフェッショナル化した選挙組織や戦略(たとえばスピン・ドクターによるメディア戦略や、党首イメージの重視)を持つという現実的側面に注目した概念といえる。

　これに対し、表面上は競合している主要政党であっても、大体1970年代以降、政権の獲得維持をめぐって、文字通り、少数の有力企業が結ぶカルテルのごとく相互協調したり、国庫からの資金援助を期待したりするなど、あたかも国家に組み込まれ、政府の代理人のごとく活動するようになった現状を指摘したのがカルテル政党論である。

　このように政党の捉え方や重点の置き方、あるいは分類に関しては、さまざまなものがあるといっても過言ではない。いずれにしても、政治状況や社会の変化に伴い変容と発達を遂げてきた「活きた」政治主体こそ「政党」であるという事実を、われわれは理解しなくてはならない。

4 政党システムの分類と理論

　政党システム（政党制）とは、政党政治が展開する基本的枠組みを意味している。同時に、政党を単位として、それらの相互作用を通じて政治が動く一つのシステムでもある。

　政党システムの類型については、デュヴェルジェによって示された二党制あるいは多党制という単純な分類が従来から知られている。しかし政党システムに関する最もポピュラーな類型として——1970年代に発表された内容であり、決して最新かつ完全な理論というわけではないが——イタリアの政治学者サルトーリ（Sartori, G.）によってなされた分類を避けて通ることはできない。サルトーリは、その国の政党数の他、政党間のイデオロギー距離を主な基準として、政党システムを7つのタイプに分類し、概念化した。以下、それぞれの特徴について簡単に説明する。

(1) 一党制（非競合的・単独政権型）…ナチス・ドイツなど

　法律上制度上、一党しか存在が認められていない。その政党のイデオロギー志向の強弱によって、全体主義一党制・権威主義的一党制・プラグマティック一党制に分類することも可能となる。

(2) ヘゲモニー政党制（非競合的・単独政権型）…冷戦期のポーランドなど

　その国のヘゲモニー（hegemony：主導権）を握る一政党に抵抗しない限り、他の政党の存在も認められる。ヘゲモニー政党によるイデオロギー志向の強弱により、イデオロギー志向ヘゲモニー政党制・プラグマティズム志向ヘゲモニー政党制がある。

(3) 一党優位政党制（競合的・単独政権型）…55年体制下の日本など

　複数政党制で政権交代の機会はあるが、民主的に選挙が行われた結果、常に同じ政党が勝利するため、結果として特定政党の長期政権となる。

(4) 二党制（競合的・単独政権型）…アメリカなど

　複数政党のうち、特に2つの主要政党のどちらかが単独政権を担い、二大政党間で定期的に政権交代がみられる。

(5) 限定的/穏健な多党制（競合的・連合政権型）…ドイツなど

　イデオロギー距離の小さい3〜5程度の諸政党が競合するが、単独政権

が成立しにくいため連立政権が形成される。政党間対立は穏健であるとされる。

(6) 分極的/極端な多党制（競合的・連合政権型） …ワイマール・ドイツなど

　イデオロギー距離が大きく政党間対立も激しい多数の諸政党が競合して、必然的に連立政権となる。反体制的政党をも内包する場合が多い。

(7) 原子化政党制（競合的・連合政権型） …発展途上国など

　戦後の政治的混乱期などでも現れやすい。支配的な政党が存在しないため、きわめて多くの政党が乱立している状態である。

　なお、ある国で特定の政党システムが形成され定着する理由の一つとして、当該国で採用される選挙制度とその特質を挙げることができる（デュヴェルジェの法則：第7章〔p. 106〕も参照）。また、社会学的アプローチから、1960年代における西欧諸国の政党システムを社会勢力の力学と配置の関係で捉えたのが、アメリカの政治社会学者リプセット（Lipset, S. M.）と、ノルウェーの政治学者ロッカン（Rokkan, S.）であった。2人によれば、それは主に1920年代の社会的亀裂構造（たとえば「中央 - 地方」「政府 - 教会」「農村 - 都市」「労働者 - 経営者」）を反映した結果ということになる。この見解は政党システムの「凍結」仮説として知られている。

　このように政党システムも、その国の政権形態や、その国の民主化の度合いなどに影響を及ぼす重要な政治主体といえる。

　因みに最近では、上述したサルトーリ的類型論が今日的有用性を失っているとして、これを修正すべきという論考も多くなってきた。その中の一つによると、たとえばわが国で今後も自由民主党と公明党との連立政権が続くのであれば、現代日本の政党システムを一党優位政党制の変種、すなわち「一連合優位政党制」として捉えることも可能だとされている。

5 日本の政党と政党システム

A 現代日本の政党

前述した政党類型論に戦後日本の主要政党を照らし合わせてみると、党員を中心に組織化され、一応大衆政党と呼べるのは日本共産党である。1955（昭和30）年の左右両派の統一によって誕生した（旧）日本社会党（以下、社会党）は、地方支部など党組織を備えてはいたが、西欧諸国の代表的な社会民主主義政党と比較すると、選挙運動や政治資金を全国労組に大きく依存していた。そうした意味で、当時の社会党は厳密な意味で大衆政党とはいえなかった。

他方で1955年のいわゆる保守合同で成立した自由民主党（以下、自民党）は、組織面では幹部政党的側面の強い政党といわざるを得ない。日本の保守政党の特徴として、普通選挙実現以後も戦前の立憲政友会や立憲民政党などのように院内政党から組織化された点や、院外大衆組織以上に地方名望家層に依存する傾向が強かった点を指摘することができる。戦後日本政治の大半をリードしてきた自民党もそうした伝統を受け継ぎ、党員や地方支部より、候補者・議員個人の私的な地元集票マシーン／人間関係的ネットワーク（いわゆる後援会）を重視する政党であり続けた。

ちなみに自民党のような幹部政党では、クライエンテリズム（clientelism）という「親分‐子分関係（patron-client relationship）」に基づく恩顧主義がきわめて重視されてきた。これは、ある意味日本的「ムラ社会」の政治文化を反映したものといえるかもしれない。自民党長期政権時代に一般的となり、「鉄の三角形（三角同盟）」とも呼ばれるようになった構図——「地元利益誘導型政治」「特定業界や官僚制との癒着」「派閥談合型の意思決定」「族議員や世襲議員の輩出」など——の定着に、このような自民党的体質が影響してきたことは否定できないからである。

政党活動のあり方という視点でみてみると、社会党は社会主義の理念をめぐる党内論争や左右対立にあけくれたため、その政権担当能力に疑問符がつけられるようになっていった。結果的に選挙の文脈では常に野党第一党（いわゆる万年野党）に甘んじることとなり、1996（平成8）年には社会民主

党に党名を変更したものの、その活力低下は避けられなかった。

　これに対し、結成当初革新勢力の勢いや支持基盤の減少などに対する危機感を持っていた自民党は、経済成長戦略や福祉政策の充実化などを通じて、1970年代には包括政党への脱皮に成功したと考えられる。その結果、当時の社会党の包括政党化失敗に伴い、後述するように、ほぼ30年以上に及ぶ自民党長期政権が可能となった。

B　現代日本の政党システム

　1955年に、社会党の結成（左右統一）と自民党の結成（保守合同）が実現した。それ以降、1960年代には公明党の結成などに象徴される多党化時代に入った。しかし1993（平成5）年の総選挙結果を受けて自由民主党が初めて下野するまでの38年間は「自民党政権＝日本政府」であり、国対政治などに象徴される自・社両党中心の国会運営も続いた。これを「55年体制」と呼ぶ。

　当初55年体制は、選挙の結果次第では自民党と社会党が交互に政権を単独で担う二党制になる可能性も残されていた。しかし選挙結果からみた55年体制の実態は、自民党の一党優位政党制に過ぎなかった。また、自民党の院内勢力を「一」とすると、第二党（野党第一党）の社会党でさえ、その勢力は自民党の半分程度でしかなかった。そのため55年体制を「一と二分の一（一か二分の一）政党制」とする指摘もある。

　ポスト55年体制の今日では連立政権常態化の時代を迎えている。そして再び、自民党（プラス公明党）の"一強多弱"時代になっているということもできるであろう。このように政党システムはもちろん、主要政党の体質や歴史、そして組織のあり方も、その国の政治を根本から特徴づけていることがわかる。

6 欧米諸国の政党と政党システム

A アメリカの政党と政党システム

　アメリカの共和党と民主党に共通する組織上の特徴は、地方分権的な党組織と、政党規律や議員の党議拘束が比較的ルーズという点である。そのため議会の採決では、議員の交差投票（クロス・ボーティング）が生じやすいとされる。また、党員の登録制度も整備されていないため、議院内閣制を採用する国々で一般的な、厳密な意味での党員や党首は存在しない（党員といっても事実上は熱心な党支持者や運動員を指す場合が多く、大統領候補者も党首ではない）。連邦国家のため、主要政党は普段、地方ごとに活動しており、全米規模の利益集団（圧力団体）の方が政治的には大きな影響力を持ちやすいともいえる。ヨーロッパと異なりアメリカでは、本格的な社会民主主義政党が育たない。「レッテルの異なる2つの空ビン」とも呼ばれる共和党と民主党以外にも、政党はもちろん存在する。しかし、アメリカの大統領選挙や連邦議会選挙で第三政党が重要な意味を持つことはほとんどない。したがってアメリカの政党システムは、今日でも両党間で政権交代を繰り返す「二党制」といってよい。

B イギリスの政党と政党システム

　アメリカとは異なり、イギリスにおける保守党と労働党の党組織は、基本的には党首を頂点とした中央集権的な構造となっている。それゆえ政党規律や議員の党議拘束も比較的強いといえる。イギリス型議院内閣制や首相（党首）の強力なリーダーシップを根底から支える要素の一つが、この中央集権的な党構造ということができる。もっとも両党の発達過程を比較すると、大きな違いもみられる。18世紀以降保守党が貴族政党、院内政党から徐々に院外へ組織化していったのに対し、労働党は20世紀初頭以来労働組合が中心となり、逆に議員を院内（議会）に送り出すことで成長していった政党だからである。

　今日イギリスの主要政党は、有権者による政党一体感の相対的弱体化や党員減少を余儀なくされている。また、小政党の自由民主党（旧・自由党）

とは別に、スコットランド民族（国民）党など国内地域に根ざした政党も台頭している。その背景として、二大政党中心型政治への不満や不信の高まりを指摘することができるであろう。1970年代以降、保守党と労働党の得票率は低下し、二大政党以外の地域民族主義政党などへの支持が次第に高まってきた。かつてはイギリスも二党制の代表例とされてきたが、現代イギリスの政党システムは、典型的かつ古典的な二党制とはもはや呼べないであろう。さらにつけ加えれば、2010年総選挙では36年ぶりに、そしてまた2017年総選挙でも再びハング・パーラメント（hung Parliament：単独過半数議席を獲得した政党が皆無の――文字通り「宙ぶらりんの」――議会）となった。その結果、戦後初となる「保守党＋自由民主党」連立内閣が2010年に成立するなど、イギリスの政党政治は新たな局面を迎えている。

C　ドイツとフランスの政党システム

　ドイツ（旧・西ドイツ時代も含む）もフランス（第5共和制）も、基本的には穏健な多党制に分類される。しかし下院の選挙制度のあり方が影響して、比例代表制を土台とする小選挙区比例代表併用制のドイツでは、主要政党中心の連立内閣が常態化している。それに対し、半大統領制と小選挙区2回投票制を採用しているフランスでは――近年、大統領任期と下院議員任期を5年に統一したことも影響して――大統領所属政党と下院多数党との「ねじれ」が生じにくくなった。

　なお、冷戦の終結や、市場経済のグローバル化に伴い、旧来の価値観が崩壊したり、多様化したりするようになってきた。その結果、とりわけ1990年代以降になると、政党のあり方に関しても世界的に変化がみられるようになった。たとえば欧州諸国における「ミニ新党」の台頭現象がそれである。その代表的な事例として、環境保護や政治改革、フェミニズムといった現代的な単一テーマの解決を党の目標として掲げる「単一争点政党」の増大と、その連立政権加入などが挙げられる。また、従来とは異なる穏健なアピールを行うことで、既成政党政治に対する有権者の不満や不信の受け皿となり、欧州諸国の地域議会選挙などで躍進する「新型極右政党」の存在も、最近では指摘することができる。

7　民主政治における「オポジション」の意義と役割

A　野党とオポジション

　既述のように政党の機能は数多く指摘できるが、選挙を通じて獲得した政権を維持し、その政策実現に向けて努力するのが与党である（政権担当機能）。一方、野党ならではの機能として、政府・与党を民主的に監督したり統制したりする役割（政権監視機能）を挙げることができる。

　しかし、日本の55年体制でみられたように、政府与党への異議申立てのみに終始する野党しか存在しないような状況では、野党そのものが独自の機能を発揮できず、結果として、健全な民主政治を支える要素とはなり得ない。

　健全な民主政治を実現する上で、健全なメディア（世論）と健全な「野党」が必要不可欠という主張に異論はないであろう。そのためにも、政権交代の定着に伴う、政府与党への民主的統制が必要となる。そして何より複数の主要政党は、仮に選挙に敗れて野党となった場合でも、単純に何にでも反対するだけのマイナーな「抵抗政党」に陥ることなく、「責任野党」もしくは「潜在的政権政党」としての心構えと準備を怠ってはならない。

　本章では、野党の立場であれ与党であれ、政権交代の経験を活用できるこうした潜在的政権政党（野党であれば責任野党）を、単なる野党（oppositions）とは区別した上で、野党第一党を意味するイギリス流の呼称を用いて「オポジション（the Opposition）」と呼ぶことにしたい。単独政権か連立政権かを問わず、複数の政党がこうしたオポジションとして成長していくためには、政党側の努力がもちろん大切である。さらに、政権交代を異常な事態と思わず、政党政治活性化の処方箋（ただし万能薬ではない）として見守っていく度量も有権者側には必要だと考える。

B　オポジション力とは何か

　特にイギリスの野党第一党に象徴されるオポジションには、いわゆる「オポジション力」が必要である。オポジション力とは、イギリスの野党第一党に経験的に備わっている、潜在的政権政党としての広範な能力・機

能・パフォーマンスを意味する。イギリスの場合、2つの主要政党のうち総選挙に敗北した側の政党が有するオポジション力は、「制度上・形式上」の意味と、「実質上・機能上」の意味とに区分される（図8-2）。ここで重要なのはいうまでもなく後者であり、換言すれば再度有権者から信頼され、次期総選挙に勝って与党になるため、努力し準備することだといえる。

「実質上・機能上」という意味でのオポジション力の構成要素は、図8-2の通りである。政党離れや民意の多様化ゆえ、一種の「政治的消費者」とされる現代有権者のニーズ・意見を十分吸収して政策を形成する（現代的な意味での利益集約機能）には、企業と同じように政治的な「マーケティング力」もある程度必要となる。そして総選挙敗北の理由を検討する具体策にもなるが、「党組織・党政策・党首」という党内3要素のリフレッシュを実現することで「政権構想力」が次第に整えられ、本来のオポジション力の表れともいうべき「政権奪回力」（イギリス保守党の場合、そのカギは政権意欲と適応性にあったとされる）が生じることになるのである。

政権与党の"暴走"を防ぐためにも、主要政党におけるオポジション力の育成は、健全な民主政治の育成とほぼ同義といっても過言ではない。

オポジション力	⇒ 潜在的政権政党としての広範な能力・機能・パフォーマンス

(A)　「制度上・形式上」…制度上自然にそうなる。「野党第一党としての通常の役目」
　　　　　　　　　　　　　野党第一党としての指定席に座り、影の内閣を組織して、
　　　　　　　　　　　　　政府与党と対決する役割
　　　　　　　　　　　　〈対与党：政策チェック力・論争力・交渉力など〉

(B)　「実質上・機能上」…努力しなければならない。「与党になるための準備、機能」

　　　　①政治的マーケティング力
　　　　②政権構想力…3要素（党組織・党政策・党首）
　→　　③政権奪回力…イギリスの場合「連立交渉力」ではなく、「単独で下院の過半数
　　　　　　　　　　　議席を獲得する力」

　　　　（例）イギリス保守党の場合……「政権意欲」
　　　　　　　　　　　　　　　　　　　「適応性」（A. Seldon & P. Snowdon, 2005）

※影響する諸要素：「伝統的党内構造」「党の歴史・文化」「党首のリーダーシップとイメージ」
　　　　　　　　　「党外状況の変化」など

渡辺容一郎『オポジションとヨーロッパ政治』北樹出版，2010，p.126.（一部改変）

図8-2　イギリス主要政党のオポジション力とその構図

知識を確認しよう

・・・・・・・・・・・・・・・・・・・・・・・・・・・・・・

［問題］ 以下の各小問につき、正誤を述べなさい。

(1) バーク（Burke, E.）は、国民的利益を重視する観点から、政党は単なる私的利益にしか関心のない派閥や徒党と変わらない存在であるとして、政党を批判した。

(2) アメリカの二大政党の組織は、全国党本部を頂点として中央集権的に整備されており、また、党の規律が確立されているため、議員の行動に対する党議拘束が強い。

(3) 一党優位政党制は、複数政党間で競争が行われているにもかかわらず、特定の一政党が継続して政権を担当し、事実上政権交代が生じない点に特徴がある。したがって、選挙結果によって二党制に変化できる余地はない。

［解答］

(1) ×　バークは、徒党（派閥）と政党を理論上明確に区別したことで知られる。私的利益の追求に終始する徒党に対し、政党に関しては、国家的利益（公的利益）を促進する点と、メンバーに共通する特定の原理が存在する点を指摘した。そうした意味で、特に政党を徒党と同じものとして批判したわけではないので、誤り。

(2) ×　連邦国家のアメリカでは、共和党も民主党も地方分権的な組織構造を持ち、政党規律も緩やかで、議員に対する党議拘束も弱いとされているので、誤り。

(3) ×　一党制ないし、いわゆる一党独裁の国と異なり、自由で民主的な選挙が行われた結果、同じ政党の長期政権が続いているケースが一党優位政党制とされる。つまり一党優位政党制の国では、法律で政権交代が禁止されているわけではなく、責任野党の成長や選挙制度の変革を通じて二党制ないし多党制に移行する可能性もあるので、誤り。

第9章

圧力団体・NGO・NPO

本章のポイント

　現代政治は、さまざまな団体が織り成す政治的働きかけに大きな特徴がみられる。そこで本章では圧力団体やNGOなどについて取り上げる。

1. 圧力団体の定義、出現背景などを概観する。
2. 利害関係を同じくするメンバーで構成される部門団体について取り上げる。
3. 非営利的活動を展開する促進団体について取り上げる。
4. 圧力団体がどのような政治的機能を果たすかについて取り上げる。
5. 圧力団体の影響力の行使について、団体の資源や活動戦術といった点から説明する。
6. NGOやNPOとは何かを概観する。
7. 圧力団体についての政治学的評価について、肯定、批判の両面から取り上げる。

1　圧力団体とは何か

A　はじめに

　現代の政治において、さまざまな団体が政治的な働きかけを行っている。ある団体は労働者の権利擁護を求め、別の団体は環境保護を訴え、さらに別の団体は財界の要望を政府に働きかける。こうした団体の活動に目を向けることが現代の政治を理解する上で大事である。そこで**第9章**では、圧力団体・NGO・NPO といったさまざまな団体について、そしてそれらの団体によって展開される政治現象について取り上げる。

B　圧力団体の定義

　圧力団体とは、自らの利益・理念を守り促進するために、共通の利益・理念を持つ人々が集まって政党・政治家・官僚などに働きかけようとする団体のことである。こうした働きかけによって生じる政治現象は圧力政治と呼ばれる。なお圧力団体とは政治学における分析概念であり、圧力団体という名称の団体が存在するわけではない。実際の圧力団体とは、たとえば「経団連」のような経済団体や「連合」のような労働組合である。

　圧力団体と似た用語に利益集団があり、ほぼ同義語として使われる。両者を厳密に区別すると、圧力団体という場合は目的達成のために圧力をかける点が強調され、他方で利益集団という場合は利益を集約し追求するという点が強調される。またアメリカでは圧力団体による働きかけをロビー活動、そしてその活動に携わる人をロビイストと呼ぶことがある。なお本章では、圧力団体という用語を用いる。

　圧力団体という用語には、政治に不当な圧力をかけ、理不尽な要求をつきつけるといったような否定的な意味合いが含まれることがある。この点を考慮して政治学者トルーマン（Truman, D. B.）は、「政治的利益集団（political interest group）」という用語を提唱した。圧力団体あるいは利益集団は、その中身が何であるにせよ利益の追求という点で共通性がある。この場合の利益とは、一般的には「誰かの」利益であることが多く、包括的・公的利益の実現を目指そうとする政党とは異なる。ただし圧力団体の中にも公

益の追求を活動の目的とする団体がある。

　また政党は通常、さまざまな政策に関心を持つが、圧力団体は自らの利害が及ぶ政策分野にのみ関心を持つ傾向がある。たとえば、農業団体が関心を持つのは農産物自由化の是非といった政策分野であって、日米同盟といったような外交・安全保障政策ではない。

C　圧力団体の出現の背景

　圧力団体はそもそもどのような背景の下で登場したのであろうか。近代の西欧社会は、イギリスを先頭に産業革命の時代に突入した。この経済上の大変化は急速な工業化をもたらした。同時に各国の社会構造は複雑になり、社会内部の利害関係も複雑になった。すなわち、一方では近代的資本家（いわゆる近代ブルジョワジー）が登場し、他方では産業革命の担い手として大量の工場労働者が登場したが、両者の利害は鋭く対立するようになった。また、産業革命の進行は多様な産業・業種を誕生させ、互いの利害の対立を引き起こした。こうした中で特定の利害関係を共有する者たちが集まり、自分たちの団体を組織することで、自らの利益・権利を守ろうとした。たとえば労働者は労働組合を結成し、経営者側に自らの要求を突きつけ、経営者側は経済団体を結成することで利益を守ろうとした。こうした団体は政党や議員などに働きかけ、あるいは特定政党を支持するなどの政治活動を行うことによって自らの利益を守ろうとした。政党の勢力拡大と圧力団体の政治活動には密接な関連性がみられるようになり、たとえば20世紀前半のイギリスにおいて労働党が党勢を拡大した背景には、イギリスの労働運動の活発化と、組合による労働党支持の拡大がみられたのである。以上のような変化こそが、さまざまな団体が圧力団体として活動を始めた背景である。

　圧力団体がいわゆる民主国家において出現し、活動を活発化させたことは偶然ではない。圧力団体にとって何よりも重要なのは、社会の中で結社や言論や思想の自由が認められることである。独裁国家や全体主義国家においては、圧力団体の自由な活動などあり得ないし、そうした団体の結成が政府によって認められない場合が多い。圧力団体の出現と発展は、民主国家の発展と成熟に密接に関連している。

2 圧力団体の類型① 「部門団体」

A 部門団体とは何か

　圧力団体にはどのようなものがあるのか。ここでは3種類に分類する。第1の類型は部門団体、あるいはセクター団体、職能団体と呼ばれる団体であり、メンバーの利益や要求を達成するために働きかけを行う。その利益や要望は基本的には部分的・私的であり、「自分たちのための」要望であり、また経済的要求であることが多い。この類型には経済団体、業界団体、労働団体、農業団体、専門家団体などが含まれる。

B 経済団体

　経済団体とは財界団体とも呼ばれ、企業の枠を超えて経営側によって結成された団体である。「経団連」（日本経済団体連合会）はわが国を代表する経済団体である。「経団連」は、「旧経団連」（経済団体連合体）と「日経連」（日本経営者団体連盟）が統合されて2002年に発足した。「旧経団連」はわが国の戦後復興と高度経済成長を支えてきた重厚長大産業を中心とした経済団体の頂上団体であって、「日経連」は労働者側との交渉に際して経営側が窓口としてきた団体であった。現在の「経団連」は、わが国の主要企業（トヨタ、新日鉄、ソニーなど）の多くを会員として抱えている。また「旧経団連」時代からその会長職は「財界の総理」あるいは「影の総理」とも呼ばれ、政界、とりわけ自民党政権に絶大な影響力を及ぼし、政局すら左右してきたといわれる。この他の経済団体として、日本商工会議所、経済同友会が挙げられる。

C 業界団体

　業界団体とは業種ごと（たとえば建設業や自動車産業など）に結成される団体であり、個別の業種の利益を守るために政党や議員に働きかけることで圧力団体として機能する。例として、日本鉄鋼連盟、全国銀行協会、日本自動車工業会などが挙げられ、いずれも経団連の中核を成す存在である。一部の団体は、特定の政党や特定の議員・候補者を支持し、選挙の際には集

票マシーンとなることで、政治的影響力を行使してきた。

D　労働団体

　労働団体とは、労働者側の権利と利益を守る、いわゆる労働組合である。労働組合には業種ごとの産業別労働組合（たとえば全日本自動車産業労働組合総連合会）があり、あるいは企業ごと、工場ごとの組合もある。わが国の代表例の「連合」（日本労働組合総連合会）は、1987年に約539万人の労働者で組織され、当初は「欧米なみの賃金から欧米なみの生活へ」という運動方針が掲げられていた。1988年、総評（日本労働組合総評議会）の解散によって、「連合」は日本最大の労働団体となった。2022年時点で加盟組合員約700万人を抱える。その組織の巨大さから、一部の政党の有力支持母体として知られ、大きな政治的影響力をふるってきたといわれる。

E　農業団体

　農業団体とは農業・農家の発展・振興を目的とした団体である。わが国の代表例はいわゆる「農協」（農業協同組合）である。「農協」は1947年に農業協同組合法によって設立され、全国組織としては「全国農業協同組合中央会（JA全中）」がある。この他、林業団体としては「全国森林組合連合会」、漁業団体としては「全国漁業協同組合連合会」がある。こうした団体は保守系の政党や議員を伝統的に支持し、保守系政党にとっての大きな票田となり、政治的影響力を行使してきた。

F　専門家団体

　専門家団体とは、医師、弁護士といった専門能力を持つメンバーによって構成される団体であり、メンバーの利益・権利を守るためだけではなく、専門知識に基づき政治的な働きかけを行う団体を指す。わが国の代表例として、1948年に設立された「日本医師会」がある。「日本医師会」には開業医・勤務医ともにメンバーとして含まれ、会員は約17万人である。医師会の政治活動のために「日本医師連盟」という別組織が結成され、長年、医療政策の分野で大きな影響力を及ぼしてきた。

3 圧力団体の類型② 「促進団体」と「潜在的団体」

A 促進団体とは何か

　第1類型の部門団体とは私的利益を追求する団体であるが、第2類型の圧力団体は促進団体、あるいは価値推進団体、大義名分団体と呼ばれ、何らかの主義主張、あるいは理念や理想を主張し追求する団体である。こうした圧力団体は利益追求が目的ではなく、あえていえば「公共の利益」を追求する団体といえる。なお第2類型の促進団体には、環境保護団体、人権団体、開発援助（国際協力）団体、平和運動（あるいは核兵器廃絶運動）団体、その他のさまざまな市民団体が含まれる。

B 環境保護団体

　環境保護団体とは、環境破壊の告発や抗議、あるいは自然保護の活動を行う団体であり、近年の温暖化問題の深刻化に伴い、質量ともに急増しつつある種類の団体である。団体の規模は大小さまざまであり、団体の性格も多様である。荒廃した山に気長な植林活動を行う団体がある一方、過激な行動（たとえばシーシェパード事件）で批判を受ける団体も存在する。たとえば環境保護団体の「グリーンピース」（Greenpeace）はもともと核実験反対運動の団体であったが、現在は独自の科学研究部門による研究・調査に基づく環境政策の提言を行うなど、幅広い活動を展開している。

　より穏健な環境保護団体として、1961年に結成された「世界自然保護基金」（WWF＝World Wide Fund for Nature）がある。この団体は自然保護の資金を集めるために設立され、1986年に現在の名称となった。各国に事務局が置かれ、事務局同士が国際的なネットワークを形成している。

C 人権団体

　人権団体とは人権擁護を主張し、あるいは人権侵害の実態を訴える団体である。その例として世界的な人権擁護団体「アムネスティ・インターナショナル」（Amnesty International）が挙げられる。1961年にロンドンで設立されて、現在200カ国で活動し、そのサポーターは約1千万人といわれて

いる。主な活動内容は、さまざまな人権侵害の実態を明らかにし、思想・良心・信教の自由を侵害された「良心の囚人」の恩赦や救済を求めて、関係国政府や国際機関に働きかけていくことである。

D　その他の促進団体

　この他の促進団体の例として、消費者問題を扱う「日本消費者連盟」、あるいは反核・平和運動を行う「原水爆禁止日本協議会」「原水爆禁止日本国民会議」、あるいは福祉団体として、「全国社会福祉協議会」、戦没者の遺族を組織した「日本遺族会」、などが挙げられる。

E　潜在的（圧力）団体

　圧力団体の第3類型として潜在的団体がある。潜在的団体はさらに2種類に分けられる。第1の潜在的団体とは、そもそも何らかの常設の団体すら存在せず、必要に応じて急遽、圧力団体が結成されて圧力行動が行われる場合を指す。たとえば、住宅街の近くにゴミ焼却場の建設案が発表されて、それに抵抗する地元住民が反対運動のために組織するのが潜在的団体である。計画が白紙撤回され、メンバーの所期の目的が達成されれば団体は解散される。第2の潜在的団体とは、もともと何らかの団体が存在するが、日常的に圧力活動が行われるわけではなく、必要に応じて圧力団体と化す場合を指す。この場合、目的を達成すると、圧力活動とは無関係の本来の団体にもどる。

F　圧力団体の類型のまとめ

　圧力団体の類型をまとめると、第1類型の部門団体は自らの利益を追求し、第2類型の促進団体は公益あるいは理念を追求する点で違いがある。また第1類型と第2類型が常設の組織を持ち、日常的な圧力活動を展開するのに対して、第3類型の潜在的団体は、何らかの常設の団体すら持たない場合、あるいは常設の団体は存在するが、日常的に圧力活動を行っているわけではなく、必要に応じて一時的に圧力活動が行われるという特徴を持つ点で、第1や第2の類型とは区別される。

4 圧力団体の機能

A 利益表出機能

　圧力団体の活動を考える上で、政治過程の中でどのような政治的機能を果たしているかが重要である。圧力団体の第1の機能は「利益表出機能」であり、圧力団体の中心的機能である。圧力団体はまずメンバーがどのような利害関係や要望を政治に対して持っているかについての声や意見を集約し、それらの利益や要望の実現を求めて政党・議員・行政機構に対して働きかけていく。こうして自らの利益を具体的な形で表面化させ、政治的決定に反映させていくのが「利益表出機能」である。ここでの利益や要望は、圧力団体の類型によって異なる。第1類型の部門団体の場合、表出される利益はきわめて部分的である。しかし第2類型の促進団体の場合、表出される利益は部分的というよりは普遍的であり、万人にとって有用な公共の利益である。なお政党の「利益集約機能」は「利益表出機能」と似ているが、「利益集約機能」には要望の具体化・政策化が含まれる点で異なる。

B 代表制補完機能

　利益表出機能は、あくまでも圧力団体が自らのために行う機能であるが、結果的には政党や議員による地域代表原理を補完する働きを行う。この補完機能が圧力団体の第2の機能である「代表制補完機能」である。代表制とは地域代表制ともいわれ、国民代表・地域代表たる議員と政党が、国民側のさまざまな声や要望を集めて、国民の代理として政治的決定を下していくことを指す。しかし、現代の複雑化した社会・経済においては、政党や議員だけでは国民の声や要望を集められなくなっている。つまり代表制は限界にきているのである。そこで従来の代表制によって取り上げられることのなかった声・要望を、圧力団体が代わりに取り上げ、その実現を求めて政治的に働きかけるというのが「代表制補完機能」である。いわば代表制を部分的に圧力団体が代行し、補完するという機能である。こうした機能によって議会制民主主義が充実し、安定すると評価されることがある。しかし大半の圧力団体の活動は、あくまで自己の利益や目的の追求と実現

であって、補完機能は意識的に行われているとはいえない。

C　公共政策の形成と実施の機能

　第3の機能は、公共政策の形成と実施の機能である。現代の国家は行政国家と化しており、政府は社会のさまざまな領域に関与し介入を行う。こうした中で、圧力団体は政府との結びつきを強めることがある。政府側も政策の実効性を高めるため、政策の立案や形成の過程において、さまざまな団体の参加と協力を求めるようになる。この参加と協力は政策の実施段階においても求められ、圧力団体は政策の形成と実施の両面の機能を果たすことになる。たとえば1970年代以降、いくつかの先進国では、一部の圧力団体が政策決定過程の中に重要メンバーとして参加し始めて、政府と協力しながら自らの利益を実現するようになった。こうした形態はネオ・コーポラティズムと呼ばれ、圧力団体が政策の形成と実施の機能を担うとされる。なおこの機能は、従来は圧力団体の第1類型の部門団体が当てはまった。しかし近年、第2類型の促進団体も政策決定過程への参加を志向するようになってきた。

D　情報提供機能

　第4の機能は圧力団体による「情報提供機能」である。圧力団体が自らの利害が関係する政策分野において、政策の立案や決定の際に、政府などに対して自らの持つ専門的知識や情報を提供する機能を指す。こうした情報提供は、現場の実情に即した政策を立案するためにも、情報提供側の圧力団体と政策立案側の双方にとって有益となる。たとえば医療行政の分野では、医師会からの情報提供は行政側にとって有益かつ必要不可欠であろう。こうした分野では、団体側からの情報提供なくして政策の立案は不可能といえる。ただしこの機能では圧力団体側が自らに有利な情報だけを提供する可能性があり、また情報提供を通じて間接的とはいえ圧力団体によって政策の立案が左右される可能性もある。つまり情報提供を通じて圧力団体が政策の立案を操作する危険性がある。

5　圧力団体の影響力

A　影響力行使の3要素

　圧力団体が政治過程においてどのような影響力を行使できるかは、それぞれの団体が持つ資源、行政府との距離関係、さらに圧力団体が駆使する戦術の3つの要素にかかっている。

B　圧力団体の資源（要素1）

　圧力団体が持つ資源とは、圧力団体の力の源あるいは力の元手ともいえるものであり、具体的には圧力団体の規模、資金、その団体の地位、圧力団体間のネットワークの有無である。圧力団体の規模の大きさとは、その圧力団体の社会的影響力の大きさでもある。団体が大きいほど、その発言力は一般的には大きいと考えられ、政治過程への影響力も大きくなる。また資源としての資金とは、それぞれの圧力団体が活動を行う際に使うことのできる資金力を指す。圧力活動においては、政党などへの政治献金、あるいは広報活動のために資金が必要となり、その点で資金力の大きさは影響力の大きさへと直結する。団体の地位とは、特定の団体が業界や特定分野の中で占める位置づけを表す。また圧力団体間のネットワークの有無は、圧力団体間の協力関係が形成できるか、あるいは情報を集められるかといった圧力活動の成否に関わる点である。密接なネットワークの存在は、圧力活動を効果的に進めるための資源となる。

C　圧力団体の資源の具体例

　経団連の場合、その巨大な規模から大きな資金力を有し、長年、自由民主党へ政治資金を提供してきた。また経済団体の頂上団体としての地位を持ち、その会長は「財界の総理」と呼ばれることもあった。多くの業界団体ともネットワークを構築してきた。こうした資源を元手として、経団連は自民党に代表される保守系政党、あるいは行政府へ影響力を行使してきた。また連合のような労働団体は、一般には集票力を主な資源とすることで、中道左派政党などを支援し、政治的影響力を確保してきた。連合は労

働団体の頂上団体という地位、また多様な労働組合とのネットワークといった点でも大きな資源を手にしている。

D　行政府との距離関係（要素2）

　行政府との距離関係とは、政策の形成過程に直接関わる「インサイダー（内部集団）」なのか、あるいはそうではない「アウトサイダー（外部集団）」なのかという点である。「インサイダー」であれば大きな影響力が行使できるし、「アウトサイダー」であれば影響力の行使はあまり望めない。

E　圧力活動の戦術（要素3）

　圧力団体によってどのような活動の戦術が使われるかは、影響力の行使の成否に関わる。しばしば使われるのが、議会や行政機構への直接的働きかけ、とりわけ議員・官僚個人への働きかけである。政策決定過程の中枢に近い議員・官僚であればあるほど、働きかけは効果的となる。そのような議員・官僚に近づけるかどうかはそれぞれの団体の資源次第となる。なお議会や議員へ働きかけることを立法ロビイング、官僚や行政機構へ働きかけることを行政ロビイングと呼ぶことがある。

　また代理人やロビイストを使う手法もある。アメリカではロビイストは弁護士や元議員など政界と太いパイプを持つ者がなることが多く、法案の作成や政策の決定過程などで絶大な影響力を行使する。たとえば、元国務長官のキッシンジャー（Kissinger, H.）が著名である。

　また特定の政党・議員を選挙の際に支持し、政治資金を提供する手法もしばしばとられる。圧力団体の中には、選挙の際に自らの候補者を擁立する場合もある。日本医師会や連合がかつてそうした戦術を用いた。さらに政府の審議会や委員会に加わることも、効果的な手法となる。

　この他にも、政策決定者に直接働きかけるのではなく、世論に広く訴えかけて政府を動かす活動が行われることがある。これはグラスルーツ・ロビイングと呼ばれることがある。たとえば、マス・メディアに情報を提供する方法、あるいは団体が自ら情報を公開する方法、デモ・抗議運動などによって世論の注意喚起を促す方法などである。

6 ● NGO・NPO

A はじめに

　現代社会においてはNGO・NPOの存在と活動が重要になっている。NGOとNPOは、特定の活動分野で行動する中で、必要に応じて政党・議員・行政機構へ圧力活動を行う。その場合、その多くが促進団体として公益性の高い主張と要望を掲げ、政治的な働きかけを行う。そのため現代政治の理解には、こうした団体の活動も考慮に入れる必要がある。

B NGOとは何か

　NGOとは非政府組織（non-governmental organization）という意味である。広義の意味では、環境団体や人権団体の他にも、反政府組織やテロ集団もNGOに含まれるが、現在では、民間組織、非営利活動組織、公共の利益を目的とした組織という意味で使われる。また近年、NGOとほぼ同じ意味でCSO（civil society organization＝市民社会組織）という用語が使われている。なお、わが国ではNGOをより厳密に「開発途上国において国際協力活動をしているプロフェッショナル団体」と定義するが（国際協力NGOセンター〔JANIC〕の定義）、公共の利益を目的とすること、非営利であること、そして民間団体であることがNGOの要件といえる。

C NGOの活動

　NGOの活動領域は、国際開発援助、医療援助、軍縮、平和運動、環境問題、人権問題など多岐にわたる。わが国では、国際協力NGOとして「難民を助ける会」「ピースウィンズ・ジャパン」などがあり、2000年には、これらを支援するために「ジャパン・プラットフォーム（JPF）」が設立された。JPFは緊急援助活動の支援を目的として、政府・財界の協力の下に設立され、援助に必要な資金・物資・情報を加盟NGOに提供する。

D NPOとは何か

　NPOとは非営利組織（non-profit organization）という意味であり、営利を

目的としない市民の組織を指す。NPO は NGO とほぼ同義であり、実際には厳密な区別はない。わが国では、1998 年に特定非営利活動促進法（いわゆる NPO 法）が施行され、この法律に基づき都道府県あるいは内閣府によって認証される団体が特定非営利活動法人（NPO 法人）として認められることになった。NPO 法人の活動領域は、医療福祉、環境保護、国際開発協力など多岐にわたり、2022 年の時点で約 5 万 500 法人が存在する。NPO 法人は一定の要件を備えると、国税庁長官から認定を受けた認定 NPO となり、税制上の優遇措置を受けられる。

E ウィズ・コロナ時代の NGO と NPO

　NGO と NPO は、政治的働きかけを行って自らの目的の達成を試みるが、その際に圧力団体とみなされる。これらは基本的には非営利団体であり、促進団体として活動する。その多くは中小の規模であるが、団体同士の横のネットワークを張り巡らせている。これらの団体が政治的働きかけを行う際にこのネットワークを活用して、議員や議会への働きかけ（立法ロビイング）や行政機構への働きかけ（行政ロビイング）を行う。そうした活動と並んでこれらの団体が力を入れるのは、メディアなどを通して世論に直接訴えかける活動（グラスルーツ・ロビイング）である。そうすることによって、議会や政府を動かす力となる。NGO と NPO の多くが政治過程の中枢から距離があるために、グラスルーツ・ロビイングはこれらの団体にとって有効な手法となる。

　こうした NGO と NPO の活動がウィズ・コロナ時代において重要である。医療従事者の活動はウィズ・コロナ時代の生命線であり、その活動を支えるのが医師会などの団体である。また専門家の知見はこの時代を生き抜く武器であり、専門家団体がその活動を支えている。コロナ禍では格差が拡大しているといわれ、格差の是正に取り組んで政治的働きかけを行う各種団体の役割はいっそう大きいものとなる。ウィズ・コロナ時代において、NGO と NPO が社会的課題の解決に向けて活動していることに注目しよう。

7 圧力団体の評価と批判

A 多元的民主主義論による評価

　圧力団体は多元的民主主義論において当初、肯定的に評価されてきた。ベントレー（Bentley, A. F.）は、政治とは共通の利害を持つ団体が互いに利害関係の対立を繰り広げ、そして調整を図る過程と捉えた。この説によれば、圧力団体による政治的働きかけは政治過程の中心に据えられている。また、トルーマンは、さまざまな団体は互いに利害の対立に陥るが、その対立は破滅的なものとはならないと説く。人々はたいていさまざまな団体に加入しており、そうした重層的な加入のために、それぞれの団体が自らの利害を自由に主張しても、利害対立は調整されて一定の均衡が保たれると考えた。

B リースマンの「拒否権行使集団」説

　リースマン（Riesman, D.）は、条件付きながら圧力団体に肯定的な評価を下した。彼は、圧力団体の中でも、特定の政策分野において強力な影響力を及ぼし、その団体が認めない限り政策決定ができないような団体を「拒否権行使集団」と呼んだ。こうした団体は社会に過剰な影響力を持つおそれがあるが、政治権力の構造が分散的かつ多元的なものとなり、その存在は多元的民主主義に役立つと論じた。

C 少数の優位（圧力団体への批判1）

　しかし、圧力団体に関して批判もある。第1の批判は、圧力団体による圧力政治は少数の優位に陥るという点である。圧力団体に加入している人々は国民全体の中で少数にすぎない。その中で強力な圧力団体に加わり、自らの目的を果たせる人々はさらに少数となる。圧力団体が一部の人々の目的達成のための手段と化して、少数の人々が多数の人々を圧倒して自らの利益を守ることになる。これを少数の優位という。この点についてローウィ（Lowi, T. J.）は、実際の政治過程の中では、強力な圧力団体の利益だけが政治に反映される過剰代表の問題が生じると指摘した。こうした状況

をローウィは「利益集団自由主義」として批判した。

D　集団エゴイズム（圧力団体への批判 2）

　第 2 の批判は、圧力団体による集団エゴイズムの問題である。圧力団体は、団体自身あるいはそのメンバーの利益を守るために行動する。その場合、他の団体の利益や要求はあまり考慮されない。この傾向はとりわけ圧力団体の第 1 類型である部門団体に多くみられるが、第 2 類型の促進団体にもしばしばみられる。たとえば一部の環境保護団体は、急進的な主張を掲げて過激な手段（しばしば非合法的手段）を用いて活動する。その際、自らに向けられる批判的な言動は無視することがある。

E　圧力団体の権力行使（圧力団体への批判 3）

　第 3 の批判は、圧力団体が権力行使に深く関与している点である。圧力団体はいわば私的団体であるにもかかわらず、さまざまな形で政府と結びつき、国民への責任は負わずに権力の行使に関与するという批判である。圧力団体には自己の利益と目的のためには政府すら動かしかねない一面がある。政界や官界や業界が利害関係を一致させて一体化する、いわゆる「鉄の三角形」の問題である。第 1 類型の部門団体の場合、ほぼ完全な私的利益の追求であり、問題は深刻である。

F　社会エリートの独占（圧力団体への批判 4）

　第 4 の批判は、圧力団体が一部の者に独占されている点である。圧力団体には国民側の政治参加の手段という面があるものの、実際には社会エリートに独占される傾向が強い。社会エリートとは、教育や所得の水準が高く、かつ社会的地位の高い人々のことである。現実にはこうした社会エリートがしばしば圧力団体の中枢となることが多く、対照的に大多数の国民はそうした活動と無縁であることが多い。こうして圧力団体は一部の人々の独占物になっていると批判されている。

　いずれにせよ、現代社会は何らかの団体なしには成立せず、われわれもまたそうした団体に何らかの形で関わっている。圧力団体による政治的働きかけは、われわれの身の回りの日常的な政治現象でもある。

知識を確認しよう
・・・・・・・・・・・・・・・・・・・・・・・・・・・・

問題 圧力団体の機能について述べた以下の文の中から適切なものを一つ選択せよ。

(1) 圧力団体の中で特定の主義主張に基づいて自らの理念や理想を主張する一方で、私的な利益を追求するのが促進団体である。

(2) 圧力団体の活動には政党や議員の活動を補完する機能があり、この機能は代表制補完機能と呼ばれている。この機能は、現代の複雑な利害関係の中で圧力団体が果たしている政治的な機能である。

(3) 一部の圧力団体は近年、政府との関係を緊密にしているが、この関係はネオ・コーポラティズムと呼ばれている。ただし政策決定過程の中枢への参加が認められることはない。

(4) 圧力団体の代表制補完機能は、あくまでも圧力団体の利益達成のため果たされ、議会制民主主義にとって完全に有害である。

(5) 圧力団体は、政策が立案され、または法律が制定された後、関係する分野において政府へ情報を提供することがある。これが圧力団体の情報提供機能である。

解答

(1) ×　促進団体が追求するのはあくまで公の利益に関わる事柄。

(2) ○

(3) ×　ネオ・コーポラティズムとは、圧力団体が政策決定過程の中枢に重要メンバーとして参加するようになり、政府と協力して自らの利益を実現しようとすることを指す。

(4) ×　政党や議員が拾い上げない声や要望を取り上げられるため、部分的に議会制民主主義の充実と安定に役立つこともあると評価される。

(5) ×　情報の提供は、まさに政策の立案中、あるいは法案の作成中から始まる。つまり情報の提供によって、政策と法案の中身を左右することがあり得る。

第 10 章　インターネットと政治

本章のポイント

　本章ではインターネットと政治の関わりについてさまざまな視点から検討する。具体的には、インターネットがどのように誕生したのか、日本のIT政策はいかに変化してきたのか、インターネット上にあるサイバー空間ではどのような問題が起こっているのか、インターネットはどのように活用され、いかなる影響があるのか等について取り扱う。

1. インターネットの誕生経緯や、日本における利用実態を確認する。
2. 日本のIT政策がどのように行われてきたのかを振り返る。
3. 日本のIT政策が近年どのように展開されているのかを検討する。
4. サイバー空間上の安全保障にはどのような問題があるのかを検討する。
5. マス・メディアやインターネットの特徴、政治との関係について検討する。
6. ソーシャルメディアと政治の関係性について具体例を検討する。
7. インターネットが現代社会に与えている影響について検討する。

1 インターネットの誕生と現在

A インターネットの誕生と発展

インターネットは、1950年代後半から60年代前半の国際情勢の変化を背景として誕生した。当時のアメリカでは、ソ連による核攻撃への懸念から、核戦争に耐えられるネットワークの構築が目指されていた。

インターネットの開発はアメリカ国防総省高等研究計画局（ARPA）からの援助によって行われたことから、ARPANET計画と呼ばれた。ARPANETは、アメリカ西海岸のスタンフォード大学、カリフォルニア大学ロサンゼルス校、東海岸のマサチューセッツ工科大学、ハーバード大学が接続される形で開始され、1990年まで運用されていた。インターネットは軍事的理由から開発されたが、その後は全米科学財団（NSF）などの支援を受け、研究者を中心として発展していくことになった。

1980年代以降、特に1995年にマイクロソフト社からウインドウズ95が発売されると、インターネットは急速に普及し、現在では約43億人以上もの人々が利用している。

B インターネットと政治の関わり

インターネットの普及によって、政治家はウェブサイト等で情報を一方的に発信するだけでなく、有権者と直接コミュニケーションを取ることも可能になった。これは選挙以外の方法で、有権者の意思を政治家に伝えることが容易になったことを示している。

その他、インターネットは、政府の保有している行政情報あるいは議会の立法情報等を公開することで、国民に対する政治の公開性・透明性を高める手段としても利用されている。

C 日本におけるインターネット利用の実態

『令和3年版情報通信白書』によれば、2020年時点でインターネットを利用したことがある個人の割合は83%にのぼる。そのうちパソコンによる利用者は50.4%、スマートフォンによる利用者は68.3%となっている。

　2020年の情報通信機器の普及状況をみると、モバイル端末の保有率が96.8%となっており、うちスマートフォンの普及率は86.8%にものぼり、パソコンの70.1%を上回っている。年齢別の利用率をみても6歳から69歳までの各世代でインターネットの利用率が80%を超えるなど、インターネットは日常生活に欠かせないものとなっている。

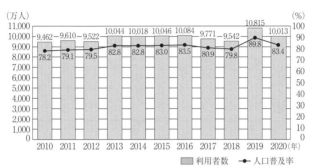

総務省『令和3年版情報通信白書』2021, p.307, 図表 4-2-1-3,
総務省「通信利用動向調査」2022 をもとに作成.

図 10-1　インターネット利用者数及び人口普及率の推移

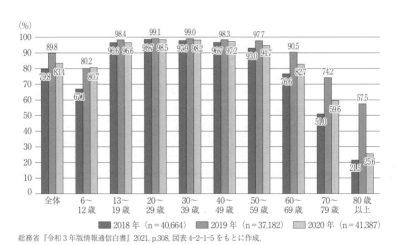

総務省『令和3年版情報通信白書』2021, p.308, 図表 4-2-1-5 をもとに作成.

図 10-2　年齢階層別インターネット利用率

2 日本の IT 政策の歴史

A 情報政策

日本における情報（IT：Information Technology）政策は、通産省と郵政省によって担われてきたといわれる。1957（昭和32）年には電子工業振興臨時措置法が制定され、コンピュータ産業の育成が図られている。一方、通信政策を所管する郵政省においては、1970年代のコンピュータのネットワーク化を受けて、データ通信の需要の増加を背景に、積極的な関与を行っていくようになった。本節と次節では、IT 基本法の成立以降に策定された、日本の IT 戦略の変容を確認する。

B IT 基本法

1994（平成6）年、諸外国における IT 政策の重要性の高まりや、情報化の進行を背景とし、日本政府は内閣総理大臣を本部長とする「高度情報通信社会推進本部」を内閣に設置した。翌1995（平成7）年には、「高度情報通信社会に向けた基本方針」を決定している。

2000（平成12）年7月には高度情報通信社会推進本部を廃止し、「情報通信技術（IT）戦略本部」と民間の有識者で構成される「IT 戦略会議」が設置され、11月に高度情報通信ネットワーク社会形成基本法（IT 基本法）が成立している。IT 基本法は世界最高水準の高度情報通信ネットワークの形成を目的とし、IT 政策の基本方針として、「教育及び学習の振興並びに人材の育成」、「電子商取引等の促進」、「行政の情報化」、「公共分野における情報通信技術の活用」など9項目を掲げていた。

IT 基本法によって IT 政策の推進体制が定められ、推進組織として内閣総理大臣を本部長とし、すべての国務大臣および有識者を本部員とする「高度情報通信ネットワーク社会推進戦略本部（IT 戦略本部）」が設置され、政府が重点的に講ずべき施策等、重点計画を策定することが定められた。

C e-Japan 戦略と e-Japan 戦略Ⅱ

2001（平成13）年1月、IT 戦略本部によってITに関する国家戦略「e-Japan

戦略」は決定された。e-Japan 戦略は「超高速インターネット網の整備と
インターネット常時接続の早期実現、電子商取引ルールの整備、電子政府
の実現、新時代に向けた人材育成等を通じて、市場原理に基づき民間が最
大限に活力を発揮できる環境を整備し、我が国が 5 年以内に世界最先端の
IT 国家となること」を目標とした。2002（平成 14）年には、高速インター
ネット、超高速インターネットの普及といった利用可能環境整備の目標が
達成されている。しかし、電子行政の推進に関しては、2003（平成 15）年度
末には行政への申請、届け出等の 97％ がオンライン化されているものの、
「政府の施策が有効に働いたとはいえない」、「個人の生活向上につながっ
ていない」という評価もあり、利活用を軸として再検討が行われていた。

　2003 年 7 月に IT 戦略本部で決定された「e-Japan 戦略Ⅱ」は、「IT の利
活用により元気・安心・感動・便利な社会を目指す」ことを基本理念とし、
構造改革を行うことで「新たな産業や市場を創り出す新価値創造」が重要
視されていた。

　e-Japan 戦略Ⅱでは、すでに構築された IT 基盤を活かして医療、食、生
活、中小企業金融、知、就労・労働、行政サービスの 7 分野における取り
組みが提案されている。さらに、情報セキュリティ対策と国際戦略が追加
されるなど、新たな IT 社会の基盤づくりにも関心が向けられていた。

表 10-1　e-Japan 戦略と e-Japan 戦略Ⅱの概要

戦略名	e-Japan 戦略	e-Japan 戦略Ⅱ
公表年月	2001 年 1 月	2003 年 7 月
目標年	2005 年	2005 年
目標	5 年以内に世界最先端の IT 国家となること	IT の利用による、「元気・安心・感動・便利」社会の実現を目指して
重点分野	①超高速ネットワークインフラ整備及び競争政策 ②電子商取引と新たな環境整備 ③電子政府の実現 ④人材育成の強化	先導 7 分野 ①医療、②食、③生活、④中小企業金融、⑤知、⑥就労・労働、⑦行政サービス 新しい IT 社会基盤 ①次世代情報通信基盤、②安全、安心な利用環境、③研究開発、④IT 人材学習振興、⑤国際関係

神足祐太郎「日本における情報政策の展開」2015, p. 118, 表 2 をもとに作成

3 日本の IT 政策の現在

A IT 新改革戦略と i-Japan 戦略 2015

e-Japan 戦略および e-Japan 戦略 II で目標期限とされていた 2006（平成 18）年 1 月、「IT 新改革戦略」が決定された。同戦略は「電子政府・電子自治体」「教育・人材」「医療」の 3 つの分野において人的資源、推進体制、財政等の課題が残されており、国民の喫緊の課題として「安全保障」「環境」「防災」「移動・交通」といった分野においても対応が不十分という反省を活かし、ユビキタスネットワークの実現を目標の一つとし、具体的な政策内容として、3 つの群と 15 分野にわたる細目を掲げていた。

同戦略は IT による医療の構造改革や、世界一便利で効率的な電子行政など、構造改革を掲げていた当時の小泉首相の政策方針と一致するものもあり、推進体制も経済諮問会議等、他の会議との意見交換や緊密な連携が示されていた。

2009（平成 21）年 7 月には「i-Japan 戦略 2015」が策定された。同戦略は技術革新による IT 環境の変化や、リーマン・ショックなどの経済危機等への対応として、2015（平成 27）年に向けて策定されたものである。

i-Japan 戦略 2015 では、引き続き「電子政府・電子自治体」、「教育・人材」、「医療」を三大重点プロジェクトとし、「産業・地域の活性化及び新産業」、「あらゆる分野の発展を支えるデジタル基盤の整備」が加えられた。しかし、民主党を中心とした政権が誕生したことで、新たな戦略が策定されることとなり、2010（平成 22）年 5 月に「新たな情報通信技術戦略」が決定された。同戦略は「国民本位の電子行政の実現」、「地域の絆の再生」、「新市場の創出と国際展開」の 3 つを柱としていた。

B 世界最先端 IT 国家創造宣言

2013（平成 25）年 3 月、IT 戦略本部は IT 総合戦略本部へと呼称が変更された。6 月には、第二次安倍晋三内閣によって「世界最先端 IT 国家創造宣言」が策定されている。従来の IT 政策が IT 総合戦略本部の決定であったのに対し、同宣言は閣議決定がなされ、IT 基本法上の重点計画とされてい

る点を特徴としている。宣言は世界最高水準のIT利用社会の実現と、成果の国際展開を目標に、「革新的な新産業・新サービスの創出及び全産業の成長を促進する社会」、「健康で安心して快適に生活できる世界一安全で災害に強い社会」、「公共サービスがワンストップで誰でもどこでもいつでも受けられる社会」、を目指すべき社会像として示した。

C　デジタル庁の設立

　新型コロナウイルス感染症（COVID-19）の流行は、日本社会のデジタル化の遅れを浮き彫りにし、国全体のデジタル化が急務となった。

　2021（令和3）年9月1日にはデジタル庁が設立され、IT基本法に代わる「デジタル社会形成基本法」が制定された。同法は「誰一人取り残さない」、「人に優しいデジタル化」を理念として、「国民の幸福な生活の実現」、「誰一人取り残さないデジタル社会の実現」、「国際競争力の強化」の3点を目標として掲げている。

表 10-2　e-Japan戦略以降の日本政府のIT戦略の概要

戦略名	IT新改革戦略	i-Japan戦略2015	新たな情報通信技術戦略	世界最先端IT国家創造宣言
公表年月	2010年1月	2009年7月	2010年5月	2013年6月（2014年6月改訂、2016年5月再改訂）
目標年	2010年	2015年	全体的な目標期日なし	2020年
目標	いつでも、どこでも、誰でもITの恩恵を実感できる社会の実現	国民主役の「デジタル安心・活力社会」の実現を目指して	新たな国民主権の確立	「閉塞を打破し再生する日本へ」「世界最高水準のIT利用社会の実現」
重点分野	①医療、②環境、③ITによる安全・安心な社会、④ITS（高度道路交通システム）、⑤電子行政、⑥IT経営、⑦豊かな生活（課題解決群）、⑧ユニバーサルデザイン社会、⑨インフラ、⑩安心できるIT社会、⑪高度IT人材、⑫人的基盤づくり、⑬研究開発（ユビキタスネットワーク基盤整備群）、⑭国際競争力、⑮国際貢献（国際貢献群）	3大重点プロジェクト①電子政府・電子自治体②医療③教育・人材産業・地域の活性化及び新産業、デジタル基盤の整備	①国民本位の電子行政の実現②地域の絆の再生③新市場の創出と国際展開	①革新的な新産業・新サービスの創出及び全産業の成長を促進する社会②健康で安心して快適に生活できる世界一安全で災害に強い社会③公共サービスがワンストップで誰でもどこでもいつでも受けられる社会

神足祐太郎「日本における情報政策の展開」国立国会図書館調査及び立法考査局『情報通信をめぐる諸課題』2015, p.118. 表2をもとに作成

4 サイバー空間における安全保障

A サイバー空間に関する国際的動向

　情報セキュリティ政策会議によれば、サイバー空間とは「情報通信技術（ICT）を用いて多種多様な情報が流通されるインターネットを初めとした仮想的なグローバル空間」とされる。情報通信技術の発達と普及は、われわれの生活を豊かにする一方で、サイバー攻撃の複雑化等によって、現実社会に対する脅威となりつつある。2007 年のエストニアにおける金融機関等へのネットワークに対するサイバー攻撃や、2013 年の韓国で発生した大規模なサイバー攻撃等は国際社会へも影響を与えており、サイバー空間を経由した攻撃は、一国内の問題ではなくなりつつある。国境を越えて拡大し続けるサイバー空間に対する脅威に対して、いかに国際的な枠組みで対抗していくのかが課題となっている。

　主要国においては、サイバーセキュリティをめぐる国際連携に関する取組方針について、各々の戦略構想にて公表している。たとえば、2011 年には、アメリカ、イギリス、フランス、ドイツ、韓国がサイバーセキュリティに関する戦略文書を公表しており、2013 年には EU も戦略を公表している。

　サイバー空間のガバナンスに関しては、国際連合（国連）の「政府専門家会合（GGE）」において議論が行われている。国連以外にも、「世界情報社会サミット（WSIS）」などで議論が行われており、国際社会におけるサイバー空間への関心は高まっているといえる。

　さらに、2011 年にはサイバー空間における社会・経済的課題やサイバー犯罪、サイバーセキュリティ等の課題について包括的な議論を行う「サイバー空間に関する国際会議（GCCS）」がイギリスで開催され、2012 年にはハンガリー、2013 年には韓国、2015 年にはオランダ、そして 2017 年にはインドにて開催されている。同会議には、各国の政府だけではなく、国際機関や NGO などの民間組織も参加するなど、多様なアクターが参加していることが特徴である。

B　サイバー攻撃の特徴

　防衛省によれば、サイバー攻撃とは「情報通信ネットワークや情報システム等の悪用により、サイバー空間を経由して行われる不正侵入、情報の窃取、改ざんや破壊、情報システムの作動停止や誤作動、不正プログラムの実行や DDoS 攻撃」と定義される。サイバー攻撃は、対象の情報を窃取することを目的とする窃取型、対象のサービスやシステムを一時的に機能停止させることを目的とする妨害型、対象のデータやシステムを破壊することを目的とする破壊型の3つに主として分類されている。

　サイバー攻撃には「帰属問題（attribution problem）」と呼ばれる特徴が存在する。帰属問題とは、誰が攻撃を行ったのかわからない、つまり攻撃の発信源を即座に断定できない、少なくとも困難であること、などと定義され、サイバーテロなどの抑止効果への疑問につながっている。加えて、サイバー攻撃は実行するためのコストが小さいため、実行主体として、組織や個人など多様な主体が想定される点も特徴といえる。

　また、サイバー攻撃はプログラムの脆弱性を狙って行われるため、防御側が常に後手に回ることになる。したがって、攻撃者に優位性が存在することもサイバー攻撃の特徴といえる。

C　日本のサイバー攻撃対策

　情報セキュリティ政策会議は、2013（平成25）年「サイバーセキュリティ国際連携取組方針」を策定した。方針では、重点的に取り組む分野について、情報共有体制の強化、サイバー犯罪対策、サイバー安全保障、グローバルな浄化活動体制の構築、啓発活動の推進、研究開発の強化、技術基準の策定、国際的な規範作り等が挙げられている。

　さらに、2014（平成26）年、サイバー攻撃に対応するため、防衛省はサイバー防衛隊を新設している。サイバー防衛隊は防衛省、自衛隊のネットワークの監視、サイバー攻撃への対処、サイバー攻撃に関する情報の収集、分析を行うことを任務としている。さらに陸海空の各自衛隊はそれぞれシステム防護隊、保全監査隊、システム監査隊を保有し、情報システムの監視・防護を行っている。

5　マス・メディアとインターネット

A　メディアと政治

　メディアとは、本来「情報を伝達する媒体」という意味合いを持つ。マス・コミュニケーションとは、専門職業的な組織体としての送り手が大量のメッセージを不特定多数の受け手に対して行う公開性を持ったコミュニケーションであるが、情報の送り手としての巨大なメディア機関、組織をマス・メディアと呼ぶ。政治に関するニュース、政治報道はメディアの中心的な話題でもあり、われわれ国民は、政治報道を通じて政治について知る機会がほとんどである。

　メディアは第4の権力とも呼ばれ、権力を監視する役割を果たしているともいわれる。しかし、マス・メディアは政治に関する情報に限らず、さまざまな情報を選別して伝えている。どのような情報を伝え、どのような情報を伝えないのかという点からみれば、マス・メディアそのものも政治的な主体、アクターと考えることができ、日々の報道等はマス・メディアというある種のバイアスを通じて伝えられているということに注意しなければならない。

B　2段階の流れと選択的接触

　一般的には、マス・メディアが人々に大きな影響を与えていると考えられがちであるが、実際には限定的な効果しかないことを明らかにした研究として、2段階の流れ仮説と選択的接触仮説が挙げられる。

　2段階の流れ仮説とは、マス・メディアは直接人々の意見に影響を与えるものではなく、オピニオンリーダーと呼ばれる、人々から意見を求められたり、情報を解説するような役割を担っている身近な人を介して影響を受けるというものである。つまり、マス・メディアの影響は、マス・メディア→オピニオンリーダー→有権者（一般の人々）という2段階を経ているという図式となっている。

　また、選択的接触仮説とは、人々は本人が有している価値観や意見に合致しないメディアよりも、合致するメディアに好んで接触しようとすると

いうものである。たとえば、保守的な考え方を持つ人は、保守的な新聞を好んで購読したり、保守的なテレビ番組を好んで視聴したりするといったものである。

　選択的接触仮説は1960年代に明らかにされた研究である。かつては、自身の政治的な考え方と合致しないようなマス・メディアへの接触、つまり合致しないマス・メディアを排除するような接触は、テレビ番組の視聴をはじめとして困難であったが、メディアが多元化した現代では、選択的接触がより促進されているのではないかという指摘も行われている。

C　間メディア社会におけるマス・メディアと政治

　従来、マス・メディアといえば、新聞、雑誌、ラジオ、テレビが主なものであった。しかし、インターネットの発達に伴い、ソーシャルメディアなどの新たなメディアが注目されている。インターネットの特徴は、双方向性であり、新聞やテレビから情報を一方的に受けるだけではなく、自身が送り手となって情報を発信することを可能にした。

　ソーシャルメディアは、双方向・リアルタイムの情報発信を可能とし、誰もが容易に利用することができるインターネットを用いたサービスの総称などと定義される。第1節 (p.148) でみたように、インターネットは1995年以降に急速に普及したが、ソーシャルメディアは2000年代半ば以降に一般的となった。主要なソーシャルメディアとしては、ユーチューブ（YouTube）、フェイスブック（Facebook）、ツイッター（Twitter）、ライン（LINE）、インスタグラム（Instagram）などが挙げられる。

　遠藤薫は、「異なるメディアの間の相互作用から創発される『新しい現実』の様相」を、間メディア性という概念で示している。インターネットは、従来のメディアを代替するものではなく、既存のメディアと相互に連携しあうことで、社会運動を増幅する可能性があるため、間メディア社会におけるメディアと政治の関係性については、マス・メディアから個人への影響を考えるだけではなく、個人がマス・メディア、社会に与える影響という側面からも、検討をしていく必要があるといえる。

6 ● ソーシャルメディアと政治

A ユビキタス社会から IoT 社会へ

「いつでも、どこでも、何でも、誰でもネットワークにつながる」社会の実現を目指した「ユビキタスネットワーク社会」構想は技術発展により実現化しつつある。現在では、パソコンやスマートフォン、タブレット端末といった ICT 端末だけではなく、ありとあらゆるものがインターネットを介して繋がる「モノのインターネット（IoT：Internet of Things）」社会に向けた動きも加速している。

B ソーシャルメディアによる政治的コミュニケーション

パソコンに匹敵する機能を有する携帯端末であるスマートフォンやタブレット端末の普及は、Facebook や Twitter などのソーシャルメディアに人々がより気軽にアクセスできる環境を作りだしたといえる。

ソーシャルメディアと政治の関係が注目を浴びたのは 2008 年のアメリカ大統領選挙である。当時のオバマ陣営において、支援者たちのソーシャルメディアを通じたやり取りは、街頭での支援活動や集会への参加など、現実の政治活動へと繋がっていった。さらに政治献金も気軽に行うことができるようになった結果、若者を中心に小口献金が集まるとともに、彼らを熱心な支持者へと変え、選挙運動への参加を促したと言われている。

C 日本における政治とソーシャルメディアの関係

日本国内でのソーシャルメディアの政治的利用状況をみてみると、政治家の Twitter のアカウントは、地方議員を含め 1,000 以上存在する。

2011（平成23）年3月に起こった東日本大震災をきっかけとして、ソーシャルメディアが情報発信手段として評価され、公共機関もソーシャルメディアを積極的に活用しようとしている。たとえば、青森県は地震発生直後から Twitter や Facebook を利用して避難所や医療機関、給水拠点などの情報提供を行った。停電によって公式サイトが停止した後も Twitter を通じて情報提供が行われていたという。

　また、茨城県つくば市はTwitter等のソーシャルメディアを活用したノウハウをマニュアル化し、他の自治体に配布するなど、行政におけるソーシャルメディアの活用と促進を積極的に行っている。

　2022（令和4）年参議院選挙においては、ソーシャルメディアを主体とした選挙運動を展開し、ソーシャルメディアを通じて有権者の支持を獲得することで、当選する候補者が誕生するといった現象も起きている。その他、ソーシャルメディアは、既存のマス・メディアが、これまで積極的には扱ってこなかったような政治家の不祥事や不適切な発言などのネガティブな情報に、有権者が接する機会を提供している。

D　アラブの春

　「アラブの春」とは、2010年末から2011年初頭にかけて中東・北アフリカ地域の各国で本格化した一連の民主化運動を指す。

　チュニジアで発生した反政府デモを起点とし、中東・北アフリカ諸国に拡大したアラブの春は、独裁政権が長期にわたって続いていたチュニジアやエジプトにおいて大統領を退陣させ、リビアでは反体制派との武力衝突を経た政権交代が行われるなど、かつてない大規模な政治変動となった。

　ソーシャルメディアを利用したデモは、「革命2.0」と呼ばれる。革命2.0の特徴としては、組織やリーダーが存在しなくともデモを行うことが可能な点が指摘されている。加えて、エジプトの例では貧困層がデモの中心となったのではなく、非貧困層が貧困層も同じ国民であることを意識し、同期化した点が特徴として指摘されている。非貧困層にとって、デモに加わることはほとんど利益がなかったにもかかわらず、参加を促した背景にはソーシャルメディアの存在が大きいという指摘もある。

　ソーシャルメディアを利用した政治運動は、中東地域に限ったことではなく、アメリカにおける「ウォール街占拠運動」にも同様の形をみることができ、あらゆる民主主義諸国においてこのような運動が起きる可能性を示唆している。

7 現代社会とインターネットの諸相

A オープンデータの公開と活用

　オープンデータとは行政機関や民間が所有、管理しているデータのうち2次利用可能な形で無償公開されているものを指す。東日本大震災の際には、インターネット上で各自治体が避難所の開設情報などを公表したことで、各企業や団体が支援活動を展開したことなどから重要性が認識されはじめた。

　2016（平成28）年12月には「官民データ活用推進基本法」が成立し、政府が保有するデータは原則として二次利用可能な形で公開することが義務づけられるとともに、自治体に対しては公開に向けて必要な措置を講じることが定められた。デジタル庁によれば2022（令和4）年1月時点で国内全1,788自治体のうち約70%にあたる1,233自治体がデータ提供に取り組んでいる。

　コロナ禍においては厚生労働省や自治体が日々の感染状況を積極的に公開することで、報道や研究機関の分析に利用されていることが代表例であるが、その他、自治体内の保育園入園の基準を分析するために利用されるなど、オープンデータはさまざまな形で活用されている。

B インターネットが促す社会の分極化

　すでにみてきたようにソーシャルメディアの発達は、政治に対しても大きな変化をもたらし、社会の分極化を招くことにもつながった。たとえば、2016年アメリカ大統領選挙からトランプ政権下におけるトランプとマス・メディアのフェイクをめぐる争いが挙げられる。

　フェイクとは、嘘や虚偽を示す言葉であり、フェイクニュースは誤情報、偽の情報を意味する。アメリカ大統領選挙においては、対立候補をおとしめる、いわゆるネガティブキャンペーンにソーシャルメディアが積極的に活用されるようになり、事実ではない内容が多かったため社会問題化した。くわえて、トランプ大統領在任中は、トランプの発言をマス・メディアが「フェイク」と報じる内容に対してトランプがソーシャルメディアである、

Twitter を利用して、マス・メディアの報道内容こそが「フェイク」であるとして糾弾する、という現象が繰り返された。

　従来、マス・メディアによってネガティブな報道をされた政治家は、自身の主張を行うことが難しかったといえる。しかし、ソーシャルメディアの普及により、主張の内容についての真偽が確かでなかったとしても自身の主張を一方的に行うことができるようになった。主張の内容がマス・メディアと対立したとしても、選択的接触も相まってより強い信頼を支持者から得られるようになってしまうのである。このような事象の積み重ねが個人とマス・メディアという党派的対立を深め、社会の分断、分極化を進めていくことになる。

　もちろん、マス・メディアの発信する内容が必ずしも正しいとは限らないため、市民はリテラシーを身につけ、何が真実（ファクト）であるのかを判断するための力も養うことが重要である。

C　インターネットを利用した立法情報の可視化

　インターネットの発達は、これまで会議録などの文字情報に偏りがあった立法過程研究にも大きな変化をもたらしている。

　たとえば、国会審議の様子はテレビ中継だけではなく、インターネット上でも公開されている。政策研究大学院大学比較議会情報プロジェクト（https://gclip1.grips.ac.jp/~clip/）が運用する国会審議映像検索システム（https://gclip1.grips.ac.jp/video/）は、衆参両院事務局がインターネット上で公開している審議映像に字幕を付与することで、会議録からだけでは理解しづらい発言者の表情や会議の雰囲気などを把握できるようにし、文字情報と映像情報を体系的に組み合わせた分析を可能にしている。

　地方議会においても審議映像を YouTube 上に配信するといった取り組みを行っている自治体もある。さらには AI を活用し、音声認識による字幕を映像に付与している自治体もある。

　このような取り組みは、視聴覚などの身体の障害に関わらず立法情報や政策情報を容易に取得することを可能にするとともに、国連の掲げる「持続可能な開発目標（SDGs）」を実現することにもつながっていくといえる。

知識を確認しよう
・・・・・・・・・・・・・・・・・・・・・・・・

【問題】 インターネットと政治の関わりに関して説明している以下の文章のうち、適切なものはどれか。

(1) IT 基本法成立以降、日本における IT 政策は「IT 総合戦略本部」を中心に決定されてきたが、「世界最先端 IT 国家創造宣言」については閣議決定が行われている。

(2) 官民データ活用推進基本法の制定に伴い、政府に対して保有するデータを二次利用できる形で公開するように必要措置を講じることが定められた。

(3) サイバー攻撃は、誰が実行したのかが、すぐに特定されやすい。

(4) ソーシャルメディアは、一定の限られた人のみが利用することができる。

(5) サイバー空間の安全を守るために、国際連合では「サイバー空間に関する国際会議」が開催され、世界各国の政府関係者によって議論が行われている。

【解答】

(1) ○ IT 基本法成立以降の日本の IT 政策は、IT 総合戦略本部が決定を行っているものの、「世界最先端 IT 国家創造宣言」は閣議決定がなされている点に特徴がある。

(2) × 政府に対しては、保有するデータを原則として二次利用可能な形で公開することが義務づけられた。

(3) × サイバー攻撃には帰属問題があるため、攻撃の発信源を容易に特定することは難しい。

(4) × ソーシャルメディアの特徴は、誰もが容易に利用できるサービスという点にある。

(5) × 「サイバー空間に関する国際会議」は国連に関連した国際会議ではなく、政府関係者以外に、国際機関や NGO などの民間組織なども参加している。

第11章　主要国の政治システム

本章のポイント

　欧米主要国の統治機構を権力分立のスタイルから議院内閣制、大統領制、半大統領制に分類し、さらに比較各国の統治機構における共通点と相違点からその国特有の政治システムの特徴を浮き彫りにする。

1. 統治機構を大きく分けると議院内閣制、大統領制、半大統領制の分類基準が存在する。
2. 統治機構が同じカテゴリーに分類される国でも、議会と政府間の権力抑制の方法に相違がみられる。
3. 比較各国の国家元首の選出方法は世襲制、直接選挙制、間接選挙制と多様で、その政治的権限も儀礼的権限だけの元首と政治的権限を持つ元首が存在する。
4. 各国二院制の構成と権限、両院間の権限の優劣を比較するとその制度設計の特徴が明らかになる。
5. ドイツとイタリアの政治システムの特徴として、戦前ファシズム体制の経験と反省からファシズム防止の制度設計が図られている。
6. 選挙制度はその国の政党システムに大きく影響を及ぼしており、政党システムの構造も社会状況の移行に伴い大きく変化する。

1 政治システムの比較分析

A 比較分析の枠組み

　欧米主要国の統治機構は多様であるが、行政権の担い手や政府と議会の関係から大きく議院内閣制、大統領制、半大統領制に分類が可能である。その枠組の中で、国家元首、議会、政府、政党を比較するとその国の政治システムの特徴が浮き彫りになる。

　統治機構における三権分立の中で、議院内閣制は立法部と行政部の融合が特徴的で、通常は議会多数派が内閣を組織し、議会の信任に基づいて行政権を行使し、内閣は連帯して議会に責任を負う。また、内閣の不信任権は議会にある。

　一方、大統領制は国民によって直接選出される大統領が存在し、その任期は一定で、議会は弾劾を除いて大統領を解任することができない。大統領制では行政部と立法部は分立しており、独任制の政府の下、大統領と閣僚は議会に対して責任を負わず、議員との兼職が禁止されいる場合が多い。

　半大統領制は議院内閣制と大統領制の混合型であるが、その明確な定義は確立されていない。一般的な半大統領制の条件として、国民の直接公選制によって選出された大統領が憲法上大きな権限を有し、首相や閣僚の任命権を持つが、議会多数派の支持を要する首相と行政権を共有する二元的執行体制であることがその特徴に挙げられる。二元的執行体制下では、大統領と首相の党派や政治的立場が同じ場合は、大統領主導により比較的スムーズな執行運営になるが、異なる場合（保革共存政権など）は、相対的に首相の権限が高まる傾向にある。

　本章で比較対象国とする欧米主要国は、すべて二院制を採用しているが、両院における権限の優劣や議員の選出方法の違いなどさまざまな二院制が存在する。特に上院の構成や役割は、その国の歴史的事件や国家構成（単一国家か連邦制か、など）から工夫された制度設計がなされている。

　政治システムの比較分析においては、こうした統治機構の比較と同様に政党比較も重要になってくる。政党が民意の鏡であるとすれば、その国の政党システムにも時代状況に応じた変化が生じることになる。特に東西冷

戦の終結後は、左右の政治ブロックが中道に寄り政策的な相違が縮小する
傾向になると、既成政党に飽き足らないポピュリスト政党が台頭し、政党
システムの中で大きな影響力を持つようになっている。

B 比較対象国

　本章で比較分析の対象国としたのは、イギリス、アメリカ、フランス、ド
イツ、イタリア、ロシアである。イギリスの議院内閣制はモデルとして、多
くの国で導入されているが、全く同じままで導入されている訳でなく、各
国の政治的土壌に適応できるよう改良されている。他方、アメリカの大統
領制も、君主制が廃止され、共和制に移行した国々でモデルとされてきた。
また、大統領の選出方法や政治的権限によって、多様なバリエーションが
存在することから、半大統領制という第3のカテゴリーが生まれている。
半大統領制の代表的な国がフランスとロシアである。

　一方、国家元首としての大統領の存在が必ずしも大統領制か半大統領制
かに分類されるわけではない。議院内閣制に区分されるドイツでは、大統
領は政治的権限をほとんど持たず、国家元首としての儀礼的な地位に留ま
っている。同じく議院内閣制をとるイタリアでは、大統領は国家元首とし
て国を統一する象徴的地位にあり、その政治的権限は弱く抑制されている
が、政府や議会が混乱状況にあるときは、調停者として重要な政治的役割
を果たしている。

表11-1　主要国統治機構の類型

	類型	国家元首	国家元首の選出	行政権の担い手	両院の優劣
イギリス	議院内閣制	国王	世襲	首相	下院優位
アメリカ	大統領制	大統領	実質的直接選挙	大統領	対等
フランス	半大統領制	大統領	直接選挙	大統領と首相	下院優位
ドイツ	議院内閣制	大統領	間接選挙	首相	下院優位
イタリア	議院内閣制	大統領	間接選挙	首相	対等
ロシア	半大統領制	大統領	直接選挙	大統領と首相	下院優位

筆者作成

2 イギリスの政治システム

A 政治システムの特徴

イギリスはイングランドを中核とする4つのネーション領域（イングランド、スコットランド、ウェールズ、北アイルランド）から構成される連合王国である。議会主権に基づく単一国家であるが、20世紀末からのディボリューション（中央から領域への権限移譲）によって各ネーション領域の自治権が拡大し、連合の紐帯が揺らいでいる。

権力分立における立法府と行政府の融合が特徴的で、議会が他の統治機構に優越し、内閣は議会（庶民院）の信任を基に行政権を行使する議院内閣制である。

B 国王

イギリスの国家元首である国王は、立憲君主として広範な国王大権を保有しているが、一部の例外事項を除き儀礼的なものになっている。憲法的習律により国王大権は、大臣の助言に基づいて行使されるか、国王の名において大臣が行使する。議会の解散や首相の任命などは国王大権に属する。

C 議会

イギリス議会は国王、貴族院、庶民院から構成される。国王は尊厳的、儀礼的な役割に留まり実質的な二院制である。庶民院（下院）の総定数650は小選挙区制によって選出され、選挙権年齢と被選挙権年齢は18歳以上である。任期は5年で、任期途中での解散は国王大権に基づく首相の判断で可能である。貴族院（上院）に対する庶民院の優越が1911年議会法と1949年議会法で確立している。金銭法案は庶民院で先議されなければならず、可決後に貴族院へ送付され1カ月が経過すれば成立する。金銭法案以外の法案も庶民院で2会期連続して同一法案が可決された場合は、貴族院が否決しても1年以上の経過で自動成立となる。貴族院は非公選制でイギリス国教会の聖職貴族と世俗貴族で構成され総定数は不定である。世俗貴族はさらに世襲貴族と一代貴族に区分され、一代貴族は、国家に功績のあった者

を首相の推薦によって国王が任命し、任期はないが爵位は当事者一代限り
となる。一代貴族には首相や閣僚経験者が多く、その知見による大局的な
見地からの審議が期待されている。庶民院の優越のもと、貴族院の役割は
法案の採否より、法案の修正に重点が置かれている。法案提出権は政府と
議員に認められ、議院内閣制の特徴から政府提出法案が中心である。法案
の先議は両院の何れでも構わないが、金銭法案は庶民院での先議が義務づ
けられている。立法過程は本会議中心の三読会制で、両院を通過した法案
は、国王の裁可で法律となる。

D 政府

　議会に首相の選出権はなく、国王が首相を任命するが、憲法慣例上、首
相には庶民院の多数党党首が任命される。各大臣は首相の推薦により国王
が任命する。首相は各大臣と与党幹部で内閣を組織し、議会に対して連帯
責任を負う。内閣は不信任決議が可決された場合、総辞職か議会を解散し
なければならない。政府と与党の一体性が強く、政府メンバーは所属する
議院でしか発言が認められていない。一方、野党第1党が組織する影の内
閣は、公式野党として憲法的規範に組み込まれ、影の内閣の首相は枢密院
メンバーも兼ね、影の内閣を率いて政権交代に備える役割を担っている。

E 政党

　戦後イギリスの政権は二大政党の保守党と労働党によって政権交代が繰
り返されてきた。この二大政党以外に自由党と労働党右派が合流して結成
された自由民主党が第3党として健闘している。また連合王国という国家
構成の特徴として、スコットランド国民党やウェールズ民族党などのナシ
ョナリズム的地域政党が存在する。こうした地域政党は20世紀末に各領域
に設置された分権自治議会で自治政府の政権を担当するようになると、国
政選挙で全国政党を脅かすようになった。特にスコットランド国民党は、
2019年総選挙において保守党、労働党に次ぐ第3党に躍進している。一方、
北アイルランド領域にはプロテスタント系、カソリック系、中立系の地域
政党しか存在していない。

3 アメリカの政治システム

A 政治システムの特徴

　アメリカ合衆国は、50 の州（state）と首都ワシントンのあるコロンビア特別区で構成される連邦国家である。アメリカは大統領制のモデル国で、大統領は国家元首の他に行政府の長の役割を持つ。連邦制（連邦と州）および立法、行政、司法の三権分立によって国家権力の抑制と均衡が保たれているのが特徴である。連邦政府の権限は憲法に列挙されている項目に限定され、各州は独自の憲法を有し、一般的な統治権は州によって行使される。

B 大統領

　アメリカ大統領は国家元首と同時に行政府の長であり、軍の総司令官でもある。さらに上院の承認を条件として条約締結権や連邦最高裁の判事の任命権を有し、立法過程においても拒否権を行使できるなど強力な権限を持っている。大統領の選出は大統領選挙人を経由する間接選挙の形をとるが、実質的には国民の一般投票で決まる。選挙権年齢は 18 歳以上、被選挙権年齢は 35 歳以上である。大統領の任期は 4 年で 3 選が禁止されている。大統領の地位は弾劾裁判によらなければ罷免されない。

C 議会

　連邦議会は上下両院で構成され、両院一体としての権限と各院固有の権限があるが、ほぼ対等の地位が与えられている。上院議員の任期は 6 年（2 年ごとに 3 分の 1 ずつ改選）で、総定数 100 は人口の多寡に関わらず各州に 2 議席ずつ配分されている。選挙権年齢は 18 歳以上、被選挙権年齢は 30 歳以上である。一方、下院議員の任期は 2 年で、総定数 435 は各州へ人口に応じて配分され、小選挙区制で選出される。選挙権年齢は 18 歳以上、被選挙権年齢は 25 歳以上である。

　両院一体としての権限は立法である。法案の提出権は両院の議員にしか認められず、上下両院のいずれかに提出される。各院へ提出された法案は委員会審議を経て本会議で審議・採決が行われる。同様の審議過程を経て

両院で可決された法案は、大統領の署名を得て法律として成立する。ただし、大統領は署名を拒否することも可能であるが、その場合には両院で3分の2以上の賛成多数で再可決されれば法律として成立する。各院固有の権限として、上院には州の利益を代表する他、条約の承認、弾劾裁判権、上級公務員や連邦裁判所判事の承認権などが与えられている。一方、下院には、歳入法案に関する先議権、歳出法案に関する先議権（慣例による）、大統領弾劾裁判の訴追権が与えられている。

D　政府

政府機関は、大統領を最高責任者として大統領府と各省によって構成される。内閣は大統領、副大統領、各省長官、大統領補佐官等によって組織され、独任制で連帯責任はなく、各長官は個別に大統領に責任を負う。各長官は大統領によって任命されるが、上院の承認が必要である。また政府構成員と連邦議会議員との兼職が禁止されている。大統領は、憲法と連邦法を執行する上で、連邦議会の承認なしに大統領令（行政命令）を発することが可能である。一方、大統領は連邦議会へ法案や予算案を提出する権限を持たず、教書を通じて予算や政策の立法措置の要請と勧告を行うにとどまる。議院内閣制とは異なり、大統領は議会の信任を必要とせず、また、議会の解散権を持たない。

E　政党

アメリカ政党システムの特徴は、1860年代に民主党と共和党による二大政党制が確立して以来、大統領選挙では二大政党の候補者しか当選していない。それは、選挙制度に大きく起因する。大統領選挙をはじめ連邦議会の議員選挙、州議会選挙などは小選挙区単純多数制であるため、二大政党以外の候補者が食い込む余地は少ない。こうした制度的要因に加えて、民主、共和両党のイデオロギーの相違が小さく、国防と外交においては共通の国家観を持つことが挙げられる。一般的に、民主党はリベラルで福祉や経済政策重視の大きな政府を標榜し、共和党は保守的で市場原理重視の小さな政府を標榜するというイメージがあるが、両党のイデオロギー性は弱く柔軟で、必ずしも固定化されていない。

4　フランスの政治システム

A　政治システムの特徴

　統治スタイルは大統領制と議院内閣制の混合型である半大統領制である。国民の直接公選で選ばれた大統領と、大統領に任命される首相の権限が執行権において共存する双頭制となっており、大統領と首相の所属政党が同じ場合と異なる場合で双方の力関係も変化する。同じ場合は大統領主導の運営になり、異なる場合はコアビタシオン（保革共存政権）となり、首相主導による議院内閣制的な運営になる。議会は立法範囲が制限される「合理化された議会」が志向され、執政府中心の政治システムとなっている。

B　大統領

　大統領は国家元首で、その選出は直接公選制による。第1回目の投票で絶対過半数を得た候補者がいない場合は、上位2名の候補者による第2回目の投票が行われる。選挙権と被選挙権資格は18歳以上のフランス国民である。任期は5年で、連続3選が禁止されている。大統領権限は、固有の権限と首相や大臣の副署を必要とする権限に区分される。固有の権限には首相の任命、国民投票の付託、国民議会の解散、非常事態措置などがあり、副署が必要な権限には、閣議の主宰、法律の審署および再議要求、条約締結の交渉と批准などがある。

C　議会

　議会は国民を代表する国民議会（下院）と地方公共団体を代表する元老院（上院）から構成される。国民議会の総定数は577で、小選挙区2回投票制により選出され、選挙権年齢と被選挙権年齢は18歳以上である。任期は5年で任期途中でも大統領による解散が可能である。元老院の総定数348は、全国の県単位が選挙区となり当該県選出の国民議会議員と地方議会議員で構成される選挙人団で選出される。被選挙権年齢は24歳以上である。任期は6年（3年ごとに半数が改選）で解散はない。立法範囲は憲法で制約を受け、法案の提出権は政府と両院議員に認められる。法案は各院の常任委員会を

中心に審議され、両院の意思が異なる場合は最終的に国民議会の議決で決まる。国民議会は政府の不信任決議権を持っている。

D 政府

行政権は大統領と首相に帰属するが、両者の権限区分は明確ではない。政府は首相と大臣で構成される。首相は大統領の固有権限で任命されるが、実質的に国民議会の多数派の影響を受ける。大臣は首相の提案に基づいて大統領が任免する。政府は行政と軍事力を指揮監督し、国民議会に責任を負う。さらに首相は国防に責任を負い、法律の執行を保証し、命令制定権などを行使しなければならない。他方、大統領と首相の共同権限として、首相の行政命令の行使に当たっては大統領の署名が要件とされ、大統領による大臣の任免には首相の提案が義務づけられている。

また、政府は国民議会で不信任案が可決された場合は、大統領に辞表を提出しなければならない。政府構成員と国会議員との兼職は、禁じられている。

E 政党

政党システムは、穏健な多党制である。それは、大統領選挙と国民議会選挙で採用されている小選挙区2回投票制の影響による。この選挙制度では、第2回投票での勝利に向けて政党間の連携が促されることになる。

第五共和制以降、1970年代に社会党（PS）と共産党（PCF）の左派、共和国連合（RPR）と民主連合（UDF）の右派による2大政治ブロック四大政党制の構図が出現した。その後、1981年のミッテラン社会党政権の誕生で左派ブロックでは共産党が衰退し、2002年の大統領選挙で右派ブロックはRPRとUDFの統合により国民運動連合（UMP）が結成（後に共和党と改称）された。これにより二大政党化の様相がみられたが、2017年の大統領選挙でマクロンが中道リベラルの共和国前進（LREM）を設立し、二大政党化は崩れる。一方、比例代表制による選挙（欧州議会選挙など）で小政党も存続する。特に極右ポピュリスト政党の国民連合（RN、旧FN）は、欧州議会選挙で躍進を遂げ、党首のルペンは2017年と2022年の大統領選挙の決選投票で健闘している。

5 ドイツの政治システム

A 政治システムの特徴

　ドイツは16の州（Land）から構成される連邦国家である。大統領権限が儀礼的、形式的である一方で、首相の権限は広範にわたり強く、統治スタイルは議院内閣制に分類される。ドイツの政治システムは「戦う民主主義」と評されるように、ナチスが台頭したワイマール時代の教訓が各制度に反映されている。建設的不信任の制度、3議席5%阻止条項、解散権の制限などは、政権の安定を目指す制度設計といえる。さらに、政党の法的地位と民主的秩序の必要性が基本法（憲法）に明記されている。

B 大統領

　大統領は対外的に連邦を代表する国家元首であるが、政治的権限はほとんどなく、大統領の政治行為には首相や大臣の副署が必要となる。大統領の被選挙権は40歳以上のドイツ国民で、連邦議会議員と同数の州代表で構成される連邦会議によって選出される。大統領の任期は5年で再選は1回に限り認められ、大統領が違法行為を行った場合、議会は3分の2以上の特別多数で大統領を連邦憲法裁判所へ訴追することが可能である。連邦憲法裁判所が有責の判断を下した場合は、その職位を失う。

C 議会

　ドイツの議会は二院制で、直接国民によって選出される連邦議会（下院）と各州政府の代表（首相と閣僚）から構成される連邦参議院（上院）から成る。連邦議会の総定数598（超過議席あり）は、小選挙区比例代表併用制によって配分される（3議席5%阻止条項あり）。議員の任期は4年で、任期途中での解散は、内閣の信任が否決された場合など一定の条件の下に認められている。連邦議会の主な権限には、立法機能の他に政府の監視、連邦首相の選出、連邦大統領の訴追、連邦憲法裁判所裁判官の選出などがある。選挙権、被選挙権年齢はともに18歳以上である。

　連邦参議院の総定数69は各州の人口に基づいて比例配分される。連邦参

議院の立法における主な役割は、協力的な権限に留まっており、立法過程の中心は連邦議会である。法案提出権は連邦政府、連邦議会議員、連邦参議院に認められ、連邦議会へ提出される。連邦議会を通過した法案は、連邦参議院へ送付され、連邦参議院で法案に対する賛否が決定される。その法案が同意法律の場合は、連邦参議院の同意が不可欠で、同意されない場合は法律として成立しない。異議法律の場合は、連邦参議院の同意がなくても連邦議会の総議員の過半数の再議決により成立する。

D　政府

連邦政府の首相は大統領の候補者推薦に基づき連邦議会が選出し、大統領が任命する。首相とともに内閣を構成する各大臣の任免は、首相の提案に基づき大統領が行う。「宰相民主制」と評される首相の権限は強く、各大臣は首相の定めた政治の基本方針に従い所轄事務を遂行しなければならない。首相の罷免に関して、ドイツ政治システムの特徴の一つとして挙げられるのが「建設的不信任」の制度である。連邦議会は首相の不信任を議決することが可能であるが、同時に後任候補の選出も義務づけられている。

E　政党

ワイマール時代に小党乱立による政権の不安定化を招いた反省から、連邦選挙法に3議席5%阻止条項が設けられている。1961年の第4回総選挙以降、20年以上にわたってキリスト教民主同盟/社会同盟（CDU/CSU）、社会民主党（SPD）、自由民主党（FDP）の三大政党制が定着している。1983年には環境政党、緑の党が国政選挙で初めて議席を獲得する。

東西ドイツの統一以降、旧東ドイツの支配政党であったドイツ社会主義統一党は、2005年にSPDを離党した左派と合流し、2007年に左翼党（Linke）を結成している。ドイツでは選挙制度の影響で一党単独で議席の過半数を獲得することは困難で、1957年の選挙を除き、連立政権が常態化している。連立の枠組みは二大政党のCDU/CSU、SPDのいずれかと他の小政党が連立を組む場合と、二大政党同士で大連立を組む場合がある。

6　イタリアの政治システム

A　政治システムの特徴

　ムッソリーニ時代のファシズムの経験と反省から、権力集中を回避する保障主義による政治システムや、比例代表制を中心とする選挙制度などが特徴的である。しかし同時に、こうした制度は多元的なイタリア社会を反映した多党制を促し、連立政権が常態化することになる。統治スタイルは議院内閣制であるが、首相や政府の権限の弱さに加え、上院、下院の権限が対等な「完全なる二院制」も相まって、政権の不安化を度々もたらしている。

B　大統領

　大統領は国家元首として儀礼的な役割だけでなく政治状況によって調停者としての重要な政治的役割も果たしている。大統領の選出は、両院の議員と各州が選出する代表で構成される合同会議で実施され、3分の2以上（3回目以降は過半数）の得票が必要である。被選挙権は50歳以上のイタリア国民で、任期は7年、再選が認められている。大統領の主な権限は首相と大臣の任命、議会の解散、法的効力を有する命令と規則の制定、最高国防会議の主宰などである。こうした権限は政治状況によって抑制的な場合と積極的に行使される場合がある。

C　議会

　議会は二院制で代議院（下院）と共和国元老院（上院）で構成される。両院ともに任期は5年である。代議院の総定数は630（在外選挙区12含む）で小選挙区と比例代表の混合型で選出される。選挙権年齢は18歳以上、被選挙権年齢は25歳以上である。共和国元老院の総定数315（在外選挙区6含む）は州を基盤として、小選挙区と比例代表の混合型で選出される。選挙権年齢は25歳以上、被選挙権年齢は40歳以上である。この他に大統領は5名の終身議員の任命が可能であり、大統領経験者は終身議員の資格を有する。両院の権限は対等で、法案提出権は政府、両院の議員、州議会、経済労働

国民会議に認められ、国民発案（5万人以上の有権者）も可能である。各院の
法案審議過程は、通常、委員会を経て本会議で採決されるが、条件付きで
委員会立法も認められている。法案の成立は両院で同一条文での可決が必
要で、異なる場合は両院協議会や下院の優越がないので、大統領の調停で
解決が図られる。両院を通過した法案は大統領の審署により法律となる。
両院には他に内閣の信任・不信任権や条約の批准、予算、決算の承認など
の権限がある。

D　政府

　内閣は首相と各大臣によって構成される。首相は大統領によって任命さ
れるが、首相に大臣の任免権はなく、大臣は首相の推薦に基づいて大統領
が任命する。総じて首相の権限は強くなく、それはムッソリーニ時代の独
裁体制に対する反省によるものである。内閣は成立後、10日以内に両院の
信任にかけられ、いずれかの議院が信任しない場合は、総辞職しなければ
ならない。首相と大臣は必ずしも議員である必要はなく、大統領が首相も
含め全閣僚を非議員である専門家から任命するテクノクラート内閣も珍し
くない。第二共和政以降、歴代の政権は平均して2年弱という短命に終っ
ている。

E　政党

　第二共和政以降、1993年選挙法により小選挙区と比例代表の混合型が導
入されると、各政党は選挙連合によって中道左派と中道右派に結集し、2
大政治連合による二極化が進む。その後、2007年に中道左派が結集して民
主党（PD）が結成されると、これに対抗して中道右派も自由の国民（PdL）
を結成し、二大政党化の様相を呈した。ところが、2013年の総選挙で左派
のポピュリスト政党、五つ星運動（M5S）が躍進し、三極構造となる。2018
年総選挙でもM5Sは躍進を続け、第一党となる。しかし、2022年総選挙
では左派連合の崩壊により右派連合が勝利する。極右化したイタリアの同
胞（FDI）が第一党に大躍進を遂げ、党首のメローニはイタリア初の女性首
相となった。

7 ロシアの政治システム

A 政治システムの特徴

　ロシアは地域と民族により区分される 85 の連邦構成主体から構成され、大統領を国家元首とする連邦共和国である。ソビエト連邦時代と異なり、国家権力の三権分立が図られ、複数政党制が保証されている。連邦の統治上、大統領に強い権限が付与される一方で、行政権の行使については首相と共存する半大統領制である。他方、議会にも大統領の弾劾裁判権の他、首相任命の承認権や政府の不信任権があり、権力抑制が図られている。

B 大統領

　ロシア大統領は、国家元首と同時に軍の最高司令官の役割を持ち、立法や行政面でも強い権限を持っている。大統領の被選挙権は、ロシアに 25 年以上居住する 35 歳以上のロシア国民であることが資格要件である。任期は 1 期 6 年で、3 選は禁止されている（2021 年における現職および大統領経験者は対象外）。大統領の主な権限には、行政府の長の他に連邦の立法機関である国家院の解散、法律発案権、法律発効の審署、大統領令の交付などがある。大統領は任期中、弾劾によらなければ罷免されない。大統領は首相の罷免権を持つ。

C 議会

　連邦議会は、各連邦構成主体を代表する連邦院（上院）とロシア国民を代表する国家院（下院）の二院制で構成される。連邦院の総定数 170 は、各連邦主体から選出された 2 名（立法機関と執行機関から 1 名ずつ）の代表で構成される。また、大統領は総定数とは別に 30 名を上限として連邦院議員の任命が可能である。国家院の総定数 450 は、小選挙区と比例代表で半数ずつ選出され（5% 阻止条項あり）、選挙権年齢は 18 歳以上、被選挙権年齢は 21 歳以上である。任期は 5 年であるが、任期途中での大統領による解散が可能である。法案提出権を持つものは、連邦大統領、連邦院、連邦院議員、国家院議員、連邦政府、連邦構成主体の立法機関と多岐にわたる。さらに連

邦憲法裁判と連邦最高裁判所にもその管轄事項に限って法案提出権が認められている。

　立法過程では、法案はまず国家院で審議が行われ、過半数で採択されると、その法案は連邦院の審議に付される。連邦院の過半数で可決されるか、送付後14日以内に審議が行われなければ承認とみなされる。議会を通過した法案は、大統領の審署で法律として成立する。大統領は拒否権を持つが、両院で3分の2以上の多数で再可決されれば、法律として成立する。一方、連邦法律の優位にある連邦憲法に関する法律に対しては、大統領は拒否権を行使することができない。立法以外では国家院に政府に対する不信任権や首相任命に関する承認権などがある。

D　政府

　連邦政府には、行政権を執行する大統領と首相が共存する。法律上、大統領は大統領令を通じて国防、治安、内務、外務、緊急事態の諸問題を管轄する連邦の省やその他の連邦執行機関の活動方針を定める。大統領は国家院の承認を得て首相を任命する権限を有し、首相の提案に基づいて大臣の任免権を持ち、政府内では大統領の権限が首相を上回る。大統領は国防や外交といった国家の重要な分野の執行権を行使し、首相は経済問題などの内政面中心に執行権を行使することが慣例となっている。

E　政党

　プーチン政権以降、大統領の与党、統一ロシアによる一党優位が続いている。2021年国家院総選挙で議席を獲得した主な政党は、統一ロシア（324議席）、ロシア連邦共産党（57）、公正ロシア（27）、政党エル・デー・ペー・エル（21）、新しい人々（13）となっている。統一ロシアは中道右派で、2001年の結党以来、総選挙では圧倒的な強さを維持している。第2党のロシア連邦共産党は、1993年に旧ソ連共産党保守派を中心に結党され、社会主義復活を掲げている。第3党の公正ロシアは、中道左派で2006年にロシア生活党、祖国、ロシア年金党が合流し結党された。極右政党エル・デー・ペー・エルは、旧自由民主党の名称変更したものである。2016年導入の小選挙区比例代表並立制は、統一ロシアなどの優位政党に有利に働いている。

知識を確認しよう

· ·

問題 以下の文章について正誤を述べなさい。

(1) イギリス議会では、庶民院を通過した法案を貴族院が否決しても、庶民院で3分の2以上の特別多数という条件で再可決されれば、法律として成立する。

(2) アメリカ大統領は上下両院を通過した法案の拒否権を有するが、法案が両院それぞれで再び過半数で再可決されれば法律として成立する。

(3) ドイツの内閣不信任決議権は連邦議会に属するが、予め次の首相候補を用意しなければ、無効となる。

(4) イタリア政府を構成する首相と大臣は、大統領によって任命されるが、必ずしも国会議員である必要はない。

解答

(1) ×　金銭法案は庶民院で先議された後に貴族院へ送付後、貴族院の採決に関係なく1カ月が経過すると法律として成立する。その他の法案も貴族院が否決しても庶民院が2会期連続して過半数で可決すれば、1年以上の経過で成立する。

(2) ×　大統領が拒否権を発動した場合、議会で再可決し法律として発効させるには両院でそれぞれ3分の2以上の特別多数が必要とされる。

(3) ○　ワイマール時代に内閣不信任が乱発されて不安定政権が続いた反省から、現行憲法に建設的不信任制度が規定されている。

(4) ○　憲法上、首相と大臣は国会議員の中から任命されるという規定はなく、実際に非議員の専門家から首相と閣僚が任命されるテクノクラート内閣が存在する。

本章のポイント

　本章は現代国際政治について、基本的特徴、
アクター、パワー、理論、グローバリゼーショ
ンといった点から学ぶ。
1. アナーキー性、多様な争点、統合と分離な
　 どの国際政治の基本的特徴を取り上げる。
2. 国際政治におけるアクターやパワーとは何
　 か概観する。
3. リアリズムの国際政治理論について、モー
　 ゲンソーの学説を中心に取り上げる。
4. ネオリアリズムの理論について、国際構造、
　 相対利得などをキーワードにしつつ説明す
　 る。
5. リベラリズムの国際政治理論について、相
　 互依存論、国際レジーム論を中心に取り上
　 げる。
6. 「民主主義の平和論」、コンストラクティヴ
　 ィズムなどの最新理論を取り上げる。
7. グローバル・イシュー（地球規模の課題）を
　 取り上げ、事例をまじえて概観する。

1 現代国際政治の基本的特徴

A 国際政治におけるアナーキー性

　国際政治の基本的特徴はそのアナーキー性にある。国際政治学において、アナーキーとは中央政府のない状態を意味する。国際政治では、国内の中央政府に相当する世界政府は存在しないのである。しかし、アナーキーは無秩序や無法状態を意味しない。確かに現代国際政治においては、しばしば無秩序と思われる現象（侵略、虐殺事件、国際テロなど）がなくなったわけではない。しかし完全な無秩序ともいえず、一方では部分的ながらゆっくりとしたルール化が進行しつつある。そのルールは、条約のような明確な形をとることもあれば、国際的な暗黙のルールや慣行という形で現れることもある。

　また、現代国際政治では組織化もゆっくり進行しつつある。20 世紀は、国際連盟や国際連合のような包括的な国際機構を生み出した。これらの国際機構は必ずしも十分に機能してこなかったが、国連の場合、その傘下に多くの専門機関を抱え、さまざまな政策分野で少しずつ国際関係の組織化が試みられている。

B 国際政治におけるアクターの多様性

　現代国際政治の原型は 17 世紀のウェストファリア体制の成立にたどることができる。この体制の成立によって、主権国家により構成される国際政治が登場した。現代国際政治においても依然として国家が中心アクター（行為主体）ということができるが、しかし急速にアクターが多様化しつつあるのも事実である。国際経済に大きな影響力を及ぼしている巨大企業、宗教面で絶大な権威をふるい続けてきたカトリック教会などの巨大宗教組織に加えて、近年はさまざまな規模の NGO などの市民組織、国連やその専門機関などの国際機構、そして EU（ヨーロッパ連合）や ASEAN（東南アジア諸国連合）のような地域国際機構など、多様なアクターが登場して活動することで、国際政治に影響を及ぼしつつある。

C 争点の多様化

　現代国際政治は争点も急速に多様化しつつある。ウェストファリア体制の成立後、少なくとも20世紀の中頃までは、いわゆるハイ・ポリティクス（軍事・戦略などの問題）の争点が重要なテーマとみなされてきたが、その後、ロー・ポリティクス（経済・社会的な問題）の重要性が急速に浮上してきた。現代でもハイ・ポリティクスの重要性が消えたわけではないが、ロー・ポリティクスも場合によってはそれ以上に重要とみなされつつある。

D 相互依存からグローバリゼーションへ

　経済については、1970年代以降、先進国間では経済的相互依存が進行し、20世紀末以降、急速なグローバリゼーションが進行した。グローバリゼーションとは、ヒト・モノ・カネ・情報の流れがグローバル・レベルで急増し、経済的に世界が急速に一体化しつつあることを示す。他方で、国際政治の基本的特徴に関わる点であるが、政治は依然として国家が基本単位であり、政治面でのグローバリゼーションは厳密な意味では生じていない。現代でも、国際政治は国家間政治の側面がまだまだ強い。ただし国家（国内政府）の政策決定が他国や世界の動向を抜きにしては下せない、という意味では伝統的な国際政治とは明らかに異なる。

E 統合と分離

　現代国際政治では、一部の地域で統合という現象がみられ、また地域協力の試みも盛んになりつつある。代表的な例はヨーロッパ統合（具体的にはEU）であるが、その他にも、あえて緩やかな地域協力の枠組みに留めるASEANの例が挙げられる。またアフリカ大陸におけるAU（アフリカ連合）、南アジアでの地域協力の試みなど、多くの地域で地域統合・協力の動きが活発化しつつある。他方、東ティモール独立のように分離独立の動きが幾つか表面化しつつある。また本来、統合を目指していたEUからのイギリスの離脱事例も注目すべきである。分離独立は各事例によって特殊な政治的・歴史的背景を抱えているため、早急な一般化は避けるべきであるが、現代国際政治において、統合と分離という相反する現象が同時に生じていることに注目してみよう。

2 国際政治におけるアクターとパワー

A 国際政治におけるアクター

　アクターとは行為主体と訳され、国際政治において活動する集団やグループを指す。国際政治学において伝統的に主なアクターとみなされてきたのは国家であった。なお国家とは、主権、領土、国民の3要素を備えた存在であり、他国によってその存在を承認される必要がある。

　しかし20世紀に入り、国家以外の存在も重要なアクターとみなされるようになった。すなわち国際機構、多国籍企業、NGO（非政府組織）といったアクターである。アクターが多様化した背景には、国際政治の重要争点が国家安全保障のみならず、国際貿易、開発、人権、地球環境など多様化し、コミュニケーション手段が飛躍的に進歩したことがある。

B ビリヤード・ゲーム・モデルとネットワーク・モデル

　主たるアクターが国家なのか、あるいはそれ以外の存在も含まれるのかといった問題は、単に誰が（あるいは何が）国際政治の主役なのかを認識する点で重要であるばかりではなく、どのような国際政治観が描かれるかという点でも重要である。すなわち国家のみを主たるアクターとみなす伝統的国際政治観は、国家がビリヤードの球のように互いに衝突し合い、反発し合うことで国際政治が展開されるというビリヤード・ゲーム・モデルの見方を提示する。他方さまざまなアクターが多様なコミュニケーションの方法を用いて複雑に結びつきあう国際政治観は、ネットワーク・モデル、あるいは「クモの巣状モデル」と呼ばれる。

C 国際政治におけるパワーとは①——軍事力の場合

　国際政治学では伝統的に軍事力と経済力の2つの要素がパワーになると考えられてきた。このうち古来から国家のパワーとして最も重要視されてきたのが軍事力である。軍事力はたいてい、装備と兵員の質と量で測られることが多い。装備とは具体的には戦車、戦闘機、航空母艦などの兵器や、兵員が携行するさまざまな装備を意味し、その性能差は軍事力の差と考え

られてきた。また、それを使用する兵員が高い教育や訓練を受けているか
も軍事力の要素となる。他にも、軍事的なテクノロジー（たとえばステルス
技術など）の進歩の程度、あるいは政治家や上級指揮官たちのリーダーシッ
プ能力・指揮監督能力・戦略や作戦の立案能力なども重要な軍事力の要素
として考えられる。

D　国際政治におけるパワーとは②――経済力の場合

　軍事力と並んで伝統的に国家の重要なパワーとして考えられてきたのが
経済力である。そもそも軍事力はいつの時代であっても巨額の経費を必要
とし、その経費を捻出できるかどうかは、その国の経済規模、つまり国の
経済的な豊かさにかかっている。そのため国家は古来よりいわゆる「富国
強兵」に努めてきたのである。現代中国の急速な軍事力の近代化と増強が、
経済的な急成長と密接に関連しているのは典型的な例である。このように
経済力は軍事力の重要な基盤を成すが、それだけではなく、巨大な経済力
は海外援助を潤沢に行える点でも外交的にはパワーとなり得る。経済力の
要素としては、工業生産力、研究開発力、労働力、資源の埋蔵、金融能力
（あるいは資金調達能力）などが考えられる。

E　国際政治におけるパワーとは③――ソフト・パワーの場合

　ここで取り上げた２つの力、軍事力と経済力が重要なのは現代でも変わ
らないが、さらに近年、ナイ（Nye, J. S.）によってソフト・パワー概念が提
唱された。ソフト・パワーとは、文化的な要因がパワーの源となり、国際
政治に影響力を及ぼすことを指す。ソフト・パワーは、相手を取り込む力
であり、こちら側の魅力によって、自らにとって望ましい結果を手に入れ
る力でもある。軍事力と経済力が直接的に相手に影響力を及ぼすのに対し
て、ソフト・パワーは間接的に影響力を行使する点に特徴がある。ソフ
ト・パワーの要素となるものは、第１には文化（文学、言語、映画、音楽、宗
教。サブカルチャーも含まれる）、第２に政治的な価値観（たとえば民主主義、自由
主義）、第３に外交政策（相手国や世界から、正当で敬意を払われるべき政策とみら
れる場合）が挙げられる。

3 古典的リアリズムの国際政治理論

A リアリズムの台頭

　国際政治学において長らくリアリズム（現実主義）が主流派として君臨してきた。リアリズムの発想自体は特別なものではない。リアリズムは権力欲を政治の土台と考えるが、この点はマキアヴェッリの思想にすでにみられるし、またパワーのバランス（勢力均衡）によって戦争と平和を理解しようとする考え方は古代ギリシアの歴史家・思想家ツキジデスにさかのぼる。リアリズムは西欧政治思想の膨大な蓄積を基盤とした理論である。

B リアリズムの 3 つの基本仮定

　リアリズムの理論は 3 つの基本仮定に基づく。第 1 の仮定は、国際政治の基本的性格をアナーキー（anarchy）と捉える。国際政治学においてアナーキーという場合、一般的な用法とは異なり無秩序や混沌を意味せず、中央政府が存在しない状態を指す。この状態では、国家は他国の保護を受けられず、自らを守る「自助（self-help）」を必要とする。

　第 2 の仮定は、国際政治において最も重要なアクターを国家と捉える。アナーキーの下では、自助を全うして人々に安全を提供できるのは国家のみであり、よってリアリズムでは国家以外のアクターは取るに足らない存在とみなされる。

　第 3 の仮定は、国際政治における最も重要な争点を国家安全保障とみなす。アナーキー下では、国家には自助が求められ、安全保障の確保が国際政治における最も重要なテーマとなる。またリアリズムでは経済的・社会的な問題は、安全保障と比べて常に優先度が低い問題とみなされる。

C モーゲンソーのリアリズム

　初期のリアリズムは古典的リアリズム、あるいはクラシカル・リアリズムと呼ばれ、代表的理論家はモーゲンソー（Morgenthau, H.）、カー（Carr, E. H.）などである。その中でも中心的理論家であるモーゲンソーは、先に挙げた基本仮定に基づきつつ、国際政治の根底にある「権力欲」を指摘した。

すなわち人間の本性には欲望があり、政治的な場面では「権力欲」という
形で現れると論じた。さらに国家を擬人化して、国家も同様に「権力欲」
を持ち、それが原因で国際政治のさまざまな出来事が引き起こされる因果
関係があると考えた。また国家の行動の根底には国益の追及という面があ
るが、すべての国家に共通する国益の中身とは国家の生存であるとする。
国益は国家の生存という点を除き普遍的な中身を持たず、それ以外の具体
的な中身はそれぞれの国家の政治的・歴史的背景によって決められる。

D　勢力均衡（バランス・オブ・パワー）の原理

　では、古典的リアリズムでは国際政治の秩序をどのようにして保つと考
えるのか。それは近代のヨーロッパ外交において発達した勢力均衡（バラン
ス・オブ・パワー）の原理である。いくつかの国家が互いに力のバランスを
とって戦略的安定性を保ち、各国の安全も達成されるとの原理である。

　この考え方では、主要な国が3つ以上存在することによって国際政治の
不確実性は増すが、しかしこの不確実性は国際政治の安定にとって有益と
なる。なぜならば、こうした状況下では各国は軍事力の行使に慎重となり、
また主要な国がいくつも存在することで同盟の組み換えが自由に行えるか
らである。さまざまな組み合わせで同盟を結成でき、現状を打破しようと
の野望を持つ挑戦国の行動を抑止できる。

　歴史上の事例としては近代ヨーロッパ、とりわけナポレオン戦争後の19
世紀「ヨーロッパの協調（Concert of Europe）」と呼ばれた時代が挙げられる。
この時代、オーストリアやプロイセンを中心としたヨーロッパ各国は複雑
な同盟外交を展開することによって、突出した国家の台頭を防ぎ、ヨーロ
ッパ内部の力のバランスをとることを試みた。こうした試みがヨーロッパ
国際政治に長らく安定をもたらしたといわれる。

E　まとめ

　古典的リアリズムは、権力欲、国家、勢力均衡といった点から国際政治
を読み解こうとする。他方では、権力欲といった人間性から議論を始める
など哲学の側面も強く、こうした点は新たなリアリズム理論であるネオリ
アリズムによって批判されていく。

4 ネオリアリズムの国際政治理論

A ウォルツの国際構造論

　ネオリアリズムは古典的リアリズムから基本仮定を受けつぐが、かなり性格の異なる理論である。代表的理論家はウォルツ（Waltz, K.）であり、その理論は国際構造論あるいは構造主義理論といわれる。この理論は、個々の国家ではなく、国際政治の全体構造に焦点を当て、国際構造が原因となってあらゆる国家の行動が導き出されると仮定する。国際構造とは国際政治における国家のパワーの分布と配分の状況を指す。その国際構造の性質がアナーキー性である。国際政治においては、国際構造が原因となって国家の行動という結果がもたらされると説く。ここには因果関係が存在する。ここで問題となるのは、国家によって行動には違いがあるという点であるが、国家の能力には違いがあり、この違いこそが国家の行動を制約し、異なる行動をとらせる要因となる。たとえばアメリカのような超大国は能力が大きく、行動の自由度も大きい。他方、小国はパワーが小さく能力が限られているため、行動の自由度も小さい。このようにネオリアリズムの理論的特徴は、国家の行動パターンを、国際政治のアナーキー性とパワーの分布から説明しようとすることにある。

B 「相対利得」の概念

　ネオリアリズムは、国家の行動の根底には「相対利得」の追求が潜むと説く。相対利得とは、相手と比べて自国がどれだけ得をしたかという視点である。ウォルツによれば、国家は他国より少しでも多くの相対利得を得ようとする。そのため相手との約束を破って出し抜くことで利益を得ようとさえ試みるため、しばしば国家間の協力は失敗に終わる。ネオリアリズムは、国際政治において国家間協力には困難が伴い、なおかつ対立が絶えない要因は国際構造に深く根ざすと説く。

C ギルピンの覇権安定論

　1970年代以降、経済的相互依存が急速に進み、国際関係における経済の

比重が増大する中で、古典的リアリズムは徐々に説明力を失い始めていた。そこで国際経済と国際政治を包括的に捉えようとしたのがギルピン（Gilpin, R.）の提唱した覇権安定論であった。この理論によれば、国際関係（国際政治と国際経済のセットの意味）の秩序を形成して維持するのが覇権国であり、国際秩序は覇権国の存在にかかっている。ギルピンによれば国際関係の構造とは、圧倒的パワーを持つ「覇権国」、相対的に大きなパワーを持つ「大国」、あまり大きなパワーを持たない「準周辺国」、国際的影響力が皆無の「周辺国」といった4タイプの国家から成る。

D　覇権安定のサイクル

　覇権国による国際秩序の形成と維持は以下の4段階から成る。まず覇権国のパワーによって国際秩序が形成される「秩序形成」段階、第2に覇権国のパワーとコストの負担によって秩序が保たれる「秩序安定」段階、第3に覇権国に挑む国が現れる「挑戦国の登場」段階、最後に覇権国の座をかけた「覇権戦争」段階である。以上の4段階によって一つのサイクルが作られ、そのサイクルが繰り返されるというのがギルピンの説である。しかし4段階の議論は歴史の過度の抽象化であり、「歴史は繰り返す」という言説の安易な理論化に過ぎないと批判されている。また、覇権国の概念はアメリカの行動の正当化に過ぎないとの批判もある。

E　ネオリアリズムの新展開

　近年、ネオリアリズムは新展開をみせており、国家間の協力について楽観的な見方をとる防御的リアリズムが登場した。この理論によれば、国家は安全さえ保証されれば競い合う必要はなくなる。むしろ協力することで生き残ることが確実となれば、妥協や譲歩をする方が国家の安全は高まると政治リーダーが考えると説く。

　他方、この説を批判して登場したのが攻撃的リアリズムである。国家の究極目的は安全の達成ではなく、パワーの極大化にある。よって国家は安全を確保してもパワー増大の追求を止めない。国家の目的が他国よりも大きなパワーを持つことにある以上、国家間の対立は避けられないと説くのが攻撃的リアリズムである。

5 リベラリズムの国際政治理論

A リベラリズムの国際政治理論の基本仮定

　リアリズムと並んでリベラリズムの国際政治理論がもう一つの理論潮流となっており、以下の3点を基本仮定としている。第1、国際政治における重要な争点は多様であり、リアリズムとは異なり、安全保障だけが常に最も重要とは考えない。リベラリズムは国際貿易・開発・環境・人権など多様な経済的・社会的争点も安全保障と同様に重要な争点と考える。第2、この理論は、リアリズムとは異なり、国際政治で重要なアクターを国家のみとは考えない。すなわち国家に限らず、国連のような国際機構、EUのような地域機構、NGO、多国籍企業など多様なアクターが重要な役割を占めると仮定する。第3、この理論は国際政治と国内政治を連係させて分析する。リアリズムでは国際政治は国家間関係と捉えられ、分析の際に国内要因は考慮されない。しかしリベラリズムでは、NGOや圧力団体などの働きかけで外交政策が変化したり、世論の動向で国家の方針が左右されたり、さまざまな国内要因が国際政治に影響を及ぼし、また逆に国際政治の動向が国内に影響を及ぼすことがあると捉えられる。

B 相互依存論

　リベラリズムの理論の中で、1970年代以降に進行した経済的相互依存に注目したのが相互依存論であり、代表的理論家はナイとコヘイン（Keohane, R. O.）である。相互依存とは、国家間の貿易、投資、技術移転、労働移転などの経済的・社会的交流が拡大し、政治的にも無視できない影響が生じる状況を指す。すなわち国家間で、ヒト・モノ・カネ・情報などの経済的・社会的交流が増えると、政治的な影響が生じて一種の国際秩序が出現すると説く。相互依存では以下の特徴が生じる。第1に、国家間には多元的なチャンネルが形成され、国境を越えた市民・NGO・官僚・政治家の結びつきが出現する。第2に、従来の国際政治とは異なり、経済的・社会的争点が重要となる。第3に、相互依存の下で軍事力の有効性が減少する。この状況下では貿易摩擦などの経済争点などが深刻な外交問題となるが、こ

うした問題の解決には軍事力はほとんど無力となる。相互依存の状況下で
は、軍事的対立や軍事力の行使は経済的・社会的関係に悪影響を及ぼすた
め、各国によって軍事的対立が自制される可能性がある。

C　国際レジーム論

　経済的相互依存は1970年の時点では一部の先進国のみに当てはまる現
象であり、相互依存論の説明力は限られていた。そこで、より広く国際政
治現象を説明しようとするのが国際レジーム論であり、代表的理論家はク
ラズナー（Krasner, S.）とヤング（Young, O.）である。国際レジーム論とは、
国際機構や国際ルール・慣行を広く国際制度と捉えて、国際協力や秩序に
ついて分析する理論である。クラズナーの定義では、国際レジームとは「国
際関係の特定分野において、原則、規範、規則、政策決定の手続きのセッ
ト」である。要するに、国際的なルールのセットが、国家の行動を制約し、
国際政治に一定の秩序をもたらすと説く。具体的な事例としては、IMF（国
際通貨基金）を中心とした国際金融のレジーム、WTO（世界貿易機関）を中心
とした国際自由貿易のレジーム、NPT（核兵器不拡散条約）に基づく核拡散
防止の国際レジームなどがある。国際レジームは国際政治における特定分
野の秩序、部分的な国際秩序を形成するといえる。

D　レジーム論への批判

　しかし、国際レジーム論はリアリズムから以下の点で批判を受けた。国
家はそもそもレジームに制約されず、依然として国益の観点からのみ行動
している。よって国家はレジームを維持するためには行動せず、レジーム
維持に必要なコスト負担もしない。またレジーム相互の関係や序列が明ら
かにされておらず、そのためレジーム論では国際政治の全体像を把握する
ことはできない。こうした批判には、リベラリズム国際政治理論の新たな
学派であるネオリベラル制度論が反論して、レジーム論を修正した。国家
は依然として国際政治の主要アクターであり、国益実現のために行動して
いる。しかし、レジームは国家によって一方的に左右される存在ではなく、
一定の自律性を保っている。またレジームには国家の行動を制約し、国際
協調を円滑なものとする機能が備わるとされる。

6 「民主主義による平和論」とその他の理論

A 「民主主義による平和論」とは何か①——理念による制約

　近年、注目されているリベラリズム国際政治理論が、「民主主義による平和論（デモクラティック・ピース論）」であり、代表的な理論家はラセット（Russett, B.）である。この理論によれば、国際平和の決め手は民主国家の体制である。民主国家は互いに戦わない。なぜならば、民主国家同士は民主主義の理念（人権、言論の自由など）や制度によって制約がかけられ、戦争には至らないからである。民主主義の理念を共有する国家は、互いに相手国の権利を尊重し、平和的手段によって紛争を解決すべきとの規範が備わっている。危機が発生した場合、民主主義では政策決定過程の透明性が高いため、お互いに相手の状況を把握しやすく、武力行使ではなく平和的手段による危機の解決が模索される。また、価値観を共有することから相手側もこちら側と同じような態度を取ることが予想できる。近代の国際政治史も民主国家同士の戦争が皆無であることを示している。

B 「民主主義による平和論」とは何か②——制度による制約

　また、民主主義におけるさまざまな制度（たとえば議会、政党、メディア）が民主国家同士の戦争を制約すると論じる。民主国家では独裁国家などと比べて、戦争の決定と遂行には複雑な制度的手続きを必要とする。また、議会や世論は戦争を簡単には承認しないし、メディアや野党は政府の決定や行動に監視の目を光らせている。反戦・平和運動の影響も大きい。政府や与党は選挙を考慮するため、人的犠牲や財政的負担を伴う戦争や武力行使は他の政治体制の国家と比べてはるかに決定しにくい。

C 「民主主義による平和論」の課題

　以上の「民主主義による平和論」については、多くの課題が存在する。第1は民主主義概念のあいまいさである。政治学において民主主義はいまだに論争の多い概念であるが、この理論において民主主義や民主国家が具体的に何を指しているか明確ではない。第2に、民主化と戦争の関連性を

どう説明するかという点である。歴史的には民主化段階で戦争・紛争が多発しているが、この理論ではこの点について説明されていない。第3に、民主国家は平和国家といえるのかという点である。この理論が明らかにするのは、民主国家同士が戦わないという点であって、民主国家が戦争しないということではない。

D　リベラル・ピース論

　「民主主義による平和論」は現在、リベラル・ピース論へと発展しつつある。リベラル・ピース論とは、民主主義が国内で根付いているかどうか、互いに経済的相互依存が進行しているかどうか、そして国際機構へ積極的に参加しているかどうかの3点を考慮し、この3点が揃う場合、そうした国家間では戦争の可能性が低くなると仮定する議論である。ただし前述の3つの課題はこの理論でも依然として主な課題として残されている。

E　コンストラクティヴィズム

　リアリズムやリベラリズムと異なる国際政治理論として近年、注目されているのがコンストラクティヴィズム（構築主義や構成主義と訳される）である。従来の理論は軍事力や経済力といったような物質的要素に注意を払ってきたが、この理論はアイディア、アイデンティティ、規範、倫理といったような客観的にも数量的にも測りにくい要素に着目する。そしてこうした要素が国際政治を左右するような影響を及ぼすと説く。

　この理論のキーワードは「間主観性」であり、お互いに共有された主観や認識を意味する。たとえば、ある国家のリーダーが現代の世界秩序では武力行使は許されないと考えていたと仮定する。これはそのリーダーの主観であるが、仮にこうした考え方を他の国家のリーダーたちも持っていたならば、彼らは共有された認識、すなわち「間主観性」を持っていることになる。この場合、そうした国際秩序の認識は、国際秩序が客観的に存在するかのように各国のリーダーの政策決定や行動を制約する。こうした要素が国際政治を動かしてきたというのが、この理論の主張である。しかし実証研究には向かないとの批判があり、また他の理論もこうした要素を無視したわけではないとの反論もある。

7　現代の国際社会の諸課題

A　グローバル・イシューとは何か

　最後に現代国際政治が今日的問題として抱える課題を取り上げておく。冷戦期、国際政治の大きな課題は米ソの正面衝突や全面核戦争をいかに阻止するかという点にあった。しかし、現代国際政治では課題は多様化している。冷戦期に懸念されたような大戦争の発生の危険性こそ低くなったとはいえ、地域や民族をめぐる紛争は依然として絶えない。また、さまざまな地球規模の課題（グローバル・イシューと呼ばれる）、具体的には環境、貧困、開発、人権、貿易など多様な分野の課題が問題とされている。その特徴は、文字通りグローバルな広がりを持つことで、従来の国境が無意味なものとなり、あるいは一見すると自国に関係ないように思われても、結果的には大きな影響を受けてしまう点にある。たとえば環境破壊や温暖化はグローバル・イシューの典型例であり、気候変動や汚染物質の問題は、人間の定めた国境を容易に越えて影響を及ぼす。

B　グローバル・ガバナンスの登場

　このためグローバル・イシューに取り組むためには国際的な協力が必要となる。そこで提唱された新たな国際秩序の概念がグローバル・ガバナンスである。ガバナンスとは、個人および公的または私的な制度・機構が、共通の問題を管理する多様な方法の総称として定義される。ガバナンスは国内政治の分野でも注目されつつある概念であり、現代政治学の重要な研究領域ともなっているが、グローバル・ガバナンスはそうしたガバナンスの国際版といえる。もっとも国内政治では政府によって基本的な秩序が確立され保障されているが、国際政治ではそうした基本的秩序さえ明確には確立されておらず、ガバナンスの確立と充実はより切実かつ緊急なグローバル・レベルの課題といえる。

　より具体的には、グローバル・ガバナンスとは、各国政府のみならず、国連やその専門機関などの国際機関、EU のような地域機関、NGO などの市民社会の組織、そして企業あるいは個人といったような多様なアクター

によって何重にもネットワークが張り巡らされて、グローバルな問題の処理と解決が図られ、秩序が保たれていくことを指す。

C ウクライナ戦争と国際社会

2022年2月24日、演習の名目で集結していたロシア軍はウクライナへ侵攻を開始した。強大なロシア軍の前にウクライナは短期間で敗北するとみられていたが、ウクライナは粘り強い抵抗を続け、戦争は長期戦・消耗戦の様相を呈した。国連は総会の決議でロシアの行動を強く批判した。この侵攻については、ロシアによる一方的侵攻であること、またロシアの残虐行為が明るみに出たことから、多くの国から批判を招いた。現代の戦争・紛争では、国際的な世論の動向が無視できないことに注目しよう。

軍事的に劣勢なウクライナが頑強な抵抗を続けられるのは、欧米からの最新の装備・物資の供与が一因である。とりわけ欧米製の精密誘導兵器はロシアが持つ同種の装備の性能を凌駕し、戦局に大きな影響を与えている。またウクライナの巧みな作戦運用も一因であるが、それには綿密な情報収集と分析作業、すなわちインテリジェンスが必要となる。ウクライナは欧米諸国から、衛星情報を含むインテリジェンス面での支援を受けており、その支援も抵抗と反撃の原動力である。現代の戦争・紛争では、軍事技術、装備や物資の供給、そしてインテリジェンス能力がその帰趨を左右することに注目しよう。またロシアは核の恫喝ともとれる言動をしており、この点からも核軍縮が世界の緊急の課題であることにも注目しよう。

経済的にはアメリカや欧州連合（EU）などが経済制裁を発動したが、ロシアは天然ガスなどの供給制限をちらつかせて対抗した。またウクライナなどの農産物の生産と輸出がほぼ停止されたことで、世界的な食料危機や飢餓のおそれも取り沙汰されている。現代の戦争・紛争では、たとえ他国の戦争であっても、食料やエネルギーという点でわれわれの日常生活がおびやかされることに注目しよう。

現代の戦争・紛争では、多くの民間人が難民となり、また犠牲となる。ウクライナ戦争も例外ではない。戦争のもたらすこうした惨禍を、他人事ではなく自分の事として捉えることを心がけてほしい。

知識を確認しよう

・・

[問題] 以下の国際政治学についての記述の中から適切なものを選択せよ。

(1) ネオリアリズムの国際政治理論は、国内レベルの政治過程に注目して、そうした政治過程の解明こそ国際政治を解く鍵であると説く。

(2) リアリズムの基本仮定によれば、国家が国際政治の主要アクターであり、国際政治の主要争点とは安全保障、貿易、環境など多岐にわたると説く。

(3) 近代ヨーロッパで発達した伝統的なバランス・オブ・パワー（勢力均衡）の考え方によれば、国際政治の秩序は一つの突出した超大国の存在によって保たれる。

(4) コヘイン（Keohane, R.O.）とナイ（Nye, J.S.）の相互依存論は国家間の経済的結びつきの深まりは、国家間の政治にほとんど影響を及ぼさないと説く。

(5) 「民主主義による平和論」には、民主主義の理念による制約、あるいは制度による制約に注目する2つのアプローチがある。

[解答]

(1) ×　ネオリアリズムが注目するのは国内レベルではなく、国際レベルであり、国際構造である。

(2) ×　リアリズムは、主要争点が安全保障であり、その他の争点は二義的にすぎないと説く。

(3) ×　伝統的な勢力均衡の考え方では、一つの超大国の存在ではなく、3つ以上の国家が互いに力のバランスを取り合うことによって国際秩序が保たれるとされる。

(4) ×　相互依存論によれば、経済的な相互依存の進行につれて、政治的なインパクトが生じると説き、それが場合によっては国際的な協調や秩序を導き得るとされる。

(5) ○

第13章 現代日本の外交と政治

本章のポイント

　日本外交の重要なできごとを概観し、日本政治の実状を明らかにする。

1. 戦後日本のスタートというべき敗戦・占領改革、朝鮮戦争と再軍備を扱う。
2. 戦後日本外交の始動では、サンフランシスコ講和会議、日米安全保障条約の締結と課題に着目する。
3. 日ソ国交回復と国連加盟、安保改定に焦点をあて、戦後日本外交の基調を考察する。
4. 積み残された戦後日本外交の課題として、日韓基本条約、沖縄返還を取り上げる。
5. 日中国交正常化、主要国首脳会議にふれ、戦後日本外交の展開を描く。
6. 安全保障面と経済面に注目して、戦後日米関係の推移を検証する。
7. 最後に、内閣総理大臣と外務省というアクターについて言及する。

1　戦後日本のスタート

A　敗戦・占領改革

　周知のように、1945（昭和20）年8月14日、日本はポツダム宣言を受諾した。ここでいうポツダム宣言とは、同年7月26日に、米国、中華民国、イギリスの首脳名によって発せられたものであり、「吾等ハ日本国政府カ直ニ全日本国軍隊ノ無条件降伏ヲ宣言シ且右行動ニ於ケル同政府ノ誠意ニ付適当且充分ナル保障ヲ提供センコトヲ同政府ニ対シ要求ス右以外ノ日本国ノ選択ハ迅速且完全ナル壊滅アルノミトス」という内容のものであった。ここに、日本は連合国に対して無条件降伏をし、敗戦をむかえた。

　敗戦後の8月30日、マッカーサー（MacArthur, D.）が厚木飛行場におりたった。マッカーサーを最高司令官とするGHQ（連合国軍総司令部）は、五大改革（婦人の解放、労働組合結成の奨励、学校教育の自由主義化、圧制的制度の廃止、経済機構の民主化）を命じるなど、日本の民主化につとめた。民主化の動きが最高潮に達した好例こそが、日本国憲法の公布（1946〔昭和21〕年11月3日）・施行（1947〔昭和22〕年5月3日）といっても過言ではなかろう。同憲法・第1条には、「主権の存する日本国民」との文言が記され、戦前期の政治体制との決別が示された。加えて、GHQは民主化だけでなく、日本の非軍事化にも取り組んだ。

　こうした中、1948（昭和23）年10月7日、米国政府内の国家安全保障会議（NSC）の場において、NSC13/2という文書が採択される。これによって、米国の対日占領政策は大きく転換する。この文書では、徹底した日本民主化の方針を改め、日本を"反共の砦"とするためにも、経済的安定を重視するという方向性が打ち出された。同文書の採択をリードしたのは、封じ込め政策を提唱したことで名高いケナン（Kennan, G. F.）だが、この文書自体、冷戦という当時の時代状況を色濃く反映していた。1947年3月12日のトルーマン（Truman, H. S.）大統領による演説（トルーマン・ドクトリン）に端を発した冷戦の影響は、米ソ両国の代理戦争という形でも現れる。それが、1950（昭和25）年6月25日に始まった朝鮮戦争である。

B　朝鮮戦争と再軍備

　朝鮮戦争の発生とともに、日本は朝鮮特需という好景気にわき、経済復興への大きな足がかりを得る。たとえば、経済企画庁による『経済白書』（1954〔昭和29〕年度版）には、「動乱の始まった（昭和）25暦年を基準として28年度の水準をみると、実質国民所得は約3割、実質賃金3割5分消費水準4割の増大を示している。また鉱工業生産水準が9割も上昇したのに雇用量は4%の増加にとどまっているから労働生産性も生産量の増大に伴って9割の向上を示した」（カッコ内、引用者補足）との記述がみられ、1953（昭和28）年7月27日に休戦協定が結ばれるまでのあいだ、この戦争によって、日本がいかに多大な経済的恩恵を受けたかがわかる。

　もっとも、こうした経済面でのメリットを手中にした反面、日本国憲法・第9条を有していたにもかかわらず、日本は、再軍備という米国側からの要求＝「外圧」に屈することとなった。1950年7月8日、マッカーサーは、7万5,000人からなる国家警察予備隊の創設を命じた。この警察予備隊は、その後、1952（昭和27）年10月15日には保安隊に、そして、1954年7月1日には自衛隊へと改組され、人員・装備ともに拡大の一途をたどった。

　ここで、日本の再軍備との関連で重要な池田・ロバートソン会談について概観しよう。この会談では、吉田茂の意向を受けた、自由党政調会長・池田勇人が訪米し、1953年10月2日〜30日のあいだ、ロバートソン（Robertson, W. S.）国務次官補（極東問題担当）と、激論を展開した。保安隊の陸上兵力をめぐって、10個師団32万5,000人の拡充を求める米国側に対して、池田は10個師団18万人という私案をたずさえていた。数字から一目瞭然なように、日米間の思惑には大きなひらきがあり、およそ1カ月にわたった会談で軍備増強は実を結ばなかった。

　この池田とロバートソンによる交渉は、相互安全保障法（MSA）に基づく米国側からの援助受け入れを目的としたものであった。会談こそ決裂したものの、米国側の譲歩もあり、1954年3月8日には、MSA協定（日米相互防衛援助協定）が調印された。この事実は、冷戦下において、米国が日本の存在をいかに重視していたかを如実に物語るものである。

2 ● 戦後日本外交の始動

A サンフランシスコ講和会議

　日本の独立をめぐる動きは着実に進展していた。もっとも、日本の独立は米ソ超大国による東西冷戦の影響をまともに受けることとなる。

　この当時、日本国内では東側諸国もふくめた形での独立を達成すべきであるとする全面講和論と、東側諸国をのぞいた形で独立を果たすべきだとの片面講和論が存在していた。前者を唱える代表が、南原繁・東京大学総長であった。後者の代表格は首相の吉田茂であるが、吉田は南原を「曲学阿世の徒」と呼ぶなど、全面講和論が空想であって、国際政治の現実をまったくふまえていないものだとの批判を展開した。講和三原則（全面講和、中立堅持、外国軍事基地反対）をかかげる日本社会党なども、左派を中心に全面講和論を支持したものの、最終的に吉田は片面講和論を選択する。

　そして、1951（昭和26）年9月4日から、オペラハウスで始まったサンフランシスコ講和会議の最終日（8日）に、サンフランシスコ平和条約（日本国との平和条約）が調印されたのであった。この会議に参加した国の数は52カ国であったが、日本の独立を認めるサンフランシスコ平和条約に署名したのは49カ国でしかなかった。会議に参加したものの、条約への署名をこばんだのは、ソ連、チェコスロヴァキア、ポーランドの3カ国であり、これらはいずれも東側諸国であった。また、インド、ビルマ、ユーゴスラヴィア、中国はこの会議には参加しなかった。

　サンフランシスコ平和条約を締結したのと同じ日、米陸軍第六兵団のプレシディオ（駐屯地）において、吉田は米国とのあいだで、日米安全保障条約（日本国とアメリカ合衆国との間の安全保障条約）を締結した。これにより、日本は西側諸国の一員として、国際社会で再出発することを世界に宣する形となった。いずれにせよ、これら2つの条約は1952（昭和27）年4月28日に発効し、ようやく日本は主権を回復する。とはいえ、この時点では、東側諸国との国交はまだ存在しないままの状態であった。

B 日米安全保障条約の締結と課題

　先述したように、1951年9月8日、日米安全保障条約が調印された。同じ日に締結されたサンフランシスコ平和条約には全権団のメンバー6名全員の署名があるものの、日米安全保障条約のほうは、吉田がただ一人サインしたにすぎなかった。この当時、日本国内では、日米安全保障条約への反対の声が大きく、吉田はその責を一人でとろうとしたのであった。たとえば、サンフランシスコ平和条約への対応をめぐって、日本社会党は賛成の立場の右派社会党と反対のスタンスをとる左派社会党に分裂してしまったが、日米安全保障条約をめぐっては、ともに反対であった。

　では、日米安全保障条約にはどのような問題点があったのであろうか。ひんぱんに指摘されているのが、同条約の持つ"片務性"である。第1条には、「平和条約及びこの条約の効力発生と同時に、アメリカ合衆国の陸軍、空軍及び海軍を日本国内及びその附近に配備する権利を、日本国は、許与し、アメリカ合衆国は、これを受諾する」との文言がみられる。この条文は、日本側が米国側に対して、基地を提供する義務について記したものである。日本側が米国側に基地を提供するのは、米国による日本防衛への期待があるからだ。にもかかわらず、条約のどこをみても、米国による日本防衛義務についてはまったくふれられていなかった。

　また、同じ第1条には、「この軍隊は、極東における国際の平和と安全の維持に寄与し、並びに、一又は二以上の外部の国による教唆又は干渉によつて引き起された日本国における大規模の内乱及び騒じょうを鎮圧するため日本国政府の明示の要請に応じて与えられる援助を含めて、外部からの武力攻撃に対する日本国の安全に寄与するために使用することができる」との文言もみられる。この内乱条項は、独立国家としては認めがたい内容であるとの声がわき起こった。この他、日米安全保障条約では、当該条約の有効期間に関する記述がいっさいみられなかったため、不満が高まったことはいうまでもない。

　かくして、吉田の結んだ日米安全保障条約の"片務性"を批判する声が保守陣営を中心に噴出した。それが、岸信介政権下における1960（昭和35）年の安保改定へとつながっていく。

3 戦後日本外交の基調

A 日ソ国交回復と国連加盟

　片面講和論を選択した日本は、依然としてソ連との国交がないままの状態が続いていた。ソ連との国交回復を目指したのが、吉田茂のあとをおそった鳩山一郎であった。軽武装・経済重視の"吉田ドクトリン"を米国追随外交と非難してきた鳩山は、自主外交をスローガンに、日ソ国交回復に成功する。

　とはいえ、ソ連との国交回復と引き換えに、日本側は大きな代償をはらうこととなった。それが、いわゆる北方領土問題である。1956 (昭和31) 年10月19日に署名された日ソ共同宣言 (日本国とソヴィエト社会主義共和国連邦との共同宣言)・第9項には、「日本国及びソヴィエト社会主義共和国連邦は、両国間に正常な外交関係が回復された後、平和条約の締結に関する交渉を継続することに同意する」とした上で、「ソヴィエト社会主義共和国連邦は、日本国の要望にこたえかつ日本国の利益を考慮して、歯舞群島及び色丹島を日本国に引き渡すことに同意する。ただし、これらの諸島は、日本国とソヴィエト社会主義共和国連邦との間の平和条約が締結された後に現実に引き渡されるものとする」と記された。ここには、国後島と択捉島という文字がない。周知のように、その後、日ソ間において平和条約が締結されることはなく、日本の固有の領土である北方四島は、"不法占拠"された状態が続いていることには留意すべきであろう。

　また、日ソ共同宣言・第4項には、「ソヴィエト社会主義共和国連邦は、国際連合への加入に関する日本国の申請を支持するものとする」との文言があり、これによって、日本は1956年12月18日に、国連 (国際連合) への加盟を果たす。これを受けて、外務省発行の『わが外交の近況』(第1号) には、「外交活動の基調をなすものは、『国際連合中心』、『自由主義諸国との協調』および『アジアの一員としての立場の堅持』の三大原則である」との文言が明記されることとなった。ここに、名実ともに、戦後の日本外交は大きな転換をむかえる。

B 安保改定

　吉田政権下で締結された日米安全保障条約をめぐっては、その内容がきわめて"片務的"であるとの批判が投げかけられていた。そのため、たとえば、吉田のあとをおそった鳩山内閣では、1955（昭和30）年8月29日〜31日に、外相・重光葵が米国の国務長官・ダレス（Dulles, J. F.）と会談し、条約改定の問題を持ち出した。ところが、このとき、ダレスは重光の提案をまったく検討しようともしなかったという。

　そこで、日本国内では、安保改定をなしとげるための政治的基盤を整備するためにも、保守勢力の結集が必要であるとの声が強まる。こうした米国側からの「外圧」に加えて、日本国内の革新陣営の統一的な動きや財界からの要望も手伝って、1955年11月15日、自由党と日本民主党による保守合同が実現した。そしてここに、自由民主党（自民党）が誕生する。

　首相就任後の岸信介は、安保改定に尽力した。その結果、1960（昭和35）年1月19日に、米国の首都ワシントンD.C.で新条約が調印された。新しい日米安全保障条約（日本国とアメリカ合衆国との間の相互協力及び安全保障条約）・第6条において、「日本国の安全に寄与し、並びに極東における国際の平和及び安全の維持に寄与するため、アメリカ合衆国は、その陸軍、空軍及び海軍が日本国において施設及び区域を使用することを許される」という形で、米国による日本防衛義務が明記され、"片務的"な条約が"双務的"なものとなった。この他、内乱条項が削除されたり、条約の期限がもうけられたりするなど、旧条約の問題点が解消された。

　ところが、日本国内では、これによって、米国との軍事的結びつきが強まるとして、安保改定に対する広範な反対運動がわき起こった。国会構内での抗議活動に参加していた、樺美智子という女子大生の死というショッキングなできごともあり、安保反対運動は岸内閣打倒運動へと性格を変えるとともに、激しさを増していった。そうした中、6月23日になって、同条約は発効した。"双務性"は獲得したものの、米国大統領・アイゼンハワー（Eisenhower, D. D.）の訪日が中止に追いこまれるなど、安保改定によって、日米関係が大きな危機にさらされたということを付言しておこう。

4 戦後日本外交の課題

A 日韓基本条約

　戦後処理の課題はいくつか残されていた。その一つが、大韓民国（韓国）との関係であった。その日韓両国のあいだに国交が樹立したのは、1965（昭和 40）年 6 月 22 日の日韓基本条約（日本国と大韓民国との間の基本関係に関する条約）の調印と 12 月 18 日の発効によってであった。

　ただ、日韓基本条約締結までの道のりは決して平坦なものではなかった。日韓間では予備会談が 1951（昭和 26）年 10 月 20 日に、第一次の日韓会談が 1952（昭和 27）年 2 月 15 日から始まっている。その後、中断などの紆余曲折を経て、日韓間では第七次（1964〔昭和 39〕年 12 月 3 日～1965〔昭和 40〕年 6 月 22 日）まで会談が持たれた。両国間の協議がこれほどまでに長期化した理由はいくつかある。その好例として、1952 年 1 月 18 日の李承晩ラインの設定を挙げることができよう。これは、韓国大統領・李承晩が、竹島をふくめた海域の主権を一方的に宣言したもので、その後、日本漁船の操業に多大な支障をきたす事態となっただけでなく、日韓交渉における大きな障害となった。

　ところが、自国の経済発展を至上命題にかかげた朴正煕が大統領の座につくと、日本からの経済協力が重視されることとなり、1962（昭和 37）年 11 月 12 日に、外相・大平正芳と中央情報部長・金鍾泌とのあいだで、合意（大平・金メモ）がはかられるにいたった。その合意内容とは、日本側が 10 年間にわたって、3 億ドルの無償経済協力、2 億ドルの長期低利借款、1 億ドル以上の民間信用供与を実施するというものであった。日本側にとってのポイントは、韓国側の請求権に応じたのではなく、あくまでも経済協力という形で支援が行われるという点にあった。

　この他、日韓間での大きな争点の一つである竹島については、その解決を棚上げするという形でいちおうの決着をみたものの、その後も両国間において、対立が絶えないのは周知の通りである。

　最後に忘れてはならないのは、日韓間と異なり、日本 – 朝鮮民主主義人民共和国（北朝鮮）間には、いまなお国交が存在しないという事実である。

B　沖縄返還

　1952年4月28日、日本は主権を回復し、国際社会への復帰を果たした。だが、この日は、沖縄県民にとっては、"屈辱の日"でしかなかった。なぜなら、その後も、沖縄は米国によって占領され続けたからだ。もっとも、1957（昭和32）年6月19・21日の岸・アイゼンハワー会談後に発表された共同声明では、沖縄に対する日本の「潜在的主権」が認められているし、首相・池田勇人と米大統領・ケネディ（Kennedy, J. F.）との日米首脳会談（1961〔昭和36〕年6月20・21日）では、日本による沖縄への援助金額の増大が確認された。

　こうして、沖縄への日本の関わりは少しずつではあるが、拡大してきていた。そのような中、1967（昭和42）年11月14・15日に行われた、佐藤栄作と米大統領・ジョンソン（Johnson, L. B.）による日米首脳会談後の共同声明には、「両国政府がここ両三年内に双方の満足しうる返還の時期につき合意すべきである」との文言が盛り込まれた。これによって、沖縄返還への期待が高まる。そして、佐藤と米大統領・ニクソン（Nixon, R. M.）との会談（1969〔昭和44〕年11月19・20・21日）後の共同声明の中で、とうとう、「1972年中に沖縄の復帰を達成するよう、この協議を促進すべきことに合意した」と明記されたのである。これを受けて、1972（昭和47）年5月15日、沖縄は日本に復帰する。

　ところが、この沖縄返還をめぐっては、日米間において、いくつかの"密約"がかわされたとされている。まずは、有名な「縄と糸の取引」である。これは、米国から沖縄を返還してもらうかわりに、日本から米国にむけての繊維製品（糸）の輸出量を規制するというものであった。米国側は、ニクソンが大統領就任から10カ月のちの日米首脳会談で、1972年中の沖縄返還を確約したものの、繊維問題をめぐる日本側の対応は遅く、じつに1972年1月3日になって、ようやく日米繊維協定を結ぶにいたった。そのため、日本の態度に業を煮やしたニクソンは、米中接近や新経済政策を発表するなどし、"ニクソン・ショック"が日本をおそったことは有名である。この他、有事の際の沖縄への核持ち込みに関するもの、軍用地として使用されてきた土地の原状回復補償費の肩代わりに関するものなどの"密約"が日米間でかわされたとされる。

5 戦後日本外交の展開

A 日中国交正常化

　中国との国交正常化も、戦後日本外交にとっての難問の一つであった。すでにみたように、サンフランシスコ講和会議には中国の代表は招待されなかった。なぜなら、中華人民共和国を招請しようとするイギリスと、中華民国を代表とみなす米国とのあいだに対立が存在したからである。とはいえ、結局、日本は米国の意向をくみ、1951（昭和26）年12月24日、中華民国・国民政府とのあいだで条約を結ぶことをうたった、「吉田書簡」を米国側に送付する。これを受けた形で、1952（昭和27）年4月28日には、日華平和条約（日本国と中華民国との間の平和条約）の締結にいたる。

　もちろん、国交こそなかったものの、政経分離の原則のもと、日本と中華人民共和国とのあいだで、経済的なつながりがあったことはいうまでもない。その影には、中華人民共和国との関係を重視する政治家の尽力などがあった。

　そうした中で起こったのは、1971（昭和46）年7月15日の米中接近であった。この日、米国大統領・ニクソンは、みずからの北京訪問を発表した。突然の発表に対して、日本側が衝撃を受けたことは事実であるが、同時にまた、これによって、日中間の国交正常化の動きも加速していくこととなった。しかしながら、自民党内には親台湾派と呼ばれる国会議員も多数いて、その道のりは険しかった。

　だが、1972（昭和47）年9月29日には、両国間での努力が日中共同声明（日本国政府と中華人民共和国政府の共同声明）として結実した。日中間の「これまでの不正常な状態」に終止符が打たれた一方で、同声明中には、「日本国政府は、中華人民共和国政府が中国の唯一の合法政府であることを承認する」「中華人民共和国政府は、台湾が中華人民共和国の領土の不可分の一部であることを重ねて表明する。日本国政府は、この中華人民共和国政府の立場を十分理解し、尊重」するとの文言があり、国民政府（台湾）との国交が断絶することとなった。

B　主要国首脳会議（サミット）

　1973（昭和48）年10月6日の第四次中東戦争の勃発を受けて、第一次石油危機（オイル・ショック）が世界をおそった。そのため、これまで順調な経済発展をとげてきた先進各国は、政策協調を必要とした。そうした中、フランスの大統領・ジスカール・デスタン（Giscard d'Estaing, V. R. M.）の呼びかけによって、同国のランブイエの地で、第1回主要国首脳会議（サミット）が開催された（1975〔昭和50〕年11月15日〜17日）。外務省発行の『わが外交の近況』（第20号）では、「主要国首脳会議は11月15日から17日にかけ、パリ郊外ランブイエ城において、日・米・英・西独・仏・伊の6カ国首脳が集まり開催された。わが国を含めた主要国の首脳が一堂に会し、現下の世界経済が抱える諸問題につき、腹蔵なき意見の交換を行つたことは、今後の世界経済の安定的発展にとつて重要な意義を有する。また、この会議を通じ各国首脳が問題意識を分ち合い、相互理解を促進したことは、当面の諸問題の解決に大きな影響を与えたのみならず、自由主義経済の将来にとつても、極めて大きな役割を果たすものと思われる」と、その成果についてふれられている。

　とりわけ、IMF（国際通貨基金）やGATT（関税及び貿易に関する一般協定）といった国際機関のオリジナル・メンバーではなかった、敗戦国・日本が第1回サミットに参加できたということは、当時の日本の経済力がいかに大きかったかを如実に物語るものであろう。

　第1回サミットの参加国は6カ国だけであったが、2回目からはカナダが加わり、第3回からはEC（欧州共同体）委員長も一員となった。参加する首脳が増えるとともに、取り上げられる議題も、「世界経済が抱える諸問題」だけでなく、多岐にわたっていった。たとえば、外務省のウェブサイトには、「旧ソ連軍のアフガニスタン軍事介入により、初めに政治問題が公式な議論となり、政治色の強い首脳会議となったため一部には『政治サミット』との見方がなされた」（第6回）との記述もみられる。また、冷戦崩壊という事態を受けて、第17回サミットでは、「会議終了直後にG7首脳とゴルバチョフ・ソ連大統領との会合」をもうけたり、第24回サミットからは会議の呼称がG8サミットとなったり、その性格も変貌しつつある。

6　戦後日米関係の推移

A　安全保障面からみた日米関係

　周知のように、官僚のトップは事務次官である。外務省の場合、多くが、事務次官ポストを経たのち、駐アメリカ合衆国特命全権大使として、ワシントン D.C. の日本大使館に赴任している。このことからもわかるように、日本外交は米国との関係を最重要視してきた。

　その米国との安全保障関係を考える上で、忘れてはならないのが、1978（昭和53）年11月27日に、日米安全保障協議委員会の場で了承された、「日米防衛協力のための指針」の存在であろう。防衛庁刊行の『防衛白書』（1979〔昭和54〕年版）には、「これは、日米安全保障体制を基調として自国の平和と安全を維持することを国防の基本方針としているわが国にとって、極めて重要な意義を有するものである」との記述がみられるほどである。また、同じ『防衛白書』には、「昭和53年6月及び11月に行われた当時の金丸防衛庁長官とブラウン米国防長官との会談において、防衛庁長官から、在日米軍が駐留に関連して負担する経費の軽減について、日本側が現行の地位協定の枠内でできるだけの努力を行う旨の意向が表明された」とあるが、これがいわゆる "思いやり予算" の始まりである。

　さて、前出の「日米防衛協力のための指針」は冷戦期に策定されたもので、国際情勢の変化にあわせ、1997（平成9）年9月23日に改定がなされている。この改定作業は、橋本龍太郎と米大統領・クリントン（Clinton, B.）が署名した、「日米安全保障共同宣言―21世紀に向けての同盟―」（1996〔平成8〕年4月17日）を受けてのものであった。さらに、2015（平成27）年4月27日には、再度の改定が行われ、「宇宙空間の安全保障の側面を認識し、責任ある、平和的かつ安全な宇宙の利用を確実なものとするための両政府の連携を維持し及び強化する」ことまでもが盛り込まれた。

　安全保障面でこれほどまでに深化した両国の関係ではあるが、1981（昭和56）年5月8日に出された日米共同声明中の「日米両国間の同盟関係」との文言をめぐって、当時の外務大臣が辞任する事態が生じた過去がある。

B　経済面からみた日米関係

　過去の日米間での経済摩擦の歴史をふり返ると、「米国側からの『外圧』→日本側の譲歩」という図式ができあがっているように思われる。その米国からの「外圧」を類型化すると、①日本の輸出自主規制（VER）を求める圧力、②日本の市場開放を求める圧力、③日本の対米貿易黒字縮小を求める圧力、④日本社会の構造変革を求める圧力、となろう。これらは単独で、あるいは他のものとあわさる形で、日本に行使され続けてきた。

　たとえば、①の典型的な事例としては、自動車を指摘できよう。2度にわたるオイル・ショックを受け、米国民は自国製の大型車を敬遠するようになった。そこで人気を博したのが、日本製の小型車である。そのため、日本からの自動車輸出台数は増加し、ついに、米国は日本に対して、VERをせまってくる。その結果、1981年には、年間168万台というVERがもうけられた。自動車以外にも、繊維製品、鉄鋼、カラーテレビなども、①の類型に入る。

　また、②については、牛肉・オレンジ、半導体、コメを挙げることができる。さらに、④に関して有名なのは、日米構造協議（SII）での大規模小売店舗法（大店法）の規制緩和を求める「外圧」であろう。

　では、これまで、どうして、日本は米国からの「外圧」に順応してきたのであろうか。それは、安全保障面で米国に依存している日本の実状が大きいとされる。しかも、経済よりも安全保障を重視する者にとって、日米安全保障条約に基づく米国の軍事力は絶対的な存在であり、経済問題を犠牲にしてでも日米間の安全保障を優先すべきであるとの認識ができあがってしまっている。そこにあるのは、米国によって"保護"されている日本が、米国の「外圧」に応じるのは当然という理屈だ。

　こうして、米国が日本に「外圧」をかけ続ける背景には、選挙の当落が大きく関わっていることはいうまでもない。米国側で再選をねらう政治家にとって、地元の有権者の要望をかなえることこそ、重要なのである。要するに、米国においても、「猿は木から落ちても猿だが、政治家は選挙で落ちればただの人」でしかない。日米経済摩擦を理解する上で、この名言は、有益な示唆を与えてくれるといってもさしつかえなかろう。

7 戦後日本外交を担うアクター

A 内閣総理大臣

　みなさんは、「首脳外交」ということばを聞いたことがあるだろうか。これは各国の政治指導者同士による話し合いに着目したワードであり、日本の場合、内閣総理大臣がこの任にあたる。

　ところで、日本国憲法・第65条には、「行政権は、内閣に属する」との文言がある。そして、この「内閣は、法律の定めるところにより、その首長たる内閣総理大臣及びその他の国務大臣でこれを組織する」(66条1項)こととなっている。加えて、日本国憲法には、「内閣総理大臣その他の国務大臣は、文民でなければならない」(66条2項)とされており、文民統制(シビリアン・コントロール)について明記されている。

　また、第67条1項をみると、「内閣総理大臣は、国会議員の中から国会の議決で、これを指名する」とあるが、現実には、日本国憲法下で誕生した内閣総理大臣はすべて衆議院議員であったことは、周知の通りである。

　そして、第73条には、「内閣は、他の一般行政事務の外、左の事務を行ふ」として、「法律を誠実に執行し、国務を総理すること」(1号)、「外交関係を処理すること」(2号)、「条約を締結すること。但し、事前に、時宜によつては事後に、国会の承認を経ることを必要とする」(3号)とあり、内閣の任務の一つに、外交があることがわかる。それゆえ、「内閣総理大臣は、内閣を代表して議案を国会に提出し、一般国務及び外交関係について国会に報告し、並びに行政各部を指揮監督する」(72条)のである。内閣総理大臣が国会で行う演説には、大別して、施政方針演説と所信表明演説がある。前者は、常会(通常国会)でのもので、年1回実施される。それに対して、後者は、臨時会(臨時国会)や特別会(特別国会)などにおける演説をいう。内閣総理大臣の演説に対しては、各会派から代表質問が行われる。また、委員会質疑においても内閣総理大臣の外交認識の一端にふれることができる。こうして、われわれは日本外交がかかえる課題についても把握することができるわけである。

B　外務省

　外務省のウェブサイトをみると、「外務本省は、大臣官房のほか10局3部より成り立っており、約2,800人の職員が働いています」との記述がある。ここでいう10局とは、「全省的なとりまとめを行う事務局の総合外交政策局」に加え、「地域別担当の5つの地域局（アジア大洋州、北米、中南米、欧州、中東アフリカ）と事項別担当の4つの機能局（経済、国際協力、国際法、領事）」のことを指している。また、3部というのは、総合外交政策局のもとにある軍縮不拡散・科学部、アジア大洋州局下の南部アジア部、そして、中東アフリカ局のもとにあるアフリカ部のことである。

　外務省の場合、本省以外に、大使館、総領事館、政府代表部といった在外公館がある。そして、「これらの在外公館には、全部で約3,500名の職員が働いています」とのことだ。ちなみに、2022（令和4）年1月時点で、在外公館の設置数は273で、その内訳は、大使館：195（実館合計：153、兼館合計：42）、総領事館：67（実館のみ）、政府代表部：11（実館合計：10、兼館合計：1）となっている。この他、領事事務所等が19存在するようだ。

　その「外務省の長は、外務大臣」（外務省設置法2条2項）である。外務省のウェブサイトにある歴代外務大臣一覧をみると、そこには、吉田茂、岸信介、大平正芳、三木武夫、福田赳夫、宮沢喜一、宇野宗佑、羽田孜、小渕恵三、岸田文雄という名前があり、外務大臣のポストは、内閣総理大臣になるための"登竜門"的役職で、力量を備えた大物政治家が就任してきた過去がある。とはいえ、第2次大平内閣時の大来佐武郎のように、民間人でありながら、外務大臣に就任した事例もあった。そして、外務大臣のもとに、2名の副大臣、3名の大臣政務官がいる。

　また、外務省の所掌事務は、「旅券の発給並びに海外渡航及び海外移住に関すること」（同法4条1項12号）や「外交史料の編さんに関すること」（同22号）など、多岐にわたるが、外務省設置法・第4条1項1号には、「次のイからニまでに掲げる事項その他の事項に係る外交政策に関すること」として、「イ　日本国の安全保障」「ロ　対外経済関係」「ハ　経済協力」「ニ　文化その他の分野における国際交流」が列挙されている。

知識を確認しよう

［問題］ 以下の文の中から適切なものを選びなさい。

(1) 1951年に、日本の独立を主要議題として開催されたサンフランシスコ講和会議の場において、サンフランシスコ平和条約が調印されたが、この会議に参加していた国々の代表は全員署名をしている。

(2) 「両国政府がここ両三年内に双方の満足しうる返還の時期につき合意すべきである」との文言が記された日米共同声明が発表されたのは、1969年の佐藤・ニクソン会談時のことである。

(3) 日本外交の枢軸を担う外務本省にある10局は、総合外交政策局、アジア大洋州局、北米局、中南米局、欧州局、中東アフリカ局、経済局、国際協力局、国際法局、領事局である。

［解答］

(1) ×　サンフランシスコ講和会議への参加52カ国中、ソ連、チェコスロヴァキア、ポーランドの3カ国は、サンフランシスコ平和条約の内容に満足せず、サインをしなかった。

(2) ×　この共同声明が発表されたのは、1967年の佐藤・ジョンソン会談のときであって、1969年の佐藤・ニクソン会談時の共同声明には、「1972年中に沖縄の復帰を達成するよう、この協議を促進すべきことに合意した」と記されていた。

(3) ○

本章のポイント

　歴史的にみるに、主権が立法と司法に分離した残余に他ならない「行政」の定義を厳密に示すことは困難をきわめる。維新官僚によって紡がれた日本の行政と立法の関係も、欧米とは異なるもののこれに該当する。ここでは仮に行政の定義を「国家あるいは地方自治体の設定した方向や内容を現実化し、かつ、達成するための協働的な人間活動の機能と管理」とし、日本の行政の特徴や性質を、特にその創成期に重点をおき、現在まで歴史的に俯瞰してみたい（本章では、太陽暦を採用した 1872〔明治 5〕年 12 月 3 日 ＝1873 年 1 月 1 日までは旧暦の月日で表記）。

1. 徳川幕藩体制の前近代的な意義を考える。
2. 王政復古による新政府誕生の過程を知る。
3. 封建制の廃止と太政官制成立の過程を学ぶ。
4. 行政主導の中央集権化とその課題を考える。
5. 中央集権化が断行されたプロセスを知る。
6. 内閣制度がいかにして誕生したかを学ぶ。
7. 明治憲法下の内閣制度の基本構造を考える。
8. 日本国憲法下の内閣制度の特徴を知る。
9. 現代日本における行政の課題について学ぶ。

1 近代日本と徳川幕藩体制

A 明治維新の特質

　日本における行政の歴史をひもとく場合、明治維新の職制を起点とするのが通例である。それは鎌倉幕府の成立期以来、約700年にわたって続いた武士による封建的な主従関係に基づく土地と人民への支配が終わり、欧米をモデルとした日本の近代化・中央集権化が急速に進展したのが明治以降だからである。この変革は、欧州では革命の反動として生じた王政復古（Restoration）を転機とし、外形上は天皇や律令制などの古代朝廷の遺産を政治的に利用しつつ、上からの強力な行政主導によって進行した。

B 徳川幕藩体制の前近代的な意義

　とはいえ、西洋では数百年を要した近代化のプロセスが、日本では僅か数十年で達成されたとみるのは安直で、徳川の平和（Pax Tokugawana）を考慮すべきである。徳川幕藩体制下の社会では、街道や海路で結ばれた国内物資の流通や貨幣経済が高度に発達し、これを管理する分権・分業的な統治機構が中央政権である幕府と、地方政権である諸藩に存在し、折に触れて世襲制を打破した能力主義による人材登用も行われていた。

　禁中並公家諸法度や武家諸法度などの法制、大老や老中、若年寄、奉行、目付などの役職をみるに、幕藩体制の統治機構は江戸時代を通じて大きくは変化していない。しかし、いわゆる鎖国（海禁）や参勤交代といった諸制度が江戸や大阪などの巨大都市とこれを結ぶ経済網を形成し、その発展とともにこれを管理・統制する官僚制が要望されるようになっていった。

　概ね享保の改革期以降、家禄が低くても重要なポストに就任できる足高の制や、帳面や目録など公文書システムが整備・普及し、これを担う人材を育成する藩校や寺子屋などの教育施設の充実も図られていった。また、島嶼国として長い歴史を有する日本には、国学や水戸学で説かれたような文化的な紐帯も存在し、西洋の植民地主義・帝国主義には屈服しないという強固な政治目標も存在していた。その点、日本には欧米型の近代的な国民国家に移行しうる社会基盤が、ある程度は備わっていたといえる。

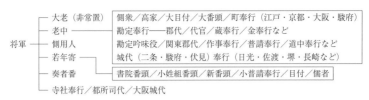

図 14-1　徳川幕府の職制

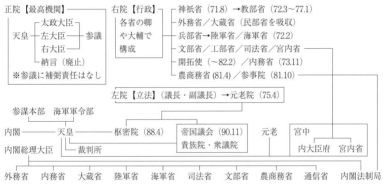

図 14-2　第 1 次太政官制度

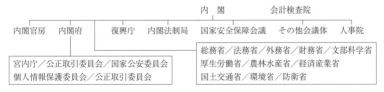

図 14-3　第 3 次太政官制（1871.7）から内閣制度（1885.12）への推移

内閣　　　　　会計検査院

内閣官房　内閣府　　復興庁　内閣法制局　国家安全保障会議　その他会議体　人事院

宮内庁／公正取引委員会／国家公安委員会
個人情報保護委員会／公正取引委員会

総務省／法務省／外務省／財務省／文部科学省
厚生労働省／農林水産省／経済産業省
国土交通省／環境省／防衛省

図 14-4　国の行政組織

　※図中の／はスペース節約のために使用した。たとえば、幕府職制の側衆と高家、勘定奉行はいずれも老中支配で、郡代と代官は勘定奉行支配である。

2 幕府の廃止と朝廷の復権——王政復古と三職会議

A 幕末維新と公議朝廷政権

西力東漸（Western impact）への対応で問題となったのは、朝廷と幕府に諸藩という権力の多元構造であった。紆余曲折を経て実現した1867（慶應3）年10月の大政奉還の後、12月9日の王政復古の大号令で摂政や関白、幕府など旧来の統治機構が廃止され、総裁・議定・参与の三職が置かれた。皇族からは総裁に有栖川宮熾仁、議定に仁和寺宮嘉彰（小松宮彰仁）と山階宮晃が選ばれたが、実質的な議事は公家と武家の議定・参与が担った。議定には、公卿から中山忠能、正親町三条実愛、中御門経之、諸侯から徳川慶勝（尾張）、松平慶永（越前）、浅野長勲（安芸）、山内豊信（土佐）、島津忠義（薩摩）が就任した。参与には、公家から大原重徳や岩倉具視ら（後に上ノ参与）、武家からは議定の大名家より藩士3名を推薦とされ、3日後に越前の中根靱負、安芸の辻将曹、土佐の後藤象二郎、薩摩の西郷隆盛、大久保利通ら（後に下ノ参与）が就任した。

三職会議は、天皇親政を名分とする「神武創業之始」に基づき、身分に関係なく「至当之公議ヲ竭」す場とされた。事実、有能な下級武士も朝臣となって大活躍したが、他方で伝統的な身分関係も根強く残り続けた。最初の小御所会議では、国内最大の経済力と軍事力を有する徳川宗家の処遇をめぐり、山内・松平ら公議派と、岩倉・大久保ら討幕派とが激しく対立した。結局、徳川慶喜に辞官（内大臣）納地（領地返上）を求める岩倉案に決したが、その後は尾越土3藩の巻き返しで、大阪に滞まる慶喜へ寛典を求める意見が優勢となった。「徳川祖先ノ制度美事良法」はそのままとされ、領地の接収も「御政務用途之分」を調査して「天下之公論」で決めるとされ、慶喜の政権参加も目前かと思われた。

B 鳥羽・伏見の戦いと三職会議の始動

ところが、翌1868（慶應4）年1月3日に鳥羽・伏見の戦いが勃発し、形勢は一気に逆転した。三職会議では、江戸での薩摩藩邸焼き討ち事件を「私闘」と断じ、「暴挙之輩」は朝敵（天皇の敵）とすると宣言していたが、開

戦の報が伝わると山内ら静観派を斥け、仁和寺宮を軍事総裁に任じ、翌4日には征討大将軍とし錦旗・節刀を授けた。終戦後の7日には慶喜追討の大号令を発し、10日には諸藩に「国力相応」の人員の上京を要請した。

以降、三職会議は、徳川の領地を「往古ノ如ク総テ天朝ノ御料」に復すとして財政基盤を確保するとともに、外国公使に天皇が外交の主体となることを宣言し、「外国交際之儀ハ宇内之公法」に従うと条約の遵守を表明するなど、中央政府としての体裁を調え、次々と新政策を公表していった。

C 三職分課の制定と行政機構の誕生

同17日、三職分課が制定され、国政を神祇（神祇）事務（祭祀）・内国事務（直轄地行政）・外国事務（外交）・海陸軍務（軍事）・会計事務（財政）・刑法事務（裁判）・制度寮（官職や人事の立案・検討）の7課（科）に分掌した（三職七課制）。かくて事務一切を決定する総裁のもと、各課の長官である総督と、次官である掛がおかれ、首相－大臣－次官の祖型となる行政系統が誕生した。総裁には有栖川宮、副総裁には三条実美と岩倉が就任し、総督には議定（公卿や諸侯）、掛には参与（藩士等）が割り振られた。上ノ参与は総裁・議定と上ノ議事所を、下ノ参与は公議世論（実際には藩士たちの世論）を代弁する下ノ議事所を組織した。

さらに2月3日に組織の改編が行われ（三職八局制）、先の7課に総裁直属の官房組織である総裁局を加えて8局とした（海陸軍務課は軍防事務局に、制度寮は制度事務局に改称）。総裁局には、総裁有栖川、副総裁三条・岩倉以下、意思決定に参加する輔弼、総裁の諮詢を受ける顧問、総務を担う弁事などが置かれ、顧問には木戸孝允（長州）・小松帯刀（薩摩）・後藤（土佐）ら雄藩の実力者が就いた。他の各局には、督－輔－権輔－判事－権判事の階統が設けられ、議定の上位が督、下位が輔に、参与の上位が権輔、下位が判事・権判事とされた（藩士は判事以下に就任）。

かくて3月には、五箇条の御誓文や五榜の掲示といった朝廷政府の基本法が明示された。そこには、「広く会議を興し万機公論に決すべし」といった原則、すなわち公議世論の尊重や、身分を超えた人材登用、旧習の打破、開国による富国などといった政治的指標や行政方針が示されていた。

3 太政官制の誕生と封建制の廃止

A 人材登用と徴士・貢士制度

　王政復古の大号令では「人材登用第一之御急務」とされたが、藩に帰属する人材の登用にはさまざまな困難が伴った。三職七課制で設けられた貢士は、藩の大中小の規模（40万石以上・39～10万石・9万石以下）に応じ定員3～1人を藩主が選出し、下の議事所の構成員となった（任期なし）。これ以前から存在したのが徴士制度で、1867（慶應3）年12月に越前藩士三岡八郎（由利公正）を抜擢したのが最初である。他にも、長州の伊藤博文や佐賀の大隈重信などが徴士で抜擢され、卓越した実務能力で政府を牽引した。

　徴士は、参与（下級の公家や大名も就任した）と兼任とされ、三職七課制では貢士と同じく下の議事所の議事官とされたが、掛に配属される場合は専務とされ、任期は原則4年で最大8年とされた。ところが三職八局制では、徴士は議事官とはされず、天皇の代理人たる総裁から任じられ、行政各課で専門知を活かす朝臣（中央政府の官僚）と位置づけられた。

B 政体書と太政官制の始動

　江戸開城後の1868（慶應4）年閏4月、政体書により三職会議は廃止され、太政官制が成立した。「天下ノ権力総テ」は太政官に帰属するが、その権力は「立法行法司法ノ三権」に分散された。立法を担う議政官は、議定・参与などで構成される上局と、各藩の代表者たる貢士で構成される下局（上局の諮問機関）とされた。他方で行政は、行政・神祇・会計・軍務・外国・民部の6官に分掌され、総裁局は行政官に、内国事務は地方3官に、制度事務は議政官上局に再編された（司法権は刑法官）。総裁は廃止され、行政府の長として輔相（ほしょう）が新設され、三条と岩倉が就任した。輔相は議定も兼任とされ、行政と立法との連絡調整が図られた。行政官以外の長は知事・副知事とされたが概ね名誉職で、判事・権判事以下が実務を担った。

　領地の接収で行政需要が増した地方は、直轄地のうち要地を府、他を県とし、旧大名の支配地を藩とする3官とされた（府藩県三治制）。府県では知事1名と判事2名が任命され、議定・参与からの転任で中央官員のスリム

化も図られた（約100名から20名に減）。官等は9等官まで設けられ、3等以
上が対外的に大臣を名乗った（1等が輔相・議定・知官事、2等が参与・副知官事・
知府事、3等が議長・弁事・判官事・判府事・1等知県事など）。

C　版籍奉還と職員令（第2次太政官制）

　五稜郭の陥落も目前に迫った1869（明治2）年5月、初の官吏公選が天皇
臨席のもとで行われ（官吏公選ノ法）、人事が刷新された（選挙権は判事以上）。
行政官の輔相1名は三条、定員4名とされた議定には岩倉・徳大寺実則（さねのり）・
鍋島直正（佐賀）、参与には東久世通禧（みちとみ）・木戸・後藤・大久保・副島種臣（そえじまたねおみ）（佐
賀）・板垣退助（土佐）が選出された。他の6官も知事は相変わらず公卿諸
侯から選ばれたが、副知事は民部官に広沢真臣（さねおみ）（長州）、会計官に大隈、軍
務官に大村益次郎（ますじろう）（長州）、外国官に寺島宗則（むねのり）（薩摩）、刑法官に佐々木高行（たかゆき）
（土佐）ら錚々たる実力者が選ばれた。

　同年6月、薩長土肥4藩主の要望に応える形式で版籍奉還（各藩の土地と
人民を朝廷に返納）が実行された。藩主は旧領地の知藩事に任命され、年貢
収入の約10分の1の家禄を受領し、引き続き藩政にあたるとされた。上表
には封土の再分配を連想させる文言も見られたが、これにて封建的な主従
関係は消滅し、公家と諸侯は華族、藩士は士族とされた（徴士も廃止）。

　版籍奉還が概ね片付いた7月には職員令（しきいんりょう）が出され、政府は神祇官と太政
官、民部（おおくら）・大蔵（ひょうぶ）・兵部（ぎょうぶ）・刑部・宮内（くない）・外務の6省に編成された（二官六省制）。
太政官には天皇を輔佐する左大臣と右大臣（各1名）、大政に参与する大納
言と参議（各3名）が置かれ、各省には長官の卿、次官の大輔（たいふ）・少輔（しょう）、事務
官の大丞（だいじょう）・少丞、書記官の大録（だいさかん）・少録などが置かれた。実際には空席が多
く、右大臣に三条、大納言に岩倉・徳大寺、参議に副島・前原一誠（いっせい）（長州）、
民部卿に松平慶永と大輔に広沢、大蔵大輔に大隈、兵部卿に仁和寺宮と大
輔に大村、刑部卿に正親町三条と大輔に佐々木、宮内卿に万里小路博房（までのこうじひろふさ）、
外務卿に沢宣嘉（のぶよし）と大輔に寺島といった陣容であった（大久保・広沢は2週間後
に、木戸は翌年6月に参議へ就任）。なお、地方の次官は大参事とされた。

　ここでは大変革への反動を避けるため、祭祀を司る神祇官が太政官より
も上位とされ、復古的な祭政一致が強調された。3日後には勅任官（4位以
上）・奏任官（6位以上）・判任官（7位以下）という官僚の階級も設けられた。

4 太政官制における体制構築——行政主導による構造改革

A 行政主導と公議世論

　改革を急進する太政官では立法と行政の権力分散は効率が悪く、重要なルールも行政の各部局で決めた方が円滑であった。1868（明治元）年9月、早くも議政官は暫し廃止とされ、人員はそのまま行政官に吸収された。別途、議事取調局が設けられたが、公議世論を担う下局も同年5月に貢士対策所、12月に公議所に改組され、貢士も各藩から1名に減員された。さらに翌1869（明治2）年4月には、新法の制定など「重大之事件」は所轄の官で決議し、輔相を通じて天皇の裁可を得る仕組みに変更された。ところが官吏公選が決まると再び上局が設けられ（議政官は廃止）、版籍奉還や蝦夷開拓などの重大案件が議論されている。しかし職員令では、公議所は集議院と改称されて諮問機関となり、再び権限が縮小された（廃藩置県で左院に吸収）。

　当時、公議世論は欧米の模倣ではなく「神代」からの伝統とされ、改革を正統化する際の切り札だった。しかし、非効率な上に諸刃の剣で、仮に政権を追われた反対派が、地方や政党などを拠り所に支持を得てしまえば、逆にそちらが公議世論となりかねない。実際に中央政府の財政基盤となる直轄地は、全国約3,000万石中の約800万石であったというから、創成期の維新官僚たちは単純計算で全体の4分の1強の財源で、全土の近代化を推進する矛盾に直面していた（諸経費を差引くと100万石余りが予算）。この矛盾は封建制を廃止し、名実ともに郡県制へ移行しなければ解消されない。しかし、接収したばかりの領地では開国後の物価高騰や内戦・一揆等の混乱で疲弊し、凶作による窮民も生じていた。さらに戊辰戦争終結後は、凱旋士族の期待に反する秩禄処分にも着手していかなければならなかった。

B 財政難と民部・大蔵省の合併問題

　それゆえに公議世論や祭政一致といった改革を正統化する指標は重要だったが、改革を推進するにはやはり財政が要となる。最初にこれを担った三岡は、紙幣の発行とともに会計官の中に商法司を設置し、全国に商法会所を設けて財政基盤の強化を図った。しかし殖産興業には時期尚早で、紙

幣は赤字財政の一時しのぎで乱発され、極度のインフレに陥った。その結果、諸外国との貿易や外交上の問題にまで発展した。

　この難局を引き継いだのが1869（明治2）年3月に会計官副知事（後、大蔵大輔）に就いた大隈であった。彼は紙幣の信用を回復するために、時価通用を禁じて増発を停止し、府藩県の石高に応じて紙幣を強制的に下げ渡し、正金での上納を命じた。他にも英国東洋銀行（インドの植民地銀行）から外債を調達したり、貨幣鋳造契約を結んだり、国内の流通を統括する通商司を会計官に設置したりと、大隈は財政・外交の分野で辣腕を振るった。彼の邸宅には、長州の伊藤博文（通商司知事）や井上馨（外国官判事）、旧幕臣の渋沢栄一や前島密ら維新官僚の代表格が集い、築地 梁山泊と呼ばれた。

　大蔵省が財政の健全化を総合的に図ろうとすれば、金融・通商政策だけでは限界があり、民部省管轄の租税収入の改革に関心を持たざるを得ない。大隈は、民部省と大蔵省の要職を同一人物が兼任する形での合併を提案し（民部省の名称と機構は存続）、同年8月に2つの省は合併された。

C　民蔵分離問題と藩制の公布

　外債での鉄道敷設等を進める大隈の施策は、保守層や負担増に苦しむ地方からの猛反発を招いた。参議の大久保も有能な省卿が参議を兼任することで強力な行政主導を実現させようと構想していたが、省の独走は太政官の存在意義を喪失させると考えた。大久保・副島・広沢・佐々木ら4人の参議は辞表を楯に民蔵分離を訴え、翌1870（明治3）年7月、再び民部省と大蔵省は分離した。岩倉・大久保・広沢が民部省御用掛となり、木戸の後援により大隈・伊藤・井上（大輔・少輔・大丞）は大蔵省に残留した。その後、大隈は9月には参議となり、双方が逆の立場で実務経験を積むことで両者の対立は解消し、閏10月には大隈らの構想による工部省も設置された。

　版籍奉還以降、財政難から廃藩を申し出る藩もある中、1871（明治4）年9月、太政官は藩と府県の体制を均質化するための藩制を公布した。原案は集議院に提出され、大藩からは軍事費の上納などに対する反発もあったが、多くの藩は支持を表明し、大幅修正には至らなかった。同11月には国法会議も開かれたが、大藩には多数の士族を養う維持費の問題等もあり、全国画一的な改革を求めるには、その点を考慮した計画が必要だった。

5 中央集権化の達成と廃藩置県——第3次太政官制

A 藩力の結集と政府直属軍の編成

　戊辰戦争の終結以降、藩の財政は逼迫し、士族たちは処遇への不満などから攘夷派が農民騒動と結託したり、要人の暗殺事件が勃発したりと政情を不安定に陥れていた。1869（明治2）年6月には兵制論争があり、軍務官副知事の大村やその後継者たちが国民皆兵による徴兵制を構想していたが、財政難で遅々として進まなかった。対して大久保は、集権化を強力に進めるためには薩長2藩の前藩主（島津久光と毛利敬親）と軍事力を太政官に取り込むことが重要と考え、木戸を説得した。ところが、翌年1月に長州藩で諸隊の脱隊騒動が発生し、木戸もその鎮圧と後処理とで説得どころではなくなり、薩摩に帰郷した大久保も島津久光と西郷の説得には失敗した。

　大久保の案は、国内最強の天皇直属軍を創設して反乱に備えるだけでなく、身分保障により彼ら自体の反乱も防止する構想であった。大久保は、欧州留学から帰国した兵部大丞西郷従道を鹿児島に派遣して情報収集と交渉にあたらせ、政府内の勢力図の変化を危惧する木戸や副島を粘り強く説得した。かくして1870（明治3）年12月、勅使岩倉一行が薩摩と長州へ派遣され、西郷・木戸・大久保・板垣（高知県大参事）らの活躍で土佐も巻き込み、翌年2月、薩長土3藩の藩兵から8,000余名の御親兵が編成された。さらに6月には東山道鎮台と西海道鎮台が設けられ、8月には東北鎮台（仙台）・東京鎮台・大阪鎮台・鎮西鎮台（熊本）の4鎮台に再編成された。

B 中央政府の未来像の模索——立法府の存在意義

　1871（明治4）年5月末に山口より戻った木戸は、「政体制度は容易に改革すべき者に非す」と主張し（「立法・行政に関する建言書」）、大久保と対立した。行政主導を志向する大久保は、木戸を参議として右大臣の三条を支えさせ、他の人材はすべて省のポストに就く集権体制を構築しようとしていた。木戸は、大納言・参議を「政府の立法官」「天子の枢機官」とし、やがて国民に政治的リテラシーが備われば、国民代表の立法府「下院」を設けるべきで、その際には「上院」となる「欠く可からざるの重職」と論じた。

　他方で、改革の動きは地方からも起こり、もともと公議派が多かった高知藩（土佐）は、兵制や禄制の改革で全国の模範となり、四国の諸藩や米沢藩、福井藩（越前）とも交流し、士族と平民の差別なくすべての人々が協力して富強を目指す「人民平均の制度」の創立や、さらには議院開設を訴えた。結局、木戸の参議就任は、西郷もともに参議となり、制度改革は後日、公議を尽くして決めれば良いという大隈の説得で6月に落着した（一度、全員免官）。木戸の信念は西郷を納得させ、大久保の構想は頓挫した。

C　廃藩置県と第3次太政官制

　1871（明治4）年7月、版籍奉還の上表を提出した4藩の知事へ勅語が出され、廃藩置県は実行に移された。万国と対峙するために無駄を省き、政権を中央に一元化するため、全国261の藩主は知事の職を解かれ、大参事以下は当面はこれまで通りとされた。なお、貨幣は「天下一定ノ品」とされ、藩札は当日の相場で政府が換金するとされ、日本全国は3府302県に編成された（11月には1使3府72県に）。その後、文部省が設置され（大学を改編）、租税は混乱を避けるため、今年度は例年通りとされた。

　かくして太政官職制が公表され、太政官は正院・右院・左院の3院に分けられた。正院は「天皇臨御シテ万機ヲ総判」する最高機関とされ、太政大臣（三条実美）・納言（8月に左右大臣に改定され、10月に岩倉が右大臣に就任）・参議（西郷・木戸・大隈・板垣）が置かれた。左院は「議員諸立法ノ事ヲ議スル所」とされ、「正院ノ下議ト本院（左院）の建議」を議長のもとで「衆論一決」する立法機関とされた。右院は、各省の長官（卿・大輔）が「当務ノ法ヲ案シ及行政実際ノ利害ヲ審議スル所」とされた。左右両院の議決は、正院に上達する仕組みで「奏事取捨ノ便宜、施行ノ緩急ハ」正院の特権とされた。左院が「行政実際」に関する議案を出してきた場合は、右院にも審議させ、逆に右院が「議員ノ公論」を採るべき議案を出してきた場合は、左院にも審議させることで左右両院の連絡調整が図られた。

　各省の編成は、民部省が廃止され、再び大蔵省（卿は大久保・大輔は井上）に吸収され、工部（大輔は後藤）・兵部（大輔は山県有朋）・司法（大輔は佐々木）・宮内・外務（卿は岩倉・大輔は寺島）・文部（卿は大木喬任・大輔は江藤新平）の7省となった。なお、神祇官は8月に省に格下げされた。

6 大変革の反動と内閣制度の誕生

A 岩倉使節団の派遣と留守政府

　廃藩置県後の太政官職制により誕生した3院体制は、日本全土を網羅する初の中央集権的な行政機構と位置づけられる。三条と岩倉以外の公卿や諸侯は政権の中枢より排除され、能力主義に基づく統治体制が実現した。木戸が理想とした公議世論に基づく政治を基調としつつも、現実には大久保が構想した各省による強力な行政主導が実現することになる。

　政府は早速、身分関係の法制を改革するなどしているが、次なる大眼目は不平等条約の改訂であった。その成否は政府存亡の危機に直結する重大事で、欧米諸国を納得せしめるだけの近代化が要件だったが、行政機構や法制度が未開のままと判断されると、かえって改悪を余儀なくされるおそれすらあった。そこで、欧米諸国に条約改正交渉の延期を了承してもらうための使節派遣と、あわせて列国の法制や機構の調査が急務であった。

　かくして1871（明治4）年10月、特命全権大使岩倉、副使木戸・大久保・伊藤以下、留学生たちも含む総勢百名余りの大使節団が組織された。その間、太政大臣三条、参議西郷・板垣・大隈、大蔵大輔井上、兵部大輔山県、文部卿大木・大輔江藤らが留守政府を組織することとなったが、使節団が帰国するまでは大きな改革をしない約束12款が交わされた。

B 明治6年の征韓論政変

　ところが、動き出した改革への勢いは留まるところを知らず、1872（明治5）年は、8月に学制の公布、11月に太陽暦の採用と徴兵制告諭（翌年1月実施）、さらに翌年1月に6鎮台の管轄を定め、6月に石高の称の廃止や改定律例の公布、集議院の廃止、7月に地租改正など、近代化を象徴する政策が次々に実行された。さらに同年4月には、後藤左院議長・大木教部卿・江藤司法卿の3名が参議兼任とされ、5月には太政官職制も改正され、正院の権限の強化が図られた（以降、正院を「内閣」と称している）。

　留守政府では、専門家集団による改革を推進したい各省と、これを財政的な見地から抑制する大蔵省とが衝突し、しかも長州閥の疑獄事件まで発

生し、正院が指導力を発揮できず国内に不満が高まっていた。結局、1873（明治6）年9月に岩倉使節団は帰国するが、それ以前の5月には大久保が、7月には木戸が帰国しており、その間に出現したのが王政復古以来、膠着状態にあった朝鮮への使節に西郷を就任させる問題と征韓論であった。

　征韓論は幕末に対馬藩が提唱した政論で、維新後は木戸もこれを主張していた。直ちに武力行使で朝鮮を服属させるのではなく、使節を派遣し説得に応じなければ征伐するという論理構造で、尊皇攘夷や王政復古の理念に合致する外交で国内の不満を回避することが期待された。10月に内地優先か使節派遣かをめぐって大論争となり、一度は派遣となった閣議決定が奏上される段階で覆り、結果、西郷をはじめ、板垣・後藤・江藤・副島の5名の参議が辞職し政府を去る大政変となった。残存した藩閥有司政権に対しては、翌年以降、佐賀の乱に始まり西南戦争に終わる一連の士族反乱と、民撰議院設立建白書の提出に始まる自由民権運動とが展開し、やがて真に公議世論を代弁する国会の開設運動へと帰結していった。

C　明治14年の政変と内閣制度の誕生

　太政官制では、将来の立法府たる上院の構成員となることが期待された参議が、行政各部門の長である卿を兼任し、強力な行政主導を発揮したかと思えば、再び両者が分離されるということが繰り返された。1873年11月に大久保が内務省を創設して殖産興業を推進する他方で、左院は諮問機関化していったが、1875（明治8）年2月の大阪会議で再び政策の転換が図られた。4月には立憲政体の詔書が出され、立法機関の元老院と最高裁判所の大審院を設置することと、民情調査のための地方官会議の開催が決定した。ところが元老院には議案発議権がなく、急を要する法案は内閣が先に決め、元老院は事後的に検視するのみで行政権の優位が続いた。

　1876（明治9）年9月に国憲起草の詔が出たが閣内は漸進論が主流であった。1881（明治14）年3月、大隈が早期の憲法制定と2年後の国会開設を主張し、開拓使官有物払下げ問題が生じた。明治14年の政変が起き、10月に大隈の免官と国会開設が1890（明治23）年に決まると、立憲政体の樹立に向けて参事院が設置された。様々に変遷した太政官制は参事院議長となった伊藤のもと、1885（明治18）年12月に廃止されて内閣制度へ移行した。

7 大日本帝国憲法下の内閣制度

A 天皇大権下の内閣制度の特徴

1885 (明治18) 年12月、内閣職権が定められた。旧来の太政官制では、政策決定の手順は①各省での立案、②大臣と参議の協議、③大臣が上奏となるが、内閣制度では、内閣総理大臣と各省長官たる国務大臣が天皇親臨の閣議を開けば、その場ですべてを決することができる。かつては制度上天皇を輔弼する輔弼責任は大臣のみが有し、参議と省卿は自己の所管事務にすら責任がなかったが、各省大臣はそれぞれ単独に輔弼責任を負うこととなった。宮内省は内閣の外に置かれ、宮中と府中の分離も図られた。

1890 (明治23) 年11月の国会開設に向け、伊藤自身が約1年5カ月にわたって渡欧し、憲法調査をした結果、総合調整を行う強大な権限と、その効率化・機密保持が図られ、行政全体を統括する強力な行政府が考案された。それは、福沢諭吉と交詢社が構想し、大隈が支持したイギリス型の議院内閣制を強く意識した、皇帝と行政府の権限が議会を凌駕するドイツ型の構想であった。統帥権は独立がはかられ、軍令事項は軍政と区別されて陸軍参謀本部長が最高の補弼機関となり、帷幄上奏の仕組みも整備された。

天皇大権下の初代内閣の人員は、総理大臣の伊藤をはじめ、各省の大臣は外務が井上、内務が山県、司法が山田顕義 (長州)、大蔵が松方正義 (薩摩)、陸軍が大山巌 (薩摩)、海軍が西郷従道、文部が森有礼 (薩摩)、農商務が谷干城 (土佐)、逓信大臣が榎本武揚 (幕臣) と、省卿からの留任が多数を占めた。政務に精通した大臣たちの多くは、次の黒田清隆内閣、3代目の第1次山県内閣にまたがって長期間在任し、各省の安定化・人材育成に寄与したが、官僚閥を形成する端緒ともなった。

B 官僚機構の整備

内閣制度と同時に官僚機構についても、「各省事務ヲ整理スルノ綱領」が出され、①官吏の定員など各省官制の統一化、②官吏の選抜方法の確立、③公文書の簡素化、④官吏の数や俸給を会計検査院へ毎月報告するなど冗費の節約、⑤規律を厳格にして官吏の品格を保つといった基本方針が示さ

れた。さらに翌1886年2月には、公文式が出され、法律・勅令・閣令・省令という法体系や手続が定められ（1907年の公式令まで）、翌日には各省官制が出され、次官・秘書官・書記官・局長・参事官・局次長といった官職や、大臣官房・総務局・各局といった部局の基本構成なども定められた。

　次官は各省1名とされ、必ず総務局長を兼任することとなり、大臣の代理人として広範な権限が次官へ付与され、次官会議の重要度が増した。

C　殖産興業・富国強兵と政費節減・民力休養

　いよいよ公議世論を代表する機関として帝国議会の設立が決まり、一方の貴族院は皇族・華族・勅任議員、他方の衆議院は選挙された臣民（天皇皇族以外の者）の代表で構成されることとなった。選挙権は満25歳以上の男子で直接国税15円以上の納入者に限定され、約45〜47万人の大地主がこれに該当した。大隈免官後の大蔵卿松方は、インフレ収束のために緊縮財政を実施したため（松方デフレ）、米価は半減し、貧しい農民は土地を手放さざるを得なくなり、小作農や都市労働者に転落した。それゆえ、彼らの要望は政費節減と民力休養、そして地租軽減であったが、政府が進める殖産興業・富国強兵には当然財源が必要となる。

　1889（明治22）年2月に発布された大日本帝国憲法では、内閣の権限は幾分弱められたが、議会との衝突を想定して行政権の優位は制度上、確保された。たとえば、第67条では現行の行政費や軍事費は、議会が予算審議で政費節減を試みても、政府が同意しない限り実現不可能とされた。第39条では議院の一方が否決した法案は同じ会期中に再提出できないとされ、つまり衆議院が地租減税法案を可決しても、貴族院が否決すれば廃案となってしまう。ところが、政府が超然主義で臨めるのは現状維持の場合だけで、予算増や増税が必要な場合、逆に衆議院の反対で廃案にされてしまう。

　国会開設までの9年間は、近代化の反動で自由党員の激化事件が惹起し、党首への懐柔策や大同団結運動などの影響で政党も浮沈を余儀なくされた。しかし以降、この微妙なバランスのもと、対外戦争を数度経験し、文官任用令や軍部大臣現役武官制などをめぐる行政府と立法府の駆け引きが展開され、言論界の後押しもあって大正デモクラシーと呼ばれる政党政治の一時代が築かれた。ところが、その腐敗は軍部独裁へと帰結していった。

8 日本国憲法下の内閣制度

A 占領統治下の日本の行政

　分権的な徳川幕藩体制を解体し、行政優位の集権的近代国家を形成した藩閥政治家たちは、独裁者とはならず、種々制約はあったが公議世論を代表する立法府を開設し、政党政治家たちと敵対・協調しつつ国政を担い、二大政党の隆盛とともに退場していった。その間、これを支える官僚制機構と人材育成の方法も確立され、大学の専門教育等を通じて養成された学士官僚が多数輩出された。第二次世界大戦後、日本を占領統治したGHQ（連合国軍最高司令官総司令部）もこれを活用した間接統治を採用し、民主的な社会の創出に向け、農地解放や財閥解体などに取り組んだ。

　公務員は、天皇の官吏から「全体の奉仕者」となったが、厳格な試験制度のもと、入口で選別された新卒者のうち能力ある者が競争に勝ち抜き、高位になるほどに少数のポストへ絞り込まれ、次官に上り詰めるシステム、組織への献身と忠誠心を確保した個別組織志向の官僚制は保持された。

B 内閣と省庁の基本構造

　日本の行政機構は、憲法に基づき、内閣法と幾つかの行政法でその大綱が規定されている。その頂点には国民主権の理念に則る内閣が位置し、内閣を構成する大臣が各省を統制する行政長官となる。内閣の下には、国家行政組織法第3条に基づき法律で設置される府・省・委員会・庁や、同第8条に基づき法律または政令で設置できる審議会・協議会等がおかれる。また、内閣から独立した行政組織として国会に報告義務を持つ会計検査院（憲法機関）も存在する。内閣の下にあるが相対的に独立性を認めた行政委員会として国家公務員法第3条に基づき内閣に設置される人事院や、内閣府設置法第49条と第64条に基づき設置される公正取引委員会など（内閣府の外局）、国家行政組織法第3条に基づき他の法律で設置される公害等調査委員会（総務省の外局＝三条委員会）などもある。

　日本の省庁は、2001（平成13）年1月の中央省庁再編により、かつての1府22省庁が大幅に整理され、現在は1府12省庁となっている。近代国家

の行政は、原則外務・陸海軍・財政・治安・内務の5部門に分類可能で（小さな政府）、内務は前4つの機能以外のすべてを引き受ける。日本では外務省・防衛省・財務省・法務省・総務省が存在し、この他、教育を担う文部省や経済官庁の農商務省があったが、現在は前者が文部科学省になり、後者は農林水産省と経済産業省に分化している。また、通信は逓信省があったが、郵政は民営化し、運輸部門は建設部門などと合併して国土交通省となっている（電信や鉄道は民営化）。さらに、20世紀初頭以降、世界中で行政肥大化の一大要因となった福祉部門に厚生省、労働部門に労働省があったが、現在は厚生労働省に統合され、最大の予算規模となっている。他にも環境問題を所管する環境庁も近年注目度が増している。

C　セクショナリズムの構造

　日本の行政組織におけるセクショナリズムは戦前より存在し、割拠制などと呼ばれた。戦後復興期はリソースの少なさを補うために、省庁はそれぞれのネットワークを創設することで行政の円滑化に努めた。その結果、個々の行政機関が利益集団の特定の立場を代表する代理人として政策形成に参加する傾向がみられるようになり、中立性が損なわれていった。すなわち、族議員と業界団体との間に鉄の三角形を形成したり、地方政府に仕事を委任するなどして活用したりといった現象がみられた。

　戦時中や復興期にみられた行政の優先順位が消失すると、権限と管轄をめぐる激しい省庁間競争が繰り広げられるようになった。行政に対する批判を契機に、その解消を理由に管轄を広げ、権限を確保する傾向までみられた。また、キャリア組と呼ばれるエリート官僚は、ジェネラリストになるべく2、3年で職位を変え、異動を繰り返すため、作業に熟達したノン・キャリ組を抜きに仕事を進めることが困難となる。結果、行政組織はリーダーシップも発揮されづらいボトムアップ型となる。

　こうしたセクショナリズムは行政組織の結束を高め、最大動員を可能にもするが、他方で組織や政治家個人の特殊利益だけを守る目的で発揮されてしまう危険性がある。藩閥政治家、政党、軍部、GHQ、そして自由民主党と深く結びつくことで、良くも悪くも日本の社会を牽引してきた行政組織を、真に国民が望む姿で健全に機能せしめる鍵はいったい何か。

9 現代日本における行政の動向と課題

A 行政情報の公開

　国民が行政情報を知ることでなされる透明化は、国民による行政への参加を促すとともに、行政に対する監視と適正化を可能とし、国民主権の理念にも合致する。日本では情報公開制度の整備は地方が先行し、国レベルでは、1999 (平成11) 年に「行政機関の保有する情報の公開に関する法律」、2001 (平成13) 年に「独立行政法人等の保有する情報の公開に関する法律」が制定された。さらに 2009 (平成21) 年には「公文書等の管理に関する法律」が制定され、公文書の作成・取得から整理・保存・移管・廃棄・利用に至る統一的ルールが定められた。他方で情報公開によるプライバシーの侵害等を阻止するための個人情報保護制度も平行して整備が進んだ。

B 権力分散と地方自治・民営化

　中央に集中した権力の地方分散は、抑制と均衡において有益だが、地方の実情に則した住民自治の実現は国民の政治参加も促す。地方行政の活性化が全国へ波及・拡大することも期待されるが、詳細は次章に譲る。

　行政の目的は公益が筆頭にあがるため、公平性や安定性が追求され、効率性や営利性は度外視される傾向にある。たとえば、1952 (昭和27) 年に電気通信省に代わって設置された日本電信電話公社が、翌年に国際部門を国際電信電話 (KDD) に分離し、1985 (昭和60) 年に日本電信電話 (NTT) となった。以後、同事業に複数企業が参入し、競争原理でサービスが多様化し、利便性が向上した。鉄道や郵政など民営化には幾つもの事例があるが、行政の無駄が解消する半面、地域に必要な社会基盤の消失も懸念される。

C 官民連携を具体化する PFI の活用

　PPP (Public Private Partnership) とは、行政サービスを行政と民間が連携し、民間の多種多様な手法や技術を活用してその向上を図り、財源の効率的使用や行政の効率化を実現しようという官民連携の考え方で、先述した民営化もこれに含まれる。その中で 1999 (平成11) 年に「民間資金等の活

用による公共施設等の整備等の促進に関する法律」が制定され、民間の資金や経営能力、技術を活用して公共施設などの建設や維持管理・運営等を行う公共事業、すなわち PFI（Private Finance Initiative）が存在する。

　PFI は、事業収益が見込めない学校関係や公営住宅などに適したサービス購入型や、収益はあるが公共の助成が必要な温泉施設などに適したジョイントベンチャー型、収益で総事業費をまかなえる有料駐車場などに適した独立採算型に分類できる。施設の所有形態による分類も可能で、①資金調達から、②設計、③運営開始、④維持・管理運営、⑤事業終了、⑥それ以降といったプロセスを、公共と民間のいずれが担うかでさまざまな類型が存在する。2019（平成 31）年 1 月時点では、PFI 事業者が施設を建設し、施設の所有権を公共に移管し、施設の管理運営を事業者が行うことで、事業当初の負担を軽減する BTO 方式（Build Transfer Operate）が全体の 6 割強を占めている（全国地域 PFI 協会ウェブサイト）。

D　外国人受入れ政策と多文化共生社会の実現

　2011（平成 23）年以降、日本の社会は、少子高齢化と人口減少という二重の問題に直面し、日本人の労働力人口も減少を続けている。これを補う形で中長期在留外国人の数が増加しており、新型コロナウイルス感染症の流行によって 2021（令和 3）年度は減少に転じたが、それでも 246 万 4,219 人もの外国人が日本に中長期在留をしている（2020 年度は 288 万 7,116 人で過去最高）。当該行政の重要性が増したことを受け、かつての法務省出入国管理局は、2019 年 4 月に外局となって出入国在留管理庁に格上げされた。

　第二次世界大戦後、奇跡的な経済復興と成長を遂げた日本の社会は、図らずも生じた近隣アジア諸国との間の圧倒的な経済格差によって、一攫千金を夢見る外国人たちによる深刻な不法就労問題に直面した。それゆえ「移民は受け入れない」という基本方針が長らく堅持されてきたが、労働力不足に悩む財界の要望も強く、現在は必要な人材は積極的に受け入れる体制への転換が図られている。しかし不法就労問題は、過去とはかなり構造が変質したものの依然として続いており、難民の受入れ問題とも絡んで複雑化している。行政による適正な情報把握に基づく在留管理を軸に、在留外国人が日本で快適に生活できる多文化共生社会の実現が望まれる。

知識を確認しよう

・・・・・・・・・・・・・・・・・・・・・・・・・・・

［問題］ 以下の文章の中から内容が適切なものを選びなさい。

(1) ヨーロッパと日本では、革新的な政治変動による社会の急激な変化に対する反動として、旧体制へ回帰する王政復古が実現した。

(2) 王政復古の大号令によって幕藩体制は崩壊し、朝廷は天皇親政の大義のもとに、優秀な人材を自由に登用することが可能になった。

(3) 太政官制では、行政を担う各省の長官である卿や大輔と、法案の審議や成立を行う参議を同一の人物がしばしば兼任した。

(4) 第二次世界大戦に敗北した日本はGHQの占領統治を受けたが、独立後、象徴天皇制以外は戦前と同じ内閣制度が採用されている。

(5) 少子高齢化が進行する日本では、日本人の労働力人口も減少し続けており、これを補う外国人労働者の受入れが進行している。

［解答］

(1) ×　イギリスやフランスの王政復古はその通りだが、日本では逆に王政復古をきっかけとして行政による社会の革新が始まった。

(2) ×　幕府は廃止されたが藩は残り、地方でも逸材は渇望された。藩士を中央政府で登用するには、任期を設ける等の工夫を要した。

(3) ○　省卿と参議は分離すべきという見解も一方で存在し続けたが、大部分の時期において兼任が行われた。

(4) ×　戦後の日本では、国会の信任を内閣存立の必須条件とする議院内閣制が採用され、衆議院で多数議席を獲得した政党が内閣を組織し、国会に対し連帯して責任をとる。

(5) ○　日本の中長期在留外国人は、ピーク時に約290万人に達し、2021（令和3）年度以降はコロナ禍の影響で減少に転じたが、それでも約250万人近くを計上している。

第 15 章

日本の地方自治

本章のポイント

　本章では、明治期以降の地方自治制度の確立と変遷を学ぶことでわが国の地方自治の基本的性格等を理解し、地方公共団体の基本的構造、近年の動向について学び、地方分権改革を経た現在のわが国の地方自治について考える力を養うことを目的とする。

1. 明治維新後のわが国の地方制度の動向について学ぶ。
2. 大日本帝国憲法制定後に確立された近代的地方制度について学ぶ。
3. 第二次世界大戦後、日本国憲法や地方自治法の下の地方自治制度およびその特徴について学ぶ。
4. 地方公共団体の種類およびその役割について学ぶ。
5. 地方公共団体の政策決定に関して、首長と議会の関係を通して学ぶ。
6. 地方自治体において、住民自治を実現するための制度について学ぶ。
7. 地方分権改革による地方自治制度の変遷について学ぶ。

1 明治維新期の地方制度

A 新政府による新たな体制の整備

わが国の地方自治を理解するためには、近代的国家の成立した明治時代の地方自治について理解する必要がある。

明治維新を経て、新政府は、江戸時代の幕藩体制を改め、中央集権体制による統治を行った。

まず、1867（慶応3）年大政奉還を行い、翌年、政体書を制定し、地方に府・藩・県を置き、知府事・諸侯・知県事を配置することとした。1869（明治2）年、版籍奉還を行い、諸侯を知藩事に任命した。こうした体制は「府藩県三治制」と呼ばれる。

B 大区・小区制

1871（明治4）年には、廃藩置県を行い、知藩事を罷免し、全国に3府302県を設置した。また、戸籍法を制定し、府県より下位の行政機構として、戸籍事務を取り扱う行政区画である区を全国に設置した。そして、区には国の役人である戸長・副戸長を配置した。さらに、府県に知事・県令を置いた。

そして、翌年、大区および旧来の町村単位に小区を設けた。いわゆる、大区・小区制の導入である。これらに戸長・副戸長などを置き、戸籍事務等を担わせた。特に、小区においては、旧来の村役人をその職にあてた。

C 内務省創設

当時は、不満を抱く士族層の反乱、農民の一揆、自由民権運動など政治的に不安定な状況が存在した。1873（明治6）年には、大久保利通を初代内務卿とし、地方に対する指揮監督権を有し、警察、土木、選挙、公衆衛生などを管轄する内務省が設置された。

このように、明治初期には、国力の増強を目指し、制度の面から中央集権体制の整備が試みられた。

D 三新法

1878（明治11）年には、郡区町村編制法・府県会規則・地方税規則、いわゆる三新法が制定された。

大区・小区制の下では、従来より地域の諸問題の処理をしてきた旧来の町村の反発があり、各地で混乱が生じていた。そこで、郡区町村編制法により、大区・小区は廃止され、府県の下に郡区町村が設置された。そして、それぞれに郡長・区長・戸長が配置された。都市部（東京、大阪、京都、函館、横浜、新潟、神戸、長崎をはじめ人口の多い都市）には区を設置し、農村部には、郡の下に町村が設置された。

また、府県会規則によって、府県に公選議員からなる府県会が設置された。この議員の選挙権は納税額等により制限された。つまり、地租の納入額5円以上の男性に選挙権を与え、10円以上の男性に被選挙権が与えられた。ただし、府知事・県令が議案提出権を独占し、議事事項の施行の認可権を持つなど議会の権限は弱いものであった。

そして、地方税規則により、府県の財政基盤を固め行政機構を強化することや区町村を国政委任事務の執行機関にすることを目的とし、地方税の種類（地租の5分の1、営業税・雑種税、戸数割）と費目（警察費、流行病予防費等）が確定された。

その後、1880（明治13）年には、区町村会法が制定され、区町村にも公選議員からなる区町村会が設けられることとなった。

E 大日本帝国憲法までの動き

1881（明治14）年には国会開設の勅諭が発せられ、翌年には伊藤博文に憲法調査が命じられ、政府は憲法発布と国会開設に向けた準備に取り組み始めた。

そして、1884（明治17）年には内務卿山県有朋の下、内務省内に町村法調査委員が設けられ、地方制度の全面的な再編成案が起草された。

1889（明治22）年に大日本帝国憲法は制定されるが、自由民権運動など地方における政治的な動きとの関係で、憲法に先行し、地方制度等が制定されることとなった。

2　大日本帝国憲法下の地方制度の変遷

A　市制・町村制、府県制、郡制

　大日本帝国憲法制定前の 1886（明治 19）年には、地方官官制が制定され、府知事・県令の名称を知事に統一し、内務大臣を頂点として、官選の府県知事を中心とし、官選の郡長がその下にある人事的な体制が成立した。

　1888（明治 21）年には市制・町村制が公布され、市町村に法人格が認められた。市町村は、条例・規則の制定権が付与され、公共事務を扱うこととされたが、国の委任事務も扱うものとされ、国の機関としての性格も有していた。

　また、執行機関については、市では市長および市参事会、町村では町村長が置かれることとなった。市長は市会が市長候補 3 人を推薦し、その中から内務大臣によって選任された。東京・大阪・京都の三大市では、市長・助役を置かず、府知事・府書記官がその職務を行うこととされた（市制特例）。町村長は町村会により選出された。

　さらに、市会および町村会は、納税額に応じて等級に分け、上位の等級ほど選挙権の価値が大きくなる等級選挙制度により公選された。市会は、三等級選挙制で、町村会は、二等級選挙制で行われた。

　1890（明治 23）年には、府県制、郡制が定められ、府県・郡は地方行政区画としての性格を有していた。

　府県会は、郡会議員らが選出する議員と市会議員らが選出する議員で構成された（複選制）。また、府県参事会は副議決機関として機能した。

　府県の執行機関は、内務大臣が任命する知事（国の機関）であり、主要な補助機関である幹部職員も官吏であった。

　郡会は大地主の互選により選出された議員と町村会により選出された議員で構成された（複選制）。郡長は官選であった。また、郡にも参事会が設置された。

　このように、明治の地方制度は、初期には政治的に混とんとしていたが、時代が進むにつれ、それが収拾されていった。中央 - 地方関係は、市長や町村長等を国の下部機関として、国の事務を委任する機関委任事務制度が

象徴的である。また、内務省が府県知事の派遣を通じ、地方の行財政を握るなど強く関与していた。

B 明治時代以降の地方自治制度の変遷

1898（明治31）年には、市制特例が撤廃された。その後、東京市をはじめ、大阪市などの大都市は府県から分離・独立し、より拡大した権限を求めた。そして、三大市に名古屋、横浜、神戸を加えた六市により、特別市制運動が進められた。

また、1899（明治32）年には府県会および郡会の複選制が廃止された。

1921（大正10）年には、市制・町村制が改正され、直接市町村税を納める者に選挙権・被選挙権を与え、町村会選挙は等級選挙を廃止し、市会選挙は三等級制から二等級選挙制に改められた。また1923（大正12）年、郡制が廃止され、府県－市町村の二層制となった。

1925（大正14）年、普通選挙法により選挙権は満25歳以上の男子に与えられ、納税要件は撤廃され、翌年、市会・町村会議員選挙でも男子普通選挙制度が導入された。また、市長の選出については、市会による選挙で選任される制度へと変更され、さらに同年、郡長、郡役所が廃止された。

このように、大正期には自治権の拡充がみられた。

続いて、昭和初期には、府県会の法規制定の権限、府県会の招集請求権、府県会議員、市町村議会議員らへの議案提出権などを認める制度変更が行われた。

しかしながら、第二次世界大戦の戦局が緊迫化してくると、①市長、町村長の選出方法の変更（市長については、市会が候補者を推薦し、内務大臣が勅裁を経て選任。町村長については、町村会が選挙し、知事が認可。）、②市町村会の権限の縮減、③町内会等の国の末端機構化、④東京都制の導入等の地方制度の変更が行われた。

このように、戦時下になると地方制度における自治権が制約され、集権的性格の強化が進んだ。

3 日本国憲法と地方自治法

A 占領下の改革

　第二次世界大戦終戦後は、連合軍総司令部（GHQ）の指導の下、地方自治制度の改革が行われた。GHQ の主な目的は、日本の非軍事化であり、その手段として民主化を進めることとした。そして、地方自治制度については、集権的な制度の分権化に主眼が置かれた。

　1946（昭和 21）年には、住民の選挙権・被選挙権が拡充され、女性の参政権も実現した。また、府県知事・市町村長等は公選とされた。その他に、選挙管理委員会・監査委員、直接請求制度の導入などが行われた。

B 地方自治に関する法整備

　日本国憲法においては、地方自治の章（第 8 章 92 条〜95 条）が設けられ、地方自治が保障されることとなった。また、地方自治法が制定され、それぞれ 1947（昭和 22）年 5 月 3 日に施行された。

　地方自治法においては、①都道府県と市町村を地方公共団体とし、②住民の直接選挙による首長と議員の選任、すなわち二元代表制の導入、③条例の制定・改廃請求や解職請求など直接請求等が導入された。知事の直接選挙により、都道府県は完全自治体に変わったとされる。

　GHQ により、日本の警察制度の民主化や地方分権化のため内務省は解体され、全国選挙管理委員会や国家公安委員会などに分割された。1947 年には町内会等が廃止された。

　また、1947 年には警察法が制定され、市および人口 5,000 人以上の町村に自治体警察を置き、その他の地域は国家地方警察の管轄とされた。1948（昭和 23）年には、教育委員会法が制定され、都道府県・市町村に公選による教育委員会が設置された。

　1949（昭和 24）年に来日したシャウプ税制調査団による勧告（シャウプ勧告）では、中央政府、府県、市町村の行政事務の分離、責任を明確化すること、それぞれの事務の能率的処理のため適切な行政機関に割り当てること、住民に最も身近な市町村を優先することなどが強調された。そして、

国税と地方税の分離、都道府県税と市町村税の分離が目指され、中央地方財政調整のしくみである地方財政平衡交付金制度が提唱された。

C 「逆コース」

　1952（昭和27）年には、地方自治法改正によって、特別区長の公選制が廃止された。1954（昭和29）年には、警察法が改正され、国家地方警察と自治体警察を廃止し、都道府県警察に一元化された。

　続いて、1956（昭和31）年には、地方自治法が改正され、政令指定都市制度が創設された。また、同年、地方教育行政の組織及び運営に関する法律が制定され、教育委員の公選制が廃止され、首長による任命制へと変更された。

　戦後のこれまでの改革を見直した1950年代の地方自治制度の変遷は、「逆コース」の性格を有する。

　中央集権的な性格を有する機関委任事務制度は、明治時代以来、第二次世界大戦後も維持されてきた。第二次世界大戦後は、市町村に加え、都道府県にも適用されるようになった。

　また、1952（昭和27）年に自治庁（1960［昭和35］年に自治省に）が設置された。

　さらに、地方税財政制度についても、1954（昭和29）年に地方交付税制度が創設され、シャウプ勧告に基づいて導入された地方財政平衡交付金制度およびその原則は弱まることとなった。

D 昭和後期〜地方分権改革までの地方自治制度の展開

　1950年代に地方自治制度が確立されて以降、第一次地方分権改革が行われるまで、その制度は安定していた。1974（昭和49）年の地方自治法改正では、東京都特別区長公選制が採用され、1994（平成6）年の改正で、中核市制度及び広域連合制度を創設、1997（平成9）年の改正で外部監査制度が導入された。そして、1998（平成10）年の改正によって、従来の特別区を「基礎的な地方公共団体」として位置づけ、清掃事務など、都から特別区への事務の移譲が行われた。

4 地方公共団体の種類と役割

A 地方公共団体の種類

　地方公共団体の種類については、地方自治法で規定されている。

　地方公共団体には、普通地方公共団体および特別地方公共団体がある。そして、普通地方公共団体は、都道府県および市町村に、特別地方公共団体は、特別区、地方公共団体の組合および財産区に分けられる。また、市の要件は人口5万以上であること等の他、大都市に関する特例などが定められている。

B 地方公共団体の役割

　市町村は、住民に最も身近な自治体のため基礎的自治体としての役割を有するとされる。

　都道府県は、基礎的自治体を包括する広域的自治体としての性格を有する。都道府県は治山治水事業や大規模な土地改良事業などの広域事務、市区町村に関する連絡調整事務、高等学校や大規模施設の設置等、一般の市区町村が処理することが適当でないと認められる補完事務を行う役割を担っている。

　特別区は、市町村と同じく基礎自治体としての性格を有する。また、直接公選の区長（1954年〜1974年間一時廃止）、議会が存在しているという制度的側面からも基礎自治体としての性格が見出せる。現在は、東京都の23区のみが該当する。その起源は、1943（昭和18）年の東京都制にある。都は通常の府県の事務に加え、特別区に関する連絡調整に関する事務、消防や上下水道、バスや地下鉄などの都市交通、病院、港湾管理等、市町村が処理する事務のうち大都市地域における行政の一体性等が必要とされる事務を各区に代わって行うこととされている。また、都と特別区および特別区相互間の財源の均衡化を図り、特別区の行政の自主的かつ計画的な運営を確保するため、都区財政調整制度が採られている。これは、固定資産税・市町村民税法人分、特別土地保有税（調整3税）を都が一体的に課税・徴収し、その収入額に条例で定める割合を乗じて得た額で特別区が等しくその行う

べき事務を遂行することができるように都が交付する特別区財政調整交付
金により行われる。

　また、複数の自治体によって別法人として設立される特別地方公共団体
として、地方公共団体の組合がある。その組合には、一部事務組合と広域
連合がある。まず、一部事務組合とは、複数の自治体がその事務の一部（上
下水道、ごみ処理、消防・救急など）を共同処理するために設ける組合である。
次に、広域連合とは、1994（平成6）年に多様化した広域行政需要に対応し、
国からの権限移譲の受け入れ態勢を整えるため、廃棄物処理・環境汚染対
策等広域処理が望ましい分野の事務の共同処理方式として制度化された。
例としては、関西広域連合（2010［平成22］年12月設立）がある。

C　大都市制度

　大都市制度としては、政令指定都市制度および中核市制度がある。

　大都市制度は、戦前に行われた特別市制運動にまでその発端を遡ること
ができる。第二次世界大戦後、地方自治法において区域が都道府県から独
立し、都道府県と同様の機能が与えられた特別市制度が設けられたが、特
別市を抱える府県との対立や特別市指定に際し、日本国憲法第95条に定め
る住民投票に関する問題が浮上し、実現の目途が立たなかったことから、
1956（昭和31）年特別市制度に関する条文は同法から削除された。その妥協
の産物として、設けられたのが政令指定都市制度である。

　政令指定都市は、政令により指定する人口50万以上の市である。社会
福祉、保健衛生、都市計画等に関する事務が都道府県から移譲され、内部
には区（行政区）が置かれる。

　また、1980年代後半から市の規模・能力に応じて事務・権限を委譲すべ
きであるとの議論が高まり、多様な都市特例制度の創設についての議論が
進められ、1994（平成6）年に中核市制度が設けられた。なお、1999（平成
11）年の地方自治法改正によって特例市制度が設けられていたが、2015（平
成27）年の改正で、中核市制度に統合されている（改正時に特例市であった市
は施行時特例市とされた）。中核市では政令指定都市よりも狭い範囲での保健
所に関する事務、都市計画等に関する権限を都道府県から移譲される。

5 首長と議会

A 二元代表制

　日本国憲法および地方自治法制定により、都道府県知事と市町村長の直接選挙が導入され、わが国の自治体の政治機構は、地方公共団体の長と議会が住民から直接選出される（日本国憲法93条2項）二元代表制となった。この二元代表制は、執行部、立法部それぞれが住民から選ばれ、それぞれの機関の均衡と抑制を図る機関対立主義に基づいているという点からすると、アメリカの大統領制に近いものと考えられるが、首長が条例案・予算案等を提出する権限、議会招集権、議会の解散権などを有していることから、大統領制よりも首長に有利な制度となっている。

B 首長と議会

　地方公共団体の議会については、法令上、日本国憲法や地方自治法、公職選挙法等に規定されている。日本国憲法第93条には、議事機関としての議会の設置が定められている。

　地方自治法第6章（89条〜138条）に議会についての規定がされている。たとえば、第89条には、普通地方公共団体に議会を置くこと、第93条1項には、議員の任期が4年であることが規定されている（ただし、解散・解職請求等により失職することもある）。なお、町村には町村総会を設けることができる（94条、95条）。公職選挙法では、被選挙権は都道府県・市町村議会の議員ともに、満25歳以上であり、3カ月以上その地方自治体に住所を有しているもの（10条3号、5号）であること、選挙権は、満18歳以上で、3カ月以上その地方自治体に住所を有しているもの（9条2項）であることが定められている。

　議会は、条例を制定し、改廃すること、予算を定めること、決算を認定する議決権（地方自治法96条）、事務に関わる人の出頭請求や証言請求などを求める調査権（地方自治法100条）、重要な人事（副知事、副市長村長など）に対する同意権（地方自治法162条など）、長に対する不信任決議権（地方自治法178条）などの監視的権限などを有している。

　議会には、条例で定める回数を招集される定例会、必要がある場合にその事件に限り招集される臨時会がある。政策に関する主要な検討は、政策領域ごとの常任委員会、特別委員会の委員会により行われる。

　2012（平成24）年の地方自治法改正では、条例による通年の会期選択、本会議における公聴会の開催・参考人の招致の導入、政務調査費から「政務活動費」への名称変更および交付目的の改正等、議会と長との関係の見直し（再議制度、専決処分制度等）などが行われた。

　地方自治体における立法機関としての議会の能力、それを支える議会スタッフのあり方など議会に関する課題・議論は存在する。このような課題等を背景とし、近年、議会基本条例の制定等議会改革が進められている。

　地方公共団体には執行機関として長、委員会および委員が置かれる（地方自治法138条の4、1項）。委員会は各政策分野など部分的に地方公共団体の執行権を有しているため、ここでは、地方公共団体の全般的な分野についての執行権を有し、議会と機関的に緊張関係にある首長を扱う。

　首長の被選挙権は、都道府県知事については、満30歳以上（公職選挙法10条1項4号）、市町村長については満25歳以上（公職選挙法10条1項6号）とされている。ただし、当該自治体の住民でなくてもよい。任期はそれぞれ4年（地方自治法140条）である（ただし、議会の不信任の議決や解職請求等により解任されることもある）。首長の権限については、長の役割は地方自治法上、普通地方公共団体を統括し、これを代表し、当該普通地方公共団体の事務を管理し、およびこれを執行するとされ、地方自治法に概括例示されている。具体的には、議会に対して条例案や予算案を提出する権限、法律・政令に違反しない限りにおいて規則制定権、自治体職員の人事権（地方自治法162条他）、組織編成権などを有している。

　また、首長は議会との関係においていくつかの権限を有している。議会の議決に異議がある場合、その再議を請求できる再議請求権を有している。ただし、議会において出席議員の3分の2以上の賛成により再議に付された議決と同じ議決がされた場合は、その決定が成立する。

　その他にも、本来議会の議決事件とされている事項について、一定の場合に議決を経ず処分できる専決処分権や議会解散権（議会による不信任決議の通知の後10日以内に議会を解散できる）を有する。

6　開かれた地方自治と改革

A　直接民主制

　戦後の地方自治制度において、二元代表制の導入と同様に代議制民主主義を補う直接民主制の導入は、住民参加の実現のために重要な課題であった。地方自治法においては、条例の制定や改廃請求権、地方公共団体の事務の監査請求、議会の解散請求権、地方公共団体の議員、長、その他主な公務員などの解職請求権が定められている。

　条例の制定や改廃請求権については、普通地方公共団体の有権者の総数50分の１以上の連署により、その代表者から普通地方公共団体の長に対し、条例の制定または改廃を請求することができる。アメリカ等のイニシアティブ（住民発議）と比較すると、わが国の条例の制定や改廃請求は、議会により否決される可能性があり、住民が最終的な決定権を有していない。

　地方公共団体の事務の監査請求については、普通地方公共団体の有権者の総数50分の１以上の者の連署をもって、その代表者から普通地方公共団体の監査委員に対し、当該地方公共団体の事務の執行に関し、監査の請求をすることができる。

　地方公共団体の議会の解散請求および議員、長の解職請求については、普通地方公共団体の有権者の総数３分の１以上の者の連署（人口40万人以上の自治体は別の規定）により、選挙管理委員会に対し、その解職や議会の解散の請求をすることができる。解職・解散請求の成立後、投票において過半数の同意があった場合、解散または解職させることができる。

　また、副知事・副市町村長、選挙管理委員、監査委員、公安委員などの主な公務員については、普通地方公共団体の有権者の総数３分の１以上の者の連署（人口40万人以上の自治体は別の規定）により、長に対し、その解職を請求することができ、議会議員の３分の２以上の者が出席し、その４分の３以上の同意があったときは、その職を失う。これらは、欧米におけるリコールと同様である。

　その他に、地方自治における直接民主制としては、条例に基づく住民投票などが存在する。

B　情報公開制度・個人情報保護制度

　行政への住民参加も重要であるが、行政が正しいか否かを判断するために情報へのアクセシビリティが重要である。従来より、行政に関する情報提供を行う広報、住民から情報を集める広聴や調査という手段が採られてきた。しかしながら、これらは、行政の裁量によるものであり、不十分であった。

　そこで、1980 年代より国に先立ち、地方自治体において情報公開条例が制定され、情報公開制度が確立されてきた。こうした情報公開制度は、行政情報に関し、具体的な公開請求に応じて、情報を開示していく仕組みである。1982（昭和57）年、山形県金山町において、1983（昭和58）年には神奈川県と埼玉県において、情報公開条例が制定された。現在ではすべての都道府県、その他ほとんどの地方公共団体においても導入されている。

　情報化の進展に伴い、地方自治体の個人情報の扱いについても問題とされ、個人情報保護制度も、地方自治体で先行して制度化された。個人情報保護制度は、1985（昭和60）年に川崎市、1990（平成2）年に神奈川県で採用された。現在ではすべての都道府県、市町村において導入されている。

C　公的オンブズマン制度

　公的オンブズマン制度は基本的には住民によって提起される苦情などに対して、行政機関からは独立した第三者として、当該自治体の行政に関する事項について、公平かつ中立の観点から、調査・判断をし、その苦情等の解決を図るものである。わが国においては、1990 年に初めて川崎市で「川崎市市民オンブズマン」が設けられた。なお、福祉や人権、こども、男女共同参画等、特定の事項に対するオンブズパーソン等を設けていることもある。オンブズマンの機能としては、苦情処理により、申立者や関係者の行政救済、制度改革・行政改善の契機として、行政運営について不備がないと判断された場合でも、第三者であるオンブズマンの判断により行政の政策や対応についてその妥当性が示されるなどの機能がある。オンブズマンには、行政機関に対する指揮命令権限はなく、調査に基づく意見や勧告にとどまる。しかし、調査や判断内容の妥当性などから、行政機関は調査結果に従うことが多い。この他にも、地方自治体においては、監査や行政評価など自治行政の透明性を確保する改革が進められている。

7 地方分権改革と自治体再編

A 地方分権改革

1980 年代、第二次行政改革推進審議会の「国と地方の関係に関する答申」（1989［平成元］年）など、行政改革の中で地方分権への注目が集まっていた。1993（平成 5）年 6 月、衆参両議院において「地方分権の推進に関する決議」が全会一致でなされた。その後、非自民連立政権である細川内閣が誕生し、1995（平成 7）年には地方分権推進法を制定、地方分権推進委員会の発足により改革の本格的な議論が開始された。そして、1999（平成 11）年 7 月、総計 475 本の関係法律の一部改正を一括処理し「地方分権の推進を図るための関係法律の整備等に関する法律」（地方分権一括法）が成立した。こうした 1990 年代初頭から始まった地方分権一括法の施行までの一連の動きを第一次地方分権改革と呼ぶ。

第一次地方分権改革の主要な成果とされるのが、機関委任事務の廃止である。これは、上下・主従の関係におかれてきた国と地方の関係を対等・協力の関係へと変化させる目的で行われ、従来の機関委任事務は自治事務と法定受託事務に再編されることになった。

また、国の地方自治体への関与は、法定主義の原則、一般法主義の原則、公正・透明性の原則に則って行うとする新たな関与のルールも定められた。さらに、国と都道府県・市町村の対等・協力関係を担保するため国と地方自治体間の係争処理制度を導入し、国地方係争処理委員会が総務省に設けられた。このような成果のあった第一次地方分権改革であったが、さらなる改革の必要性、課題も存在した。たとえば、地方税源の充実強化や国から地方自治体への権限移譲、国庫補助負担金の整理合理化等が存在した。地方税財政に関わる課題については、2001（平成 13）年に発足した小泉内閣の下で、財政面での分権化を目指し、「三位一体改革」として推進された。一方で、住民自治の拡充を目的とした諸課題は、分権委においても着手できなかった。三位一体改革においては、地方分権改革推進会議で議論され、国庫補助負担金の改革（廃止・削減）、国から地方自治体への税源の移譲、地方交付税の改革（地方交付税等の総額抑制）などが進められた。

その後、2006（平成18）年には地方分権推進法が制定され、2007（平成19）年には地方分権改革推進委員会を内閣府に設置、地方分権改革が推進されてきた。地方分権改革推進法以降の改革は、第二次地方分権改革と呼ばれる。以後、2009（平成21）年に誕生した鳩山内閣のもとでは、地域主権改革が進められた。地方分権改革推進委員会の勧告内容（地方公共団体に対する義務付け・枠付け等）は、「地域の自主性及び自立性を高めるための改革の推進を図るための関係法律の整備に関する法律」等により推進されている。

分権改革から約20年が経過し、新型コロナウイルス感染症への対策で改めて地方自治体への注目が集まった。この対策は基本的に法制度のもと国が方針を示し、具体的な対応は地方自治体が行う。特に都道府県レベルで独自の行動制限の要請、検査体制、医療体制の整備等が行われた。一方で、対策に係る財政面での国と地方における問題等もみられている。

B 市町村合併

これまでも明治の大合併や昭和の大合併では、戸数や人口に基づいた目標などを設定した上で合併が進められてきたが、地方分権改革により権限が市町村に下り、中央省庁の影響力が弱まった結果、行財政基盤の強化、広域的な行政需要への対応、国家財政との関連から必要性が高まり、特に2000年代に入ってからは市町村合併が進んだ。

平成の大合併は、1999（平成11）年に始まり、2010（平成22）年に収束したといわれる。2000（平成12）年12月行政改革大綱において、合併後の市町村総数を総数の3分の1の1,000まで削減するとの目標が示され、2005（平成17）年4月合併三法により、合併が進められた。平成の大合併においては、合併による人口目標は示されなかった。しかしながら、政府は、政令市への昇格条件の緩和や議会定数の特例などの支援策を採り、中でも合併により交付税給付が受けられるという合併特例債の発行は、財政状況の厳しさによる歳出抑制を検討していた市町村、特に町村の合併を促進した。これにより、1999年3月に3,232市町村であったものが、2009年には1,760にまで減少した。ただし、小規模な地方自治体の合併が進まなかったことや都道府県によって合併の進捗に偏りが生じたこと、大都市圏ではほとんど進捗しなかった等の指摘もある。

知識を確認しよう
· ·

［問題］ わが国の地方自治に関する次の記述のうち、妥当なものはどれか。

(1) 大正期には市長の選任について、それまで市会が市長候補 3 人を推薦し、その中から内務大臣が任命していた仕組みから、市会による選挙での選任へと改められた。

(2) いわゆる第一次地方分権改革で解決できなかった地方税財政に関わる課題、住民自治の拡充、国と地方自治体間の係争処理制度の導入等の課題は、三位一体改革で解決された。

(3) 政令指定都市は人口 50 万人以上で法律によって指定され、都道府県から保健衛生など一定の権限が移譲されることが認められる。

(4) 1950 年代には、市および一部の町村に設置された自治体警察の廃止、都道府県知事の官選への変更、教育委員の公選制廃止など、終戦直後の改革と異なる方向での制度変更が行われた。

(5) 特別地方公共団体の長である市長は、議会による不信任決議により解任させられることはあるものの、住民によって解任されることはない。

［解答］

(1) ○ 大正期には選挙権について納税要件の撤廃など自治的要素を助長する制度変更等が行われた。

(2) × 三位一体改革は地方税財政に関する課題の解決に取り組んだが、住民自治の拡充の解決は行っていない。また、国地方係争処理委員会は第一次地方分権改革で導入された。

(3) × 法律ではなく政令により指定される。

(4) × 都道府県知事の公選制は変更されず、継続されている。

(5) × 市は普通地方公共団体である。また、住民によって長の解職請求が行われることもある。

参考文献

第1章

阿部齊・内田満・高柳先男編『現代政治学小辞典（新版）』有斐閣，1999.

岡田英弘『歴史とはなにか』文春新書，2015.

孔子『論語』金谷治訳注，岩波文庫，2021.

小林秀雄『考えるヒント』文春文庫，2010.

司馬遼太郎『花神』（中）新潮文庫，2010.

立花隆『政治と情念』文春文庫，2005.

中山政夫他『政治学の課題と展望』三和書房，1982.

松田憲忠・岡田浩編『よくわかる政治過程論』ミネルヴァ書房，2018.

山崎正和『社交する人間』中公文庫，2021.

イーストン，D.『政治体系――政治学の状態への探求（第2版）』山川雄巳訳，ぺりかん
　　社，1976.

ウェーバー，M.『職業としての政治』脇圭平訳，岩波文庫，2007.

シュミット，C.『政治的なものの概念』田中浩・原田武雄訳，未来社，1988.

ダール，R.A.『現代政治分析』高畠通敏訳，岩波書店，1999.

デュヴェルジェ，M.『政治学入門』横田地弘訳，みすず書房，1968.

ラスウェル，H.D.『権力と人間』永井陽之助訳，東京創元新社，1967.

第2章

阿部齊・内田満・高柳先男編『現代政治学小辞典（新版）』有斐閣，1999.

篠原一『ヨーロッパの政治――歴史政治学試論』東京大学出版会，1986.

杉本稔編『政治の世界』北樹出版，2004.

高畠通敏「政治的リーダーシップ」篠原一・永井陽之助編『現代政治学入門（第2版）』
　　有斐閣，1987.

吉野篤編『政治学（第2版）』Next教科書シリーズ，弘文堂，2018.

イーストン，D.『政治分析の基礎』岡村忠夫訳，みすず書房，1968.

ウェーバー，M.『支配の社会学』（Ⅰ），世良晃志郎訳，創文社，1960.

ダール，R.A.『現代政治分析』高畠通敏訳，岩波書店，1999.

パレート，V.『一般社会学提要』姫岡勤訳・板倉達文校訂，名古屋大学出版会，1996.

マキアヴェッリ，N.『君主論』河島英昭訳，岩波文庫，1999.

ミヘルス，R.『現代民主主義における政党の社会学――集団活動の寡頭制的傾向につい
　　ての研究』（Ⅰ），森博・樋口晟子訳，木鐸社，1973.

メリアム，C.E.『政治権力――その構造と技術』（上），斎藤真・有賀弘訳，東京大学出
　　版会，1999.

ラスウェル，H.D.『権力と人間』永井陽之助訳，東京創元新社，1967.

ルソー，J.-J.『社会契約論』桑原武夫・前川貞次郎訳，岩波文庫，2012.

第3章

岩田靖夫『アリストテレスの政治思想』岩波書店，2010.
宇野重規『西洋政治思想史』有斐閣アルマ，2013.
宇野重規『トクヴィル——平等と不平等の理論家』講談社学術文庫，2019.
梅田百合香『ホッブズ　政治と宗教——「リヴァイアサン」再考』名古屋大学出版会，2005.
鹿子生浩輝『征服と自由——マキァヴェッリの政治思想とルネサンス・フィレンツェ』
　　　風行社，2013.
加藤節『ジョン・ロックの思想世界——神と人間との間』東京大学出版会，1987.
佐々木毅『主権・抵抗権・寛容——ジャン・ボダンの国家哲学』岩波書店，1973.
佐々木毅『プラトンと政治』東京大学出版会，1984.
関口正司『自由と陶冶——J.S. ミルとマス・デモクラシー』みすず書房，1989.
福田歓一『ルソー』岩波現代文庫，2012.
アリストテレス『政治学』牛田徳子訳，京都大学学術出版会，2001.
アリストテレス『ニコマコス倫理学』朴一功訳，京都大学学術出版会，2002.
トクヴィル，A.『アメリカのデモクラシー』全4巻，松本礼二訳，岩波文庫，2005-2008.
プラトン『国家』（上）（下），藤沢令夫訳，岩波文庫，1979.
ベンサム，J.『道徳および立法の諸原理序説』（上）（下），中山元訳，ちくま学芸文庫，
　　　2022.
ホッブズ，T.『リヴァイアサン』全2巻，角田安正訳，光文社古典新訳文庫，2014-2018.
マキアヴェッリ，N.『君主論』河島英昭訳，岩波文庫，1998.
ミル，J. S.『自由論』関口正司訳，岩波文庫，2020.
ミル，J. S.『代議制統治論』関口正司訳，岩波書店，2019.
ルソー，J.-J.『人間不平等起源論』中山元訳，光文社古典新訳文庫，2008.
ルソー，J.-J.『社会契約論/ジュネーヴ草稿』中山元訳，光文社古典新訳文庫，2008.
ロック，J.『完訳　統治二論』加藤節訳，岩波文庫，2010.

第4章

加藤哲郎『国家論のルネサンス』青木書店，1986.
菊池理夫『現代のコミュニタリアニズムと「第三の道」』風行社，2004.
河野勝・岩崎正洋編『アクセス　比較政治学』日本経済評論社，2002.
中谷義和『草創期のアメリカ政治学』ミネルヴァ書房，2002.
阪野亘編『行動論政治学』世界思想社，1976.
アリストテレス『政治学』山本光雄訳，岩波文庫，1961.
イーストン，D.「政治学における新しい革命」デ・ソラ・プール，I. 編『現代政治学の
　　　思想と方法』内山秀夫他訳，勁草書房，1970.
ウォーラス，G.『政治における人間性』石上良平・川口浩訳，創文社，1958.
ノージック，R.『アナーキー・国家・ユートピア——国家の正当性とその限界』嶋津格

訳, 木鐸社, 1985.

ピータース, B. G.『新制度論』土屋光芳訳, 芦書房, 2007.

プラトン『国家』藤沢令夫訳, 岩波文庫, 1979.

ベアー, M. 他編『アメリカ政治学を創った人たち——政治学の口述史』内山秀夫監訳, ミネルヴァ書房, 2001.

ベントリー, A. F.『統治過程論——社会圧力の研究』喜多靖郎・上林良一訳, 法律文化社, 1994.

ホッブズ, T.『リヴァイアサン』水田洋訳, 岩波文庫, 1992.

マキアヴェリ, N.『君主論』池田廉訳, 中公クラシックス, 2002.

リプセット, S. M.『現代政治学の基礎』矢沢修次郎・矢沢澄子訳, 東京大学出版会, 1973.

ルソー, J.-J.『社会契約論』桑原武夫他訳, 岩波文庫, 1954.

ロック, J.『市民政府論』鵜飼信成訳, 岩波文庫, 1968.

ロールズ, J.『正義論』矢島鈞次監訳, 紀伊國屋書店, 1979.

第5章

宇野重規『民主主義とは何か』講談社現代新書, 2020.

田中治男『フランス自由主義の生成と展開』東京大学出版会, 1970.

橋場弦『民主主義の源流——古代アテネの実験』講談社学術文庫, 2016.

福田歓一『近代政治原理成立史序説』岩波書店, 1971.

水島治郎『ポピュリズムとは何か——民主主義の敵か, 改革の希望か』中公新書, 2016.

ウェーバー, M.『仕事としての学問——仕事としての政治』野口雅弘訳, 講談社学術文庫, 2018.

キーン, J.『デモクラシーの生と死』(上)(下), 森本醇訳, みすず書房, 2013.

シュンペーター, J. A.『資本主義, 社会主義, 民主主義』(1), 大野一訳, 日経 BP 社, 2016.

ダール, R. A.『現代政治分析』高畠通敏訳, 岩波現代文庫, 2012.

ダール, R. A.『ポリアーキー』高畠通敏他訳, 岩波文庫, 2014.

トゥーキュディデース『戦史』(上)(中)(下), 久保正彰訳, 岩波文庫, 1966-1967.

トクヴィル, A. de『アメリカのデモクラシー』(1)(2), 松本礼二訳, 岩波文庫, 2005-2008.

ハーバーマス, J., デリダ, J. &ボッラドリ, G.『テロルの時代と哲学の使命』藤本一勇・澤里岳史訳, 岩波書店, 2004.

ハラリ, Y. N.『ホモ・デウス——テクノロジーとサピエンスの未来』柴田裕之訳, 河出書房新社, 2018.

フィンリー, M. I.『民主主義——古代と現代』柴田平三郎訳, 講談社学術文庫, 2007.

ペイトマン, C.『参加と民主主義理論』寄本勝美訳, 早稲田大学出版部, 1977.

ミヘルス, R.『政党政治の社会学』広瀬英彦訳, ダイヤモンド社, 1975.

ミュラー, J.-W.『試される民主主義——20 世紀ヨーロッパの政治思想』(上)(下), 五十嵐美香他訳, 岩波書店, 2019.

ムフ，C.『政治的なるものの再興』千葉眞他訳，日本経済評論社，1998.

第6章

浅野一弘『現代日本政治の現状と課題』同文舘出版，2007.
浅野一弘『地方自治をめぐる争点』同文舘出版，2010.
浅野一弘『ラジオで語った政治学』同文舘出版，2019.
阿部齊編『アメリカの政治——内政のしくみと外交関係』弘文堂，1992.
アメリカ学会訳編『原典アメリカ史（第2巻）』岩波書店，1951.
下中邦彦編『政治学事典』平凡社，1954.
初宿正典・辻村みよ子編『新解説世界憲法集（第5版）』三省堂，2020.
高木八尺・末延三次・宮沢俊義『人権宣言集』岩波文庫，1957.
藤本一美『「解散」の政治学（増補第2版）——戦後日本政治史』第三文明社，2011.
宮沢俊義編『世界憲法集（第4版）』岩波文庫，1983.
毛里和子『現代中国政治（第3版）——グローバル・パワーの肖像』名古屋大学出版会，2012.
熊達雲・毛桂榮・王元・劉迪編『現代中国政治概論——そのダイナミズムと内包する課題』明石書店，2015.
アリストテレス『アリストテレス全集』17，神崎繁・相澤康隆・瀬口昌久訳，岩波書店，2018.
ハミルトン，A. 他『ザ・フェデラリスト（新装版）』齋藤眞・武則忠見訳，福村出版，1998.
フィルマー，R.『フィルマー著作集』近代社会思想コレクション19，伊藤宏之・渡部秀和訳，京都大学学術出版会，2016.
ホッブズ，T.『リヴァイアサン』（Ⅰ），永井道雄・上田邦義訳，中公クラシックス，2009.
モンテスキュー，C.-L. de『法の精神』（上），野田良之他訳，岩波文庫，1987.
ロック，J.『統治二論』加藤節訳，岩波書店，2007.

第7章

井田正道「投票行動におけるキャンペーン効果について」『政經論叢』第67第3-4号，1999.
岡田陽介「公職選挙法と選挙違反の規定要因」眞鍋貞樹・岡田陽介編『民主政の赤字——議会・選挙制度の課題を探る』一藝社，2020.
小川寛貴「選挙制度と政党システム研究——「デュヴェルジェの法則」から制度間不均一まで」『早稲田政治公法研究』第114号，2017，pp. 17-31.
品田裕「比例代表制における議席配分法の比較」『選挙研究』第7巻，1992，pp. 40-62.
建林正彦・曽我謙悟・待鳥聡史『比較政治制度論』有斐閣アルマ，2008.
田中愛治「選挙研究における「争点態度」の現状と課題」『選挙研究』第13巻，1998，pp. 17-27，268.
福田歓一『近代民主主義とその展望』岩波新書，1977.

益田高成「公職選挙法改正の定量分析試論」『同志社法学』第71巻第7号2020，pp. 2223-2268.

松田憲忠・岡田浩編『よくわかる政治過程論』ミネルヴァ書房，2018.

三宅一郎『投票行動』東京大学出版会，1989.

山田真裕『政治参加と民主政治』東京大学出版会，2016.

山田真裕・飯田健編『投票行動研究のフロンティア』おうふう，2009.

デュヴェルジェ，M.『政党社会学——現代政党の組織と活動』岡野加穂留訳，潮出版社，1970.

Jacobson, G. C., How Do Campaigns Matter? *Annual Review of Political Science*, Vol. 18, 2015, pp. 31-47.

Mackenzie, W. J. M., The Functions of Elections. *International Encyclopedia of the Social Science*, Vol. 5, 1968.

McElwain, K. M., Manipulating Electoral Rules to Manufacture Single-Party Dominance. *American Journal of Political Science*, 52, 1, 2008, pp. 32-47.

Norris, P., *Electoral Engineering : Voting Rules and Political Behavior*, Cambridge University Press, 2004.

Rokkan, S., Electoral System. *International Encyclopedia of the Social Science*, Vol. 5, 1968.

第8章

岡﨑晴輝「サルトーリ再考」日本政治学会編『特集 政党研究のフロンティア　年報政治学』(2)，木鐸社，2016.

川人貞史・吉野孝・平野浩・加藤淳子『現代の政党と選挙』有斐閣アルマ，2001.

久米郁男・川出良枝・古城佳子・田中愛治・真渕勝『政治学』有斐閣，2003.

佐々木毅『政治学講義』東京大学出版会，1999.

杉本稔編『政治の世界』北樹出版，2004.

山口二郎『政治改革』岩波新書，1993.

渡辺容一郎『現代ヨーロッパの政治』北樹出版，2007.

渡辺容一郎『オポジションとヨーロッパ政治』北樹出版，2010.

サルトーリ，G.『現代政党学——政党システム論の分析枠組み』岡沢憲芙・川野秀之訳，早稲田大学出版部，1992.

ノイマン，S.『政党——比較政治学的研究 I』渡辺一訳，みすず書房，1958.

バーク，E.『バーク政治経済論集』中野好之編訳，法政大学出版局，2000.

パーネビアンコ，A.『政党——組織と権力』村上信一郎訳，ミネルヴァ書房，2005.

Jones, B., Kavanagh, D., Moran, M. & Norton, P., *Politics UK*, 6th. ed., Harlow : Pearson Education, 2007.

Mair, P., *Party System Change : Approaches and Interpretations*, Oxford : Oxford University Press, 1997.

第9章

内田満『アメリカ圧力団体の研究』三一書房，1980.

辻中豊『利益集団』東京大学出版会，1988.

辻中豊編『現代日本の市民社会・利益団体』木鐸社，2002.

恒川惠市『企業と国家』東京大学出版会，1996.

村松岐夫・伊藤光利・辻中豊『戦後日本の圧力団体』東洋経済新報社，1986.

オルソン，M.『集合行為論——公共財と集団理論』依田博・森脇俊雅訳，ミネルヴァ書房，1983.

シュミッター，P. & レームブルッフ，G. 編『現代コーポラティズムⅠ・Ⅱ——団体統合主義の政治とその理論』山口定監訳，木鐸社，1984.

ベントリー，A. F.『統治過程論』喜多靖郎・上林良一訳，法律文化社，1994.

ボール，A. R. & ミラード，F.『圧力団体政治——東西主要国の比較分析』宮下輝雄監訳，三嶺書房，1997.

ローウィ，T. J.『自由主義の終焉——現代政府の問題性』村松岐夫監訳，木鐸社，1981.

第10章

遠藤薫「トランプ大統領とメディアの〈フェイク〉戦争」秦かおり・佐藤彰・岡本能里子『メディアと政治』メディアとことば5，ひつじ書房，2020

川口貴久「昨今のサイバー安全保障政策の課題——サイバー攻撃と自衛権」公益財団法人日本国際問題研究所『平成25年度研究プロジェクトグローバル・コモンズ（サイバー空間、宇宙、北極海）における日米同盟の新しい課題分析レポート』2014.

川口貴久「サイバー空間における安全保障の現状と課題——サイバー空間の抑止力と日米同盟」日本国際問題研究所『平成25年度研究プロジェクトグローバル・コモンズ（サイバー空間、宇宙、北極海）における日米同盟の新しい課題』2015.

神足祐太郎「日本における情報政策の展開——IT基本法以降の政府のIT戦略を中心に」国立国会図書館調査及び立法考査局『情報通信をめぐる諸課題』2015.

蒲島郁夫・竹下俊郎・芹川洋一『メディアと政治（改訂版）』有斐閣アルマ，2010.

国立国会図書館調査及び立法考査局『情報通信をめぐる諸課題』2015.

近藤玲子「サイバーセキュリティ国際連携取組方針の策定——j-initiative on Cybersecurity」『ITUジャーナル』2013.

谷口将紀『政治とマスメディア』シリーズ日本の政治10，東京大学出版会，2015.

土屋大洋『情報による安全保障——ネットワーク時代のインテリジェンス・コミュニティ』慶應義塾大学出版会，2007.

土屋大洋『サイバーセキュリティと国際政治』千倉書房，2015.

原田有「サイバー空間のガバナンスをめぐる論争」『NIDSコメンタリー』第43号，2015.

増山幹高「国会審議映像検索システムの機能開発状況」GRIPS Discussion Papers，2020.

山本達也『革命と騒乱のエジプト——ソーシャルメディアとピークオイルの政治学』慶應義塾大学出版会，2014.

吉田光男・松本明日香「ソーシャルメディアの政治的活用——活用事例と分析事例から」

『人工知能学会誌』第 27 巻 1 号，2012.

デナルディス，L.『インターネットガバナンス——世界を決める見えざる戦い』岡部晋太郎訳，河出書房新社，2015.

リッド，T. & ブキャナン，B.「サイバー攻撃を行うのは誰か」土屋大洋訳『戦略研究』戦略研究学会，2016.

政策研究大学院大学比較議会情報プロジェクト
　　https://gclip1.grips.ac.jp/~clip/

国会審議映像検索システム
　　https://gclip1.grips.ac.jp/video/

第 11 章

池谷知明・河崎健・加藤秀治郎編『新西欧比較政治』一藝社，2015.

岩崎美紀子『二院制議会の比較政治学』岩波書店，2013.

大林啓吾・白水隆編『世界の選挙制度』三省堂，2018.

大山礼子『比較議会政治論』岩波書店，2003.

初宿正典編『レクチャー比較憲法』法律文化社，2014.

田口富久治・中谷義和編『比較政治制度論（第 3 版）』法律文化社，2006.

日本臨床政治学会監修・下條芳明・東裕編『世界の憲法政治』志學社，2021.

東裕・玉蟲由樹編『比較憲法』Next 教科書シリーズ，弘文堂，2019.

渡辺容一郎『現代ヨーロッパの政治』北樹出版，2007.

第 12 章

吉川元編『国際関係論を超えて——トランスナショナル関係論の新次元』山川出版社，2003.

ウォルツ，K.『国際政治の理論』河野勝・岡垣知子共訳，勁草書房，2010.

カー，E. H.『危機の二十年』井上茂訳，岩波文庫，1996.

キッシンジャー，H. A.『外交』上・下，岡崎久彦監訳，日本経済新聞社，1996.

クラズナー，S. D. 編『国際レジーム』河野勝監訳，勁草書房，2020.

コヘイン，R. O.『覇権後の国際政治経済学』石黒馨・小林誠訳，晃洋書房，1998.

ジロー，R.『国際関係史 1817～1914 年——ヨーロッパ外交、民族と帝国主義』濱口學・渡邊啓貴他訳，未來社，1998.

ナイ，J. S.『ソフト・パワー——21 世紀国際政治を制する見えざる力』山岡洋一訳，日本経済新聞社，2004.

ナイ，J. S.『国際紛争——理論と歴史』田中明彦・村田晃嗣訳，有斐閣，2004.

モーゲンソー，H.『国際政治——権力と平和』現代平和研究会訳，福村出版，1998.

ラセット，B.『パクス・デモクラティア——冷戦後世界への原理』鴨武彦訳，東京大学出版会，1996.

第13章

浅野一弘『日米首脳会談と「現代政治」』同文舘出版，2000.

浅野一弘『日米首脳会談と戦後政治』同文舘出版，2009.

浅野一弘『ラジオで語った政治学2』同文舘出版，2019.

五百旗頭真『占領期——首相たちの新日本』20世紀の日本3，読売新聞社，1997.

五百旗頭真編『戦後日本外交史（第3版補訂版）』有斐閣アルマ，2014.

鹿島平和研究所編・西村熊雄『サンフランシスコ平和条約』日本外交史27，鹿島研究所出版会，1971.

神谷不二『朝鮮戦争』中公文庫，1990.

国分良成・添谷芳秀・高原明生・川島真『日中関係史』有斐閣アルマ，2013.

今藤悟『外務省』完全新官庁情報ハンドブック4，インターメディア出版，2001.

信田智人『官邸の権力』ちくま新書，1996.

高崎宗司『検証　日韓会談』岩波新書，1996.

田中明彦『安全保障——戦後50年の模索』20世紀の日本2，読売新聞社，1997.

鳩山一郎『鳩山一郎回顧録』文藝春秋新社，1957.

原彬久『戦後日本と国際政治——安保改定の政治力学』中央公論社，1988.

細谷千博・有賀貞・石井修・佐々木卓也編『日米関係資料集1945-97』東京大学出版会，1999.

若泉敬『他策ナカリシヲ信ゼムト欲ス』文藝春秋，1994.

渡邉昭夫『戦後日本の宰相たち』中央公論社，1995.

パットナム，R.D. & ベイン，N.『サミット「先進国首脳会議」』山田進一訳，TBSブリタニカ，1986.

ロー・ダニエル『竹島密約』草思社，2013.

第14章

大石学『今に息づく江戸時代——首都・官僚・教育』吉川弘文館，2021.

笠原英彦・桑原英明編『日本行政の歴史と理論』芦書房，2004.

黒川貢三郎・瀧川修吾『近代日本政治史』（Ⅰ）（Ⅱ），南窓社，2006-2007.

国立印刷局『法令全書（1867-1890）』国立国会図書館デジタルコレクション（https://dl.ndl.go.jp/）（2022年9月28日最終閲覧）.

坂本多加雄『明治国家の建設——1871-1890』日本の近代2，中央公論社，1999.

清水唯一朗『近代日本の官僚』中公新書，2013.

出入国在留管理庁ウェブサイト（https://www.moj.go.jp/isa）（2022年9月28日最終閲覧）.

全国地域PFI協会ウェブサイト（http://pfi-as.jp/）（2022年9月28日最終閲覧）.

髙宅茂・瀧川修吾『外国人の受入れと日本社会』日本加除出版，2018.

多田好問編『岩倉公実記』皇后宮職，1906.

辻清明『日本官僚制の研究（新版）』東京大学出版会，1969.

帝国書院編集部編『図説　日本史通覧』帝国書院，2014.

坂野潤治『日本近代史』ちくま新書，2012.

本田弘編『現代日本の行政と地方自治』法律文化社, 2006.

村松岐夫『日本の行政（第7版）』中公新書, 1998.

三谷太一郎『増補　日本政党政治の形成』東京大学出版会, 1995.

e-GOV 法令検索（https://elaws.e-gov.go.jp/）（2022年9月28日最終閲覧）.

第15章

礒崎初仁・金井利之・伊藤正次『ホーンブック地方自治（新版）』北樹出版, 2020.

今川晃他編『分権時代の地方自治』三省堂, 2007.

今村都南雄編『現代日本の地方自治』自治総研叢書20, 敬文堂, 2006.

今村都南雄ほか『ホーンブック基礎行政学（第3版）』北樹出版, 2015.

宇賀克也『地方自治法概説（第9版）』有斐閣, 2021.

風間規男編『行政学の基礎（新版）』一藝社, 2018.

金井利之『自治制度』行政学叢書3, 東京大学出版会, 2007.

金井利之『コロナ対策禍の国と自治体——災害行政の迷走と閉塞』ちくま新書, 2021.

亀掛川浩『明治地方制度成立史』巌南堂書店, 1967.

北山俊哉・稲継裕昭編『テキストブック地方自治（第3版）』東洋経済新報社, 2021.

地方自治総合研究所監修『戦後自治の政策・制度事典』公人社, 2016.

東京市政調査会編『大都市のあゆみ』東京市政調査会, 2006.

中川剛『地方自治制度史』学陽書房, 1990.

西尾勝他編『自治行政要論』地方公務員のための法律講座3, 第一法規出版, 1986.

西尾勝『行政学（新版）』有斐閣, 2001.

西尾勝『地方分権改革』東京大学出版会, 2007.

日本オンブズマン学会編『日本と世界のオンブズマン——行政相談と行政苦情救済』第一法規, 2015.

人見剛・須藤陽子『ホーンブック地方自治法（第3版）』北樹出版, 2015.

宮本憲一『日本の地方自治——その歴史と未来（増補版）』自治体研究社, 2016.

吉野孝ほか編『論点　日本の政治——政治を学ぶための基礎知識』東京法令出版, 2015.

寄本勝美編『公共を支える民——市民主権の地方自治』コモンズ, 2001.

索　引

編者・執筆分担

渡邉容一郎（わたなべ　よういちろう）……はじめに、第1章、第2章、第8章
日本大学法学部　教授

執筆者（五十音順）・執筆分担

浅野一弘（あさの　かずひろ）……………………………………第6章、第13章
日本大学法学部　教授

石井健司（いしい　けんじ）………………………………………………第3章
近畿大学法学部　准教授

上岡　敦（うえおか　あつし）……………………………………………第10章
日本大学文理学部　講師

大八木時広（おおやぎ　ときひろ）………………………………第9章、第12章
日本大学危機管理学部　准教授

佐藤高尚（さとう　たかひさ）……………………………………………第5章
日本大学法学部　講師

鈴木隆志（すずき　たかし）………………………………………………第15章
日本大学法学部　専任講師

瀧川修吾（たきがわ　しゅうご）…………………………………………第14章
日本大学危機管理学部・日本大学大学院総合社会情報研究科　准教授

宮本満治（みやもと　みつはる）…………………………………………第4章
元 日本大学法学部　助手

弥久保　宏（やくぼ　ひろし）……………………………………………第11章
駒沢女子大学人間総合学群人間文化学類　教授

安野修右（やすの　のぶすけ）……………………………………………第7章
日本大学法学部　助教

Next 教科書シリーズ 政治学 ［第3版］

2011（平成 23）年 3 月 15 日　初　版 1 刷発行
2018（平成 30）年 2 月 28 日　第 2 版 1 刷発行
2023（令和 5）年 2 月 15 日　第 3 版 1 刷発行

編　者	渡邉　容一郎	
発行者	鯉渕　友南	
発行所	株式会社 弘文堂	101-0062　東京都千代田区神田駿河台 1 の 7
		TEL 03（3294）4801　　振替 00120-6-53909
		https://www.koubundou.co.jp
装　丁	水木喜美男	
印　刷	三美印刷	
製　本	井上製本所	

ISBN978-4-335-00252-6

Next 教科書シリーズ

■ 好評既刊

授業の予習や独習に適した初学者向けの大学テキスト

（刊行順）